Diogenes Taschenbuch 21530

Familiengeschichten

Für den Literaturfreund
ausgewählt von
Mary Hottinger

Diogenes

Die Erstausgabe dieser Geschichten-Sammlung
erschien 1964 unter dem Titel
›Der Connaisseur
Eine Sammlung von Familiengeschichten
für den Literaturfreund
ausgewählt von Mary Hottinger‹
im Diogenes Verlag
Umschlag: Jean Renoir
›La leçon de piano‹, ca. 1889
(Ausschnitt)

80/87/8/1
ISBN 3 257 21530 4

Inhalt

Anhang

Vorwort

Die Geschichten dieses Bandes befassen sich mit der Familie, jedoch nur insoweit, als ihre Mitglieder blutsverwandt sind. Wenn Mann und Frau überhaupt in Erscheinung treten, so nur in einer Nebenrolle. Dafür gibt es Gründe. Denn wie geartet die Tragödien oder komischen Seiten des Ehelebens auch sein mögen, so läßt sich dieses Band notfalls doch zerschneiden; die Verbindung ist gewöhnlich zwischen Erwachsenen zustande gekommen und besitzt daher selten die Grundlage einer gemeinsam verbrachten Kindheit. Darum kann diese Verbindung gelöst werden, und deshalb sind zu ihrem Schutz alle möglichen staatlichen und kirchlichen Sanktionen geschaffen worden.

Aber die Beziehungen, auf denen die vorliegenden Geschichten beruhen – zwischen Mutter und Sohn, Vater und Tochter, Bruder und Schwester –, lassen sich bis zu den Anfängen des Lebens zurückverfolgen, und welche Form sie auch annehmen mögen, sie gehen sehr tief. Als Claudius, Hamlets Onkel, letzten Endes doch zu seinem Verbrechen stehen muß, sagt er:

Oh, meine Tat ist faul, sie stinkt zum Himmel,
Sie trägt den ersten, ältesten der Flüche –
Mord eines Bruders!

Welche mythologische oder psychoanalytische Bedeutung aber auch in die Geschichte von Kain und Abel hineingelegt sein worden mag, die Tatsache bleibt bestehen, daß der Brudermörder Kain zum unsteten Wanderer auf Erden wurde und auf seiner Stirn das Kainszeichen trug.

Griechische Tragödien befaßten sich oft mit verwandtschaftlichen Beziehungen, aber was sie erzählten, wurde später in der westlichen Welt von romantischen Liebesgeschichten verdrängt. Noch später entwickelten sich daraus im viktorianischen England die Geschichten, in denen die Liebe unweigerlich zur Ehe führt – gegründet auf den Aberglauben, daß eheliche Liebe ewig währt; diese Vorstellung entstammt dem Märchenreich, wie denn auch der übliche Schlußsatz eines Märchens lautet: ›Und sie lebten glücklich vereint bis an ihr seliges Ende.‹

Doch Haß oder innige Zuneigung nehmen eine andere Gestalt an, wenn sie zwischen Blutsverwandten entstehen – manchmal eine schlimmere, manchmal eine bessere.

Zunächst muß erklärt werden, warum bestimmte Verwandtschaften nicht in diesem Buch erscheinen. So werden zum Beispiel keine Tanten oder Onkel erwähnt. Die einzig interessante Tante ist die böse. Gute Tanten werden meist mit exzentrischen Neigungen ausgestattet, um durch das komische Moment für Entspannung zu sorgen, wie es teilweise die Rolle von David Copperfields Tante Betsy Trotwood ist. Sie kann aber auch vornehm und distinguiert sein wie Tante Agatha in T. S. Eliots *Family Reunion*, eine unangenehme Person, die einmal kräftig durchgeschüttelt werden muß, um ihr die Augen für die Gegebenheiten des Familienlebens zu öffnen. Unterdessen haben sich Kipling in *Bäh, bäh, schwarzes Schaf* (CONNAISSEUR 2) und Saki in *Sredni Vashtar* (DIOGENES · ERZÄHLER · BIBLIOTHEK) mit jener viel bedeutenderen Gestalt der bösen Tante befaßt und ihr sozusagen den Gnadenstoß gegeben. Interessanterweise liegt diese spezielle Verwandtschaftsbeziehung einer der besten Kriminalgeschichten zugrunde, die je geschrieben wurden: Raymond Postgates *Verdict of Twelve*, in der die böse Tante unglücklicherweise mit dem Leben davonkommt.

Der böse Onkel hingegen ist eine Märchenfigur *par excellence*. Wenn der Onkel überhaupt in der Literatur auftaucht, dann nur als guter Onkel, der – wie bei Kipling – den zaghaften Versuch macht, für die Kinder einzutreten. Wenn er aber im Märchen erscheint, können wir sofort mit den Hexen in Macbeth sagen:

Juckend sagt mein Daumen mir,
Etwas Böses naht sich mir.

So zum Beispiel in *Aladin und die Wunderlampe*, wo der böse Zauberer sich dem Titelhelden als dessen Onkel vorstellt. Doch sogar bei Shakespeare erscheint mit Richard III. der böse Onkel, der seine Neffen im Tower von London ermorden läßt; aber eigenartigerweise kann man hier den Unterschied zwischen Literatur und Märchen feststellen, denn die jüngste Geschichtsforschung ist dabei, den Schleier der Verruchtheit von Richard III. zu lüften und über seinen erfolgreichen, aber äußerst unattraktiven Verwandten Heinrich VII. zu breiten.

Auch eine Geschichte von Bruder und Schwester findet sich nicht in diesem Buch. Dafür gibt es ebenfalls Gründe. Die Spannungen zwischen Bruder und Schwester gehen nie sehr tief, sie haben zu sehr den Anschein eines Streites zwischen Kindern. Wenn aber tiefere Gefühle in dieser Beziehung mitspielen, lauert dahinter der Schatten der Blutschande. Dieses Thema war in England nicht immer verpönt. In der Zeit nach Shakespeare erschien es auf der Bühne, und zumindest ein Stück, *Schade, daß sie eine Hure ist* (1626), von

John Ford, zeichnet sich durch Poesie, Leidenschaftlichkeit und Schönheit aus.

Außerhalb der angelsächsischen Welt finden wir dieses Thema in Frankreich (Maupassant) sowie in Deutschland bei Thomas Mann und einigen weniger bedeutenden Schriftstellern.

In dem vom puritanischen Geist bestimmten neunzehnten Jahrhundert war dieses Thema in England und Amerika geächtet, drang jedoch hartnäckig wie ein *basso ostinato* an den unwahrscheinlichsten Stellen durch. Vor etwas über hundert Jahren erschien in Amerika ein Buch für junge Mädchen mit dem Titel: *Die weite, weite Welt*. Im wesentlichen erzählt es die Geschichte der Adoption des mutterlosen Mädchens Ellen durch Alice, die Tochter eines Geistlichen (wir befinden uns selbstverständlich in einer hochachtbaren Gesellschaft). Sehr interessant in diesem Buch aber ist die Beziehung zwischen Alice und ihrem Bruder John, denn unter dem Deckmantel reiner geschwisterlicher Zuneigung verbirgt sich hier ganz offensichtlich eine Liebesgeschichte. Als die kleine Ellen zum ersten Mal den Bruder John zu Gesicht bekommt, lesen wir: ›Ellen hörte das Türschloß schnappen und drehte den Kopf; erschrocken sah sie einen Fremden am andern Ende des Zimmers stehen. Sie berührte Alices Arm ... Mit einem leisen Aufschrei sprang Alice auf, und im nächsten Augenblick hatte sie den

Fremden umarmt, der sie fest an seine Brust drückte.‹

Heutzutage sehen die Begegnungen von Liebenden im Film oft so aus. Charles Boyer konnte das ganz ausgezeichnet.

Für die oben erwähnte Verschleierungstaktik gibt es jedoch ein viel eindrucksvolleres Beispiel in einem bedeutenden Roman – *Die Mühle am Fluß*, von George Eliot*. Man möchte fast daran zweifeln, daß George Eliot sich ganz des tieferen Sinnes in der Beziehung zwischen Tom und Maggie Tulliver bewußt ist, die sie als die innige Zuneigung einer Schwester zu ihrem Bruder schildert. Aber das wirre Durcheinander von Maggies Gefühlen in ihren Beziehungen zu anderen Männern und die Tatsache, daß die Geschichte mit dem leidenschaftlichen Versuch Maggies endet, ihrem Bruder das Leben zu retten – wobei beide den Tod finden –, scheinen auf etwas viel Tieferes hinzuweisen als auf eine normale Beziehung zwischen Bruder und Schwester, wie innig sie auch sein mag.

Dieses Thema hat die angelsächsische Kurzgeschichte jedoch nicht sehr bereichert. Die einzige beachtenswerte Ausnahme, Edgar Allan Poes Erzählung *Der Untergang des Hauses Usher* – leider konnte sie nicht in diesen Band aufgenommen werden –, ist keine Liebesgeschichte im eigentlichen Sinne. Sie beschreibt eine eigenartige Wesensgleichheit von Bruder und

* Pseudonym von Mary Ann Evans, 1819 – 1880

Schwester, und als er sie in seinem zunehmenden Wahnsinn lebendig begräbt und sie sich aus der Gruft befreit, um zu ihm zu gelangen, verdunkelt sich sein Geist vollends, und das Haus Usher stürzt über ihren im Tode vereinten Leibern zusammen. Es finden sich keine erotischen Anspielungen – Poes Werk ist bemerkenswert frei von Erotizismen –, aber diese Geschwister scheinen ein Leben miteinander zu teilen.

Allgemein bekannt sind gewisse, häufig wiederkehrende komische Szenen im Familienleben. Der Vater zum Beispiel, wie liebevoll er auch sein mag und wie gern seine Kinder ihn auch haben mögen, ist für sie oft eine Quelle unschuldiger Heiterkeit. Wenn er sich etwa für ein Bankett umkleidet, die Zeit bereits drängt, und sie ihn auf allen vieren im Ankleidezimmer umherkriechen und unter der Kommode seinen Kragenknopf suchen sehen, wollen sie sich ausschütten vor Lachen. Diese Dinge geschehen so häufig, daß man sie um die Jahrhundertwende in englischen Varietétheatern besang:

Vater, Vater, dir geht immer etwas schief,
Niemand, scheint es, kümmert sich um dich.
Du steckst immer mitten drin,
Und fast stets ergeht's dir schlimm,
Doch ich weiß nicht, was wir täten ohne dich.

Mütter scheinen keinen derartigen Stoff für Heiterkeit herzugeben. Dickens hat uns ein paar fürchterliche Mütter beschert – zum Beispiel Mrs. Jellyby in *Bleak House* –, aber wie komisch sie auch auf uns wirken mögen, ihren Kinder bieten sie keinen Anlaß zum Lachen.

Alle Aspekte familiärer Beziehungen aufzuzählen – wenn dies überhaupt möglich wäre –, würde jedoch ermüdend werden. Überdies könnten doch nur wenige für diesen Band ausgewählt werden.

Daß vier der vorliegenden Geschichten auf der Beziehung zwischen Mutter und Sohn beruhen, darf uns nicht überraschen, denn sie ist wahrscheinlich die leidenschaftlichste, zerstörerischste und offenbarste von allen. Außerdem verfügt sie über einen großartigen, hochachtbaren Vorwand, hinter dem sie sich verstekken kann – denn wer würde sich unterstehen, Mutterliebe zu schmähen? Doch die Leute beginnen ihn zu durchschauen. Vor nicht langer Zeit wurde ein Gedicht geschrieben, dessen Refrain lautete:

Und ein süßeres Weib nie atmen tät
Als die Frau meines Sohnes, Elisabeth.

Heute würde so etwas sehr wahrscheinlich nur zum Lachen reizen.

Wie zerstörerisch diese Mutter-Sohn-Beziehung sein kann – das Zerbrechen des Drachens ist äußerst symbolhaft –, sieht man in vollem Ausmaß in der Erzählung von Somerset Maugham. Somerset Maugham ist überdies gescheit genug, um zu verstehen, daß niemand einen Nutzen von einer derartigen Affäre hat. Der junge Mann im Gefängnis stellt lediglich eine Verneinung des Lebens dar. Die ganze Beziehung ist von einer sterilen Atmosphäre umgeben.

Die nächste Geschichte mag ein wenig altmodisch erscheinen, war jedoch zu ihrer Zeit sehr berühmt. Sie ist hier aufgenommen worden, um zu zeigen, wie sehr sich die Vorstellungen über die Mutter-Sohn-Beziehung im Laufe der letzten hundert Jahre geändert haben. Wechselt man die Entstehungsdaten der beiden Geschichten aus, wird jede unmöglich. Aber dennoch können beide wahr sein – es mag Mütter geben, die ihre Söhne selbst auf Kosten ihres eigenen Lebens retten, und bestimmt gibt es Mütter, die ihre Söhne nie aus den Klauen lassen. Aber Erzählungen dieser Art stützen sich nicht auf das wirkliche Leben, sondern auf die herrschenden Vorstellungen darüber, und der Kontrast zwischen diesen beiden Geschichten zeigt, wie tiefgehend und rasch derartige Vorstellungen sich ändern.

Die Geschichte von D. H. Lawrence jedoch überragt beide, einfach weil er der größere Schriftsteller war und auf einer anderen Erlebnisebene schrieb. Vor allem hat er den Finger auf jenen Punkt gelegt, auf den es ankommt. Lawrence weiß, daß Pauline sowohl ihrer Nichte Cecilia als auch ihrem Sohn regelrecht das Mark aus den Knochen gesogen hat, um ihre eigene Jugend zu bewahren, aber er fügt hinzu: ›Cecilias Verstörtheit hatte erst vor fünf Jahren begonnen, aber die seine (Roberts) schon vor seiner Geburt.‹ Hier ist die eigentliche Quelle des Zerstörerischen einer Mutterliebe, die in Wirklichkeit Selbstliebe ist. Dikkens erkannte dies schon als sehr junger Mann. Mrs. Nickleby ist eine seiner komischsten Schöpfungen – eine geradezu idiotische Mutter –, doch sie kann mit beispielhafter Befriedigung beobachten, wie ihr Schwager – wieder der böse Onkel – Vorbereitungen trifft, ihre Tochter an andere Männer zu verkuppeln.

In *Wiedersehen mit Babylon* finden wir ein Gegenstück zu dem vorhergehenden Thema – Vater und Tochter. Es ist von jenem Heimweh der Seele überschattet, das wir in Fitzgeralds späterem Werk so häufig antreffen. Durch den Zerfall seiner späteren Jahre blickte er ständig auf den entschwundenen, strahlenden Morgen seines Lebens zurück – das Wissen um seine Fähigkeiten, die Ehe, die ihm so viel bedeutet hatte und so früh zerbrochen war, den Glauben an das Leben –, und er wußte, daß er all dies fortgeworfen hatte. Diese Geschichte ist nicht strikt autobiographisch, wenn er auch in seiner Tochter etwas sah, das vom Untergang verschont geblieben war.

Sie ist eine feinsinnige Transposition und Verdichtung einer geistigen Krise. Ihre Handlung verläuft auf zwei Ebenen, wie wir es in Fitzgeralds Werk oft finden; das Zauberhafte seines Traumes und die Vergegenwärtigung einer herben Wahrheit, die Illusion und die Wirklichkeit. Die Tochter, die er verloren hat, hat für ihn die Bedeutung der frühen Herrlichkeit des Lebens angenommen, von der er wußte, daß er sie nie zurückgewinnen würde. Eine Schauspielerin, die ihn in seinen jungen Jahren kennenlernte, eilte schmerzlich bewegt zu ihrem Manne zurück und sagte: ›Ich habe eben die zum Untergang verdammte Jugend gesehen.‹

Es ist in der Tat eine der tiefgründigsten Geschichten dieses Buches, aber die Tatsache, daß all dies sich auf der Grundlage der Vater-Tochter-Beziehung herausarbeiten läßt, zeigt, wie fest diese Beziehung sein kann.

Katherine Anne Porters wunderbare Geschichte *Er* greift ein bekanntes Thema auf, nämlich die im allgemeinen leidenschaftlichere Verbundenheit der Mütter mit ihren anomalen Kindern als mit ihren übrigen Kindern. Angus Wilson geht in seiner Geschichte sogar soweit, daß er eine Schwachsinnige durch die von ihrer Mutter gestrickte Jacke von ihrem Leiden durch den Tod erlösen läßt. Diese Geschehnisse führen uns dicht an den Kern der sogenannten Mutterliebe heran. Merkwürdige Dinge können sich unter Tieren mit stark entwickeltem Muttergefühl ereignen, wie zum Beispiel bei Katzen. Die Verfasserin dieser Zeilen sah einmal eine Katze ein Küken bemuttern, das sich ein Bein gebrochen hatte; die Katze zog selbst gerade Junge auf, hatte ihre eigene Familie aber wohl ein bißchen satt und schob nun die gesunden Kätzchen aus dem Korb, wenn die geringste Gefahr drohte, daß das Küken in Bedrängnis geraten konnte. Vielleicht lebt etwas von diesem tierhaften Empfinden in der eigenartig leidenschaftlichen Bindung der Mütter an ihre anomalen Kinder.

Katherine Mansfields Geschichte rückt eine neue Gestalt ins Licht, die Großmutter. Nicht wenige Frauen geben offen zu, daß sie mehr Freude an ihren Enkelkindern haben als früher an den eigenen Kindern. Das Gefühl der moralischen Verantwortung ist nicht mehr da, und sie können die Kinder vorbehaltlos genießen. Wenn die Geschichte aber, wie das hier der Fall ist, eine unheilvolle Wendung nimmt, so ist dies vielleicht um so tragischer. Die Glocke hat geschlagen, so wenig im Leben ist übriggeblieben – und es gibt niemanden, an den man sich halten kann*. Ein französischer Schriftsteller hat einmal gesagt, daß es außer jenen, die Kinder unter der Erde liegen haben,

* Die komische Seite dieser Tragödie, in der Liebe und Fürsorge wiederum eine Generation übersprungen haben, wird zynisch aber wunderschön von Colette in ihrem Roman *Gigi* geschildert.

keine wirklich unglücklichen Menschen auf der Welt gibt. Er hätte ebensogut Enkelkinder sagen können, denn hier wie dort gibt es nicht den geringsten Trost.

Auf ein paar der erlaubten Späße im Familienleben wurde bereits hingewiesen, besonders auf die Neckereien, denen gutmütige Väter durch ihre liebevollen Kinder ausgesetzt sind. Wenn aber Brüder oder Schwestern miteinander leben und alt werden, bietet sich gewöhnlich Stoff für eine Komödie. Hugh Walpoles Geschichte ist von verhaltener Melancholie getönt – Walpoles übliche Art, den Enttäuschungen des Lebens auszuweichen. Einen Blick in das Paradies geworfen zu haben und dann auf eine Erde zurückzukehren, von der man nicht wußte, daß man sie haßt, ist wahrlich kein angenehmes Thema. Aber auf jeden Fall zeigt es, daß es auch hier noch Tiefen der Blutsverwandschaft zu ergründen gibt, deren Vorhandensein einem nicht immer bewußt ist.

Mit *Mr. Sampson* kommen wir zu einem Höhepunkt der Familienkomik. Charles Lee war ein interessanter Mann. Fast sein ganzes Leben lang arbeitete er als Korrektor für das Verlagshaus J. M. Dent. Er schrieb sehr wenig, aber was er schrieb, besaß stets die miniaturhafte Perfektion der kleinen Form, und er verfügte über einen beispiellosen Einblick in die Atmosphäre des traditionellen englischen Landlebens. Schwestern, wie er sie schildert, gibt es auch heute noch, und die Lösung ihres schrecklichen Dilemmas – welche von beiden den Mr. Sampson heiraten soll – durch die einfache Tatsache, daß letzten Endes keine von beiden ihr gewohntes Leben ändern möchte, ist absolut wahrscheinlich. Eudora Weltys berühmte Geschichte von der bohrenden Rivalität zwischen zwei Schwestern könnte einfach eine Variante desselben Themas sein. Das Köstliche an der Beziehung zwischen Schwestern aber ist, daß gewöhnlich ein Mann darin eine Rolle spielt, wie bei Charles Lee der arme Mr. Sampson, der am liebsten ein heidnischer Türke sein und beide Schwestern gleichzeitig heiraten möchte. Und bei Eudora Welty rächt sich die Schwester für den ihr weggenommenen Mann, indem sie in der Post Wohnung bezieht, so daß ihre Familie gezwungen ist, alle Briefe bei ihr abzuholen. Das Familienleben besitzt entschieden seine Reize.

Mary Hottinger

Der Drachen

von W. Somerset Maugham

Ich weiß, dies ist eine sonderbare Geschichte. Ich selber verstehe sie nicht, und wenn ich sie schwarz auf weiß niederschreibe, so in der schwachen Hoffnung, daß ich vielleicht einen klareren Überblick bekomme, wenn ich sie geschrieben habe; oder vielmehr in der Hoffnung, daß irgendein Leser, der mit den Komplikationen der menschlichen Natur besser vertraut ist als ich, mir eine Erklärung gibt, die sie mir verständlich macht. Natürlich fiel mir als erstes ein, daß etwas Freudianisches darin ist. Nun habe ich eine ganze Anzahl von Freuds Werken gelesen und auch einige Bücher seiner Anhänger, und da ich diese Geschichte schreiben wollte, habe ich unlängst wieder den Band durchgeblättert, den die ›Modern Library‹ herausgebracht hat und der Freuds grundlegende Schriften enthält. Das war schon eine Aufgabe, denn er ist ein langweiliger und weitschweifiger Autor, und die Schärfe, mit der er gewisse Theorien als sein geistiges Eigentum beansprucht, ist ein Zeichen von Eitelkeit und Eifersucht auf andere, welche auf demselben Gebiet arbeiten, die einem Wissenschaftler etwas übel zu Gesicht stehen. Ich glaube jedoch, daß er ein gütiger und wohlwollender alter Herr war. Wir wissen ja, daß Mensch und Autor oft sehr voneinander verschieden sind. Der Autor kann bitter, hart und brutal sein, während der Mensch so sanft und friedlich ist, daß er keiner Fliege etwas zuleide tun würde. Aber das ist im Grunde gleichgültig. Jedenfalls fand ich beim Wiederlesen von Freuds Werken nichts, was mir die Geschichte, die mich beschäftigte, verständlicher machte. Also kann ich nur erzählen, was sich zugetragen hat, und muß es dabei bewenden lassen.

Zunächst muß ich klarstellen, daß ich die Geschichte nicht erfunden habe und daß ich keine der Personen gekannt habe, die darin vorkommen. Mein Freund Ned Preston hat sie mir eines Abends erzählt, und er sagte, er erzähle sie mir, weil er selber nicht wisse, wie er mit diesen schwierigen Verhältnissen fertig werden solle, und glaube – ganz zu Unrecht, wie sich herausstellte –, daß ich ihm vielleicht einen Rat geben könne, der ihm weiterhelfen würde. In einer früheren Geschichte habe ich schon erzählt, was der Leser meines Erachtens von Ned Preston wissen sollte, also brauche ich jetzt nur daran zu erinnern, daß mein Freund Gefangenen-Besucher beim Wormwood Scrubs-Gefängnis war. Er nahm seine Pflicht sehr ernst, und die Sorgen der Gefangenen waren für ihn so wichtig wie seine eigenen. Wir hatten im Café Royal zusammen gegessen, in dem langen, niedrigen Saal mit den albernen, reizenden Dekorationen, die einzig noch übrig sind vom alten Café Royal, das die Maler so gerne malten; und wir saßen bei Kaffee und Likör und rauchten – Ned Preston tat es gegen die Anordnung seines Arztes – sehr lange und sehr gute Havannas.

»Ich hab's jetzt mit einem komischen Burschen zu tun in Scrubs«, sagte er nach einer Pause, »und der Kuckuck soll mich holen, wenn ich weiß, was ich da machen soll.«

»Warum sitzt er?« fragte ich.

»Er hat seine Frau verlassen, und das Gericht hat ihn dazu verurteilt, daß er ihr wöchentlich einen gewissen Betrag Unterhalt zahlt, und er weigert sich ganz einfach, zu zahlen. Ich hab mich mit ihm herumgestritten, bis mir die Puste ausging. Ich habe ihm vorgehalten, daß er sich ins eigene Fleisch schneidet. Er sagt, lieber bleibt er sein Leben lang im Gefängnis, als daß er ihr einen Penny zahlt. Ich sag ihm, er kann sie doch nicht hungern lassen, und er sagt bloß: ›Warum denn nicht?‹ Er beträgt sich tadellos, macht keinerlei Mühe, arbeitet gut, scheint ganz glücklich zu sein, und der Gedanke, daß seine Frau es scheußlich schwer hat, macht ihm großen Spaß.«

»Was hat er denn gegen sie?«

»Sie hat seinen Drachen kaputtgeschlagen.«

»Was hat sie?« rief ich.

»Genau das. Sie hat seinen Drachen kaputtgeschlagen. Er sagt, das verzeiht er ihr nie, solange er lebt nicht.«

»Der muß wohl verrückt sein.«

»Nein, eben nicht, er ist ein völlig vernünftiger, ganz intelligenter, anständiger Junge.«

Er hieß Herbert Sunbury, und seine Mutter, die piekfein war, hatte nie erlaubt, daß man ihn Herb oder Bertie nannte, genau wie sie ihren Mann niemals Sam nannte, sondern nur Samuel. Mrs. Sunburys Vorname war Beatrice, und als sie sich mit Mr. Sunbury verlobte und er sich herausnahm, sie mit ›Bea‹ anzureden, verbat sie sich das ein für allemal.

»Beatrice ist mein Taufname«, sagte sie, »und ich bin immer Beatrice gewesen und werde es immer bleiben, für dich sowohl wie für meine anderen Nächsten und Liebsten.«

Sie war eine kleine Frau, aber kräftig, lebhaft und sehnig, mit fahler Haut, scharfen, regelmäßigen Zügen und kleinen, runden Augen. Ihr Haar, für ihr Alter verdächtig schwarz, war immer sehr ordentlich, und sie frisierte es immer im Stil der Töchter der Königin Viktoria, den sie übernommen hatte, sobald sie alt genug war, das Haar aufzustecken; und sie hatte es nie für nötig gehalten, diesen Stil zu ändern. Die Möglichkeit, daß sie irgend etwas tat, um ihrem Haar die ursprüngliche Farbe zu erhalten, war – falls sie es tat – ihre einzige Konzession an irgendwelchen Leichtsinn; denn weit entfernt davon, Rouge oder Lippenstift zu benützen, hatte sie sich nie im Leben auch nur die Nase gepudert. Sie trug nie etwas anderes als schwarze Kleider aus gutem Stoff, aber die wurden (von einer kleinen Frau, die um die Ecke wohnte) ohne jede Rücksicht auf die Mode nach einem Schnittmuster genäht, das zugleich praktisch und kleidsam war. Ihr einziger Schmuck war eine dünne, goldene Kette, an der ein kleines, goldenes Kreuz hing.

Samuel Sunbury war ebenfalls klein. Er war so dünn und mager wie seine Frau, aber er hatte sandfarbenes Haar, das nun schon ziemlich gelichtet war, so daß er es auf einer Seite sehr lang wachsen lassen mußte, um es sorgfältig über die kahle Stelle zu bürsten. Er hatte blaßblaue Augen und einen blassen Teint. Er war in einem Rechtsanwaltsbüro angestellt und hatte sich vom Laufjungen zu einer verantwortlichen Stellung heraufgedient. Sein Brotherr redete ihn mit ›Mr. Sunbury‹ an und gab ihm manchmal den Auftrag, mit einem unwichtigen Klienten zu verhandeln. Seit vierundzwanzig Jahren war Samuel Sunbury jeden Morgen mit demselben Zug in die City gefahren, außer natürlich sonntags und während des zweiwöchigen Urlaubs an der See, und jeden Abend war er mit demselben Zug in die Vorstadt zurückgefahren, wo er wohnte. Er war sehr korrekt gekleidet; zur Arbeit trug er unauffällige graue Hosen, einen schwarzen Rock und einen steifen Hut, und wenn er nach Hause kam, zog er Pantoffeln an und einen schwarzen Rock, der fürs Büro zu alt und blankgewetzt war; aber wenn er am Sonntag in die Kirche ging, zu der er und Mrs. Sunbury gehörten, trug er einen Cutaway zu seinem steifen Hut. Damit erwies er dem Ruhetag seine Ehrerbietung und erhob gleichzeitig Protest gegen die weltlichen Leute, die mit Fahrrädern herumfuhren oder sich auf der Straße herumtrieben, bis die Kneipen aufmachten. Im Prinzip waren die Sunburys Abstinenzler, aber sonntags, wenn Beatrice, um ihn für seinen spärlichen Mittagsimbiß während der Woche zu entschädigen – er bestand aus einem Weizenküchlein und einem Glas Milch –, ihm ein gutes Mittagsmahl mit Roastbeef und Yorkshire-Pudding vorsetzte, dann wollte sie aus gesundheitlichen Gründen, daß er ein Glas Bier dazu trank. Da sie um nichts in der Welt Alkohol im Hause halten wollte, schlüpfte er nach dem Morgengottesdienst mit einem Krug hinaus und holte ein Quart aus der Kneipe um die Ecke; aber allein wollte er absolut nicht trinken, und so trank sie auch ein Glas, um ihm Gesellschaft zu leisten.

Herbert war das einzige Kind, das der Herr ihnen gewährt hatte, und sicherlich hatten sie nicht versucht,

Kindersegen zu verhüten. Es kam nur eben so. Sie waren ganz vernarrt in ihn. Er war ein reizendes Baby und dann ein hübsches Kind. Mrs. Sunbury erzog ihn sehr sorgfältig. Sie lehrte ihn, bei Tisch aufrecht zu sitzen und Messer und Gabel wie ein kleiner Gentleman zu gebrauchen. Sie brachte ihm bei, den kleinen Finger zu strecken, wenn er die Teetasse zum Trinken hob, und als er fragte, warum, sagte sie:

»Laß nur. So macht man es eben. Daran erkennt man gute Manieren.«

Mit der Zeit erreichte Herbert das schulpflichtige Alter. Mrs. Sunbury war besorgt, denn sie hatte ihn nie mit anderen Kindern auf der Straße spielen lassen.

»Böse Beispiele verderben gute Sitten«, sagte sie. »Ich habe mich immer für mich gehalten und werde mich immer für mich halten.«

Obwohl sie seit ihrer Heirat immer im gleichen Haus gewohnt hatten, hatte sie sich bemüht, zu ihren Nachbarn Distanz zu halten.

»In London weiß man nie, mit wem man es zu tun hat«, sagte sie. »Eines führt zum anderen, und ehe man's weiß, hat man sich mit irgendwelchem Gesindel eingelassen und kann es nicht mehr loswerden.«

Sie mochte es nicht, daß Herbert in der Schule mit einer Menge ungeschliffener Jungen in Berührung kam, und sagte zu ihm:

»Also Herbert, mach es wie ich; halte dich für dich

und habe mit denen nicht mehr zu tun, als du unbedingt mußt.«

Aber Herbert kam in der Schule sehr gut zurecht. Er arbeitete gut und war alles andere als dumm. Seine Zeugnisse waren hervorragend. Es stellte sich heraus, daß er gut im Rechnen war.

»Wenn das der Fall ist«, sagte Samuel Sunbury, »dann wird er am besten vereidigter Bücherrevisor. Die finden leicht eine gute Stellung.«

So wurde damals gleich beschlossen, was Herbert werden sollte. Er wuchs heran.

»Na, Herbert«, sagte seine Mutter, »bald bist du so groß wie dein Vater.«

Als er die Schule verließ, war er zwei Zoll größer.

»Gerade richtig«, sagte seine Mutter, »nicht zu groß und nicht zu klein.«

Er sah gut aus, hatte die regelmäßigen Züge seiner Mutter und dunkles Haar, aber er hatte des Vaters blaue Augen geerbt, und obwohl er ziemlich blaß war, hatte er doch eine glatte, klare Haut. Samuel Sunbury hatte ihn im Büro der Bücherrevisoren untergebracht, die zweimal im Jahr die Bücher seiner Firma prüften, und als er einundzwanzig war, konnte er der Mutter jede Woche ein hübsches Sümmchen abliefern. Sie gab ihm drei halbe Kronen für sein Mittagessen zurück und zehn Schillinge Taschengeld, den Rest zahlte sie auf sein Sparkonto ein, für den Fall eines Falles.

Als Mr. und Mrs. Sunbury am Abend vor Herberts einundzwanzigstem Geburtstag zu Bett gingen, und nebenbei möchte ich erwähnen, daß Mrs. Sunbury nie zu Bett ging, sie zog sich zurück, aber Mr. Sunbury, der nicht ganz so piekfein war wie seine Frau, sagte immer: »Nach Bettenhausen mit mir«, – als also Mr. und Mrs. Sunbury zu Bett gingen, sagte Mrs. Sunbury:

»Manche Leute wissen nicht, wie gut sie dran sind. Gott sei Dank, ich weiß es. Niemand hat je einen besseren Sohn gehabt, als unser Herbert einer ist. Kaum einen Tag war er krank in seinem Leben, und nie hat er mir einen Augenblick Sorge gemacht. Da sieht man es, wenn man sie gut erzieht, dann machen sie einem Ehre. Stelle dir vor, einundzwanzig ist er, ich kann es kaum glauben.«

»Ja, ehe wir's uns versehen, wird er heiraten und uns verlassen.«

»Warum sollte er das wohl tun?« fragte Mrs. Sunbury scharf. »Er hat hier ein gutes Zuhause, oder nicht? Fang du bloß nicht an, ihm Flausen in den Kopf zu setzen, Samuel, oder du und ich werden Streit bekommen, und du weißt, daß ich das am allerwenigsten will. Heiraten, lieber Himmel! Dazu ist er viel zu vernünftig. Der weiß schon, wo er gut dran ist. Der hat Verstand, der Herbert.«

Mr. Sunbury schwieg still. Er hatte längst gelernt, daß er bei Beatrice nichts erreichte, wenn er widersprach.

»Ich halte nichts davon, wenn einer heiratet, ehe er weiß, was er will. Und kein Mann weiß, was er will, ehe er dreißig oder fünfunddreißig ist.«

»Er hat sich über die Geschenke gefreut«, sagte Mr. Sunbury, um das Thema zu wechseln.

»Das wär noch schöner, wenn er's nicht getan hätte«, sagte Mrs. Sunbury, immer noch aufgeregt.

Sie waren wirklich sehr hübsch gewesen. Mr. Sunbury hatte ihm eine silberne Armbanduhr geschenkt, deren Zeiger man im Dunkeln sehen konnte, und Mrs. Sunbury hatte ihm einen Drachen geschenkt. Es war keineswegs der erste, den sie ihm geschenkt hatte. Das geschah, als er sieben Jahre alt war, und es kam so: nicht weit von ihrer Wohnung war eine große Gemeindewiese, und Samstag nachmittags, wenn schönes Wetter war, führte Mrs. Sunbury Mann und Sohn dort spazieren. Sie sagte, es sei gut für Samuel, frische Luft zu atmen, nachdem er die ganze Woche in dem stickigen Büro eingesperrt gewesen war. Auf der Wiese waren immer eine Menge Leute, aber Mrs. Sunbury, die sich gern für sich hielt, ging ihnen so viel wie möglich aus dem Wege.

»Kieke mal die Drachen, Mammi«, sagte Herbert eines Tages plötzlich.

»*Sieh* mal, Herbert, nicht kieke mal«, sagte Mrs. Sunbury.

»Möchtest du sehen, wo sie starten, Herbert?« fragte sein Vater.

»Oh ja, Vati.«

Mitten in der Wiese war eine kleine Bodenerhebung, und als sie herankamen, sahen sie Jungen und Mädchen und auch ein paar Männer hinunterrennen, um den Drachen den Start zu geben und den Wind zu fangen. Manchmal taten sie das nicht und fielen zu Boden. Taten sie es aber, dann stiegen sie, und während der Besitzer seine Schnur abrollte, stiegen sie höher und höher. Herbert sah verzückt zu.

»Mammi, darf ich einen Drachen haben?« rief er.

Er hatte bereits gelernt, daß es besser war, zuerst die Mutter zu fragen, wenn er etwas haben wollte.

»Wozu denn?« sagte sie.

»Zum Fliegenlassen, Mammi.«

»Wenn du so scharf darauf bist, wirst du dich noch schneiden«, sagte sie.

Mr. und Mrs. Sunbury lächelten einander über den Kopf des Kleinen hinweg zu. Man stelle sich vor, einen Drachen wollte er! Er war ja schon bald ein richtiger kleiner Mann.

»Wenn du brav bist und dir jeden Morgen die Zähne putzt, ohne daß ich's dir sage, dann würde ich mich gar nicht wundern, wenn dir der Weihnachtsmann am ersten Feiertag einen Drachen bringt.«

Bis Weihnachten war es nicht mehr lange, und der Weihnachtsmann brachte Herbert den ersten Drachen. Zu Anfang stellte er sich nicht sehr geschickt damit an, und Mr. Sunbury mußte selber den Hügel hinunterrennen, um den Drachen für den Jungen zu starten. Es war ein sehr kleiner Drachen, aber als Herbert ihn durch die Luft schwimmen sah und das kleine Zerren an seiner Hand spürte, war er begeistert; von da ab plagte er jeden Samstag mittag, wenn der Vater aus der Stadt zurückkam, die Eltern, eiligst zur Gemeindewiese aufzubrechen. Schnell lernte er, wie man einen Drachen steigen läßt; und Mr. und Mrs. Sunbury sahen mit stolzgeschwelltem Herzen vom Hügel aus zu, wie er hinunterlief und die Schnur aus der Hand laufen ließ, sobald der Drachen den Wind gefangen hatte.

Bei Herbert wurde es zur Passion, und je älter und größer er wurde, desto größere Drachen kaufte ihm die Mutter. Er wußte bald sehr geschickt den Wind abzuschätzen und konnte seinen Drachen so sicher führen, wie man es kaum für möglich gehalten hätte. Es waren noch andere auf der Wiese, die Drachen steigen ließen, nicht nur Kinder, sondern Männer, und da nichts die Leute so selbstverständlich zusammenbringt wie eine gemeinsame Liebhaberei, dauerte es nicht lange, bis Mrs. Sunbury trotz all ihrer Exklusivität sich selber, ihren Samuel und ihren Sohn mit jedermann im Gespräch fand. Sie verglichen die Drachen miteinander und prahlten mit deren Vorzügen.

Manchmal forderte Herbert, jetzt schon ein großer Junge von sechzehn Jahren, einen anderen Drachenbesitzer heraus. Dann lenkte er seinen Drachen vor den anderen in die Windrichtung, ließ seine Schnur gegen die des anderen treiben und brachte mit einem plötzlichen Ruck den feindlichen Drachen zu Fall. Aber lange zuvor schon war Mr. Sunbury der Begeisterung seines Sohnes erlegen, und oft bat er, es mal selber versuchen zu dürfen. Das muß ein drolliger Anblick gewesen sein, wenn er in seinen gestreiften Hosen mit schwarzem Cut und steifem Hut den Hügel hinunterlief. Mrs. Sunbury trottete gemessen hinter ihm her, und wenn der Drachen frei flog, nahm sie ihrem Mann wohl die Schnur aus der Hand und sah dem Drachen zu, wie er hoch hinauf stieg. Samstag nachmittag wurde für sie alle der wichtigste Tag der Woche, und wenn Mr. Sunbury und Herbert morgens das Haus verließen, um den Zug zur City zu erreichen, dann blickten sie zuallererst zum Himmel hinauf, ob es Wetter zum Drachensteigenlassen war. Am liebsten war ihnen ein stürmischer Tag mit launischen Windstößen, denn der gab ihnen die beste Gelegenheit, ihre Geschicklichkeit auszuüben. Die ganze Woche lang redeten sie abends davon. Kleinere Drachen als den ihren verachteten sie, größere beneideten sie. Sie besprachen die Leistungen anderer Drachenbesitzer so hitzig und so geringschätzig, wie Boxer oder Fußballspieler ihre Rivalen besprechen. Ihr Ehrgeiz war, einen größeren Drachen zu haben als irgend jemand anders; einen Drachen, der noch höher stieg. Längst schon benützten sie keine Schnur mehr, denn der Drache, den sie Herbert zum einundzwanzigsten Geburtstag geschenkt hatten, war sieben Fuß hoch, und sie benützten Klavierdraht, der um eine Trommel aufgewunden war. Aber Herbert war noch nicht zufrieden. Irgendwoher hatte er von einem Kastendrachen gehört, den irgend jemand erfunden hatte, und die Idee leuchtete ihm sofort ein. Er meinte, sowas könne er sich wohl selber machen, und da er etwas zeichnen konnte, machte er sich an verschiedene Entwürfe. Er ließ ein kleines Modell bauen und probierte es eines Nachmittags aus, aber es war kein Erfolg. Er war ein hartnäckiger Bursche, und nichts sollte ihn unterkriegen. Irgend etwas stimmte nicht, und an ihm war es, das richtigzustellen.

Dann passierte etwas sehr Dummes. Herbert fing an, nach dem Abendbrot auszugehen. Mrs. Sunbury hatte das gar nicht gern, aber Mr. Sunbury redete ihr vernünftig zu. Schließlich war der Junge jetzt zweiundzwanzig, und es war ihm sicher langweilig, immer zu Hause zu bleiben. Wenn er mal spazierengehen wollte oder sich einen Film ansehen, das war doch nicht weiter schlimm. Aber Herbert hatte sich verliebt. An einem Samstagabend, nachdem sie auf der Wiese einen sehr vergnüglichen Nachmittag verbracht hatten, sagte er plötzlich beim Abendessen ganz aus heiterem Himmel:

»Mammi, ich habe für morgen zum Tee eine junge Dame eingeladen. Ist das in Ordnung?«

»Hast was?« sagte Mrs. Sunbury und vergaß im Augenblick ihre gepflegte Grammatik.

»Du hast es ja gehört, Mammi.«

»Und darf ich fragen, wer das ist und wie du sie kennengelernt hast?«

»Bevan heißt sie. Betty Bevan, und ich habe sie an einem Samstagnachmittag im Kino kennengelernt, es regnete gerade. Es kam zufällig so. Sie saß neben mir und ließ ihre Handtasche fallen, und ich hob sie auf, und sie dankte mir, und natürlich sprachen wir dann miteinander.«

»Willst du mir wirklich erzählen, daß du auf einen so uralten Trick hereingefallen bist? Handtasche fallen lassen!«

»Du irrst dich, Mammi, sie ist ein sehr nettes Mädchen, wirklich, und gebildet ist sie auch.«

»Und wann ist das alles geschehen?«

»Vor ungefähr drei Monaten.«

»Oh, vor drei Monaten hast du sie kennengelernt, und für morgen hast du sie zum Tee eingeladen?«

»Also, natürlich habe ich sie inzwischen gesehen. An jenem ersten Tag fragte ich sie nach der Vorstellung, ob sie am folgenden Dienstagabend mit mir ins Kino ginge, und sie sagte, sie wüßte es noch nicht, vielleicht, vielleicht auch nicht. Aber dann kam sie doch.«

»Na klar doch. Das hätte ich dir von vornherein sagen können.«

»Und seitdem sind wir ungefähr zweimal die Woche zusammen ins Kino gegangen.«

»Aha, deshalb hast du's dir angewöhnt, so oft auszugehen.«

»Stimmt, aber hör mal, ich will sie dir nicht aufdrängen, wenn du nicht willst, daß sie zum Tee kommt, dann sage ich, du hast Kopfschmerzen, und gehe mit ihr aus.«

»Mammi will sie gern zum Tee hier haben«, sagte Mr. Sunbury. »Nicht wahr, mein Liebes? Es ist ja nur, weil Mammi keine fremden Leute mag. Das war immer schon so.«

»Ich halte mich für mich«, sagte Mrs. Sunbury verdrießlich. »Was tut sie denn?«

»Sie arbeitet in einem Tippbüro in der Stadt und wohnt zu Hause, wenn man das ein Zuhause nennen kann; weißt du, ihre Mutter ist tot, und ihr Vater hat wieder geheiratet, sie haben drei Kinder, und sie verträgt sich nicht mit der Stiefmutter. Die nörgelt immer an ihr herum, sagt sie.«

Mrs. Sunbury deckte den Teetisch sehr vornehm. Sie räumte die Nippsachen von einem kleinen Tisch im Wohnzimmer ab, den sie sonst nie benützten, und legte eine Teedecke auf den Tisch. Sie holte das Teeservice hervor und den versilberten Teekessel, den sie auch nie benützten, sie buk Weizenküchlein und einen Kuchen und schnitt ganz dünne Brotscheiben, die sie mit Butter bestrich.

»Die muß sehen, daß wir nicht nur irgend jemand sind«, sagte sie zu Samuel.

Herbert holte Miss Bevan ab, und Mr. Sunbury empfing die beiden an der Haustür, im Falle Herbert das Mädchen ins Eßzimmer führen würde, wo sie für gewöhnlich aßen und saßen. Herbert blickte überrascht auf den Teetisch, als er das junge Mädchen ins Wohnzimmer führte.

»Dies ist Betty, Mammi«, sagte er.

»Miss Bevan, nehme ich an«, sagte Mrs. Sunbury.

»Ganz richtig, aber sagen Sie doch Betty, ja?«

»Vielleicht ist dafür unsere Bekanntschaft noch etwas zu kurz«, sagte Mrs. Sunbury und lächelte herablassend. »Wollen Sie nicht Platz nehmen, Miss Bevan?«

Sonderbarerweise, oder vielleicht war es gar nicht so sonderbar, sah Betty Bevan ziemlich genau so aus, wie Mrs. Sunbury ausgesehen haben mußte, als sie im gleichen Alter war. Sie hatte dieselben scharfen Gesichtszüge und dieselben ziemlich kleinen runden Augen, aber ihre Lippen waren scharlachrot angemalt, die Wangen leicht mit Rouge gefärbt, im kurzgeschnittenen, schwarzen Haar hatte sie eine Dauerwelle. Mrs. Sunbury sah das alles auf den ersten Blick, und sie rechnete sich bis auf den Penny aus, wieviel das hübsche, kunstseidene Kleid gekostet hatte, die Schuhe mit den sehr hohen Hacken und der flotte Hut Das Kleid war sehr kurz und ließ viel von den fleischfarbenen Strümpfen sehen. Mrs. Sunbury mißbilligte ihr Make-up und die Art, wie sie sich anzog, und sofort konnte sie das Mädchen nicht leiden; aber sie war entschlossen, sich damenhaft zu benehmen, und wenn sie nicht wußte, wie man sich damenhaft benimmt, dann wußte es niemand, und darum ging zunächst mal alles glatt. Sie schenkte den Tee ein und bat Herbert, der ihm befreundeten Dame eine Tasse zu reichen.

»Frage Miss Bevan, ob sie ein Butterbrot haben will oder ein Küchlein, Samuel, mein Lieber.«

»Nehmen Sie beides«, sagte Samuel auf seine ungehobelte Art und bot die beiden Teller an. »Mich freut's, wenn die Leute zugreifen.«

Betty balancierte vorsichtig ein Butterbrot und ein Weizenküchlein auf der Untertasse, und Mrs. Sunbury redete gefällig über das Wetter. Mit Genugtuung beobachtete sie, wie es Betty immer ungemütlicher wurde. Dann schnitt sie den Kuchen an und drängte ihrem Gast ein großes Stück auf. Betty biß hinein, und als sie es auf die Untertasse legen wollte, fiel es zu Boden.

»Oh, Entschuldigung bitte«, sagte das Mädchen und hob das Stück Kuchen auf.

»Das macht doch nichts, ich schneide Ihnen ein neues Stück ab«, sagte Mrs. Sunbury.

»Oh, bemühen Sie sich nicht, ich bin nicht so heikel. Der Boden ist sauber.«

»Hoffentlich«, sagte Mrs. Sunbury mit saurem Lächeln, »aber ich denke nicht im Traum daran, zuzulassen, daß Sie ein Stück Kuchen essen, das auf dem Fußboden gelegen hat. Gib es her, Herbert, ich gebe Miss Bevan ein anderes.«

»Bitte nicht mehr, Mrs. Sunbury, wirklich nicht.«

»Tut mir leid, daß Sie meinen Kuchen nicht mögen. Ich habe ihn extra für Sie gebacken.« Sie aß ein Stückchen. »Mir scheint er ganz gut zu sein.«

»Daran liegt es nicht, Mrs. Sunbury, es ist ein wunderbarer Kuchen, bloß bin ich nicht hungrig.«

Sie lehnte eine weitere Tasse Tee ab, und Mrs. Sunbury merkte, daß sie erleichtert war, die Tasse abstellen zu dürfen. »Ich glaube, die essen in der Küche«, dachte sie bei sich. Herbert zündete sich eine Zigarette an.

»Mir auch eine, Herb«, sagte Betty. »Ich sterbe vor Sehnsucht nach einer Zigarette.«

Mrs. Sunbury mochte es nicht, wenn Frauen rauchten, aber sie zog nur leicht die Augenbrauen hoch.

»Wir nennen ihn lieber Herbert, Miss Bevan«, sagte sie.

Betty war nicht so dumm, nicht zu begreifen, daß Mrs. Sunbury die ganze Zeit ihr Möglichstes tat, sie in Verlegenheit zu bringen, und jetzt sah sie eine Chance, sich zu rächen.

»Ich weiß«, sagte sie. »Als er mir gesagt hat, daß er Herbert heißt, bin ich fast losgeplatzt. Wie kann man nur jemand Herbert nennen. Zum Schreien komisch.«

»Tut mir leid, daß Sie den Namen nicht mögen, den mein Sohn bei der Taufe erhalten hat. Ich finde, es ist ein hübscher Name. Aber wahrscheinlich kommt es drauf an, zu welcher Klasse von Leuten man gehört.«

Herbert versuchte, die Situation zu retten.

»Im Büro, Mammi, da nennen sie mich Bertie.«

»Da kann ich nur sagen, daß das lauter ordinäre Leute sind.«

Mrs. Sunbury hüllte sich in würdevolles Schweigen, und die Unterhaltung, soweit es eine war, wurde von Mr. Sunbury und Herbert aufrechterhalten. Nicht ohne Befriedigung stellte Mrs. Sunbury fest, daß Betty beleidigt war. Sie merkte auch, daß das Mädchen fort wollte und nicht recht wußte, wie sie es anstellen sollte. Sie war fest entschlossen, ihr nicht zu helfen. Schließlich nahm Herbert selbst die Sache in die Hand.

»Na, Betty, ich glaube, es wird Zeit, daß wir gehen«, sagte er. »Ich begleite dich nach Hause.«

»Müssen Sie schon gehen?« fragte Mrs. Sunbury und stand auf. »Es war uns ein Vergnügen, gewiß doch.«

»Hübsches kleines Ding«, sagte Mr. Sunbury versuchsweise, als die jungen Leute gegangen waren.

»Die und hübsch! Nichts als Schminke und Puder. Verlaß dich drauf, die sähe ganz anders aus mit gewaschenem Gesicht und ohne Dauerwelle. Ordinär ist die, ordinär wie Dreck.«

Nach einer Stunde kam Herbert zurück. Er war wütend.

»Hör mal, Mammi, was fällt dir ein, daß du das arme Mädchen so behandelt hast? Ich habe mich einfach für dich geschämt.«

»Rede nicht so zu deiner Mutter, Herbert«, brauste sie auf. »So ein Frauenzimmer hättest du mir gar nicht ins Haus bringen sollen. Ordinär ist die, so ordinär wie Dreck.«

Wenn Mrs. Sunbury böse wurde, dann versagte nicht nur ihre Grammatik, sondern sie fiel auch in einen leichten Cockney-Akzent. Herbert kehrte sich nicht daran, was sie sagte.

»Noch nie im Leben ist sie so beleidigt worden, hat sie gesagt. Es war verflixt schwer, sie zu besänftigen.«

»Hierher kommt sie mir nicht mehr, das sag ich dir gradheraus.«

»Denkste! Ich bin mit ihr verlobt, schreib dir das hinter die Ohren.«

Mrs. Sunbury schnappte nach Luft.

»Du bist doch nicht?«

»Doch, ich bin. Ich habe es mir schon lange überlegt, und da war sie heute abend so aufgebracht, daß sie mir leid tat, darum hab ich ihr den Antrag gemacht, und es war verflixt nicht einfach, sie zu überreden, das kann ich dir sagen.«

»Du Idiot!« schrie Mrs. Sunbury, »du Idiot!«

Dann gab es einen ziemlichen Auftritt. Mrs. Sunbury und ihr Sohn setzten einander mit Hammer und Zange zu, und wenn der arme Samuel zu vermitteln versuchte, bekam er von beiden zu hören, er solle den Mund halten. Schließlich stürzte Herbert aus dem Hause, und Mrs. Sunbury brach in Zornestränen aus.

Am nächsten Tag erwähnte niemand den Vorfall. Mrs. Sunbury war eisig höflich gegen Herbert, und er war mürrisch und schweigsam. Nach dem Abendessen ging er aus. Am Samstag sagte er seinen Eltern, daß er nachmittags eine Verabredung habe und nicht mitkommen könne zur Wiese.

»Ich möchte behaupten, daß wir auch ohne dich auskommen können«, sagte Mrs. Sunbury grimmig.

Langsam wurde es Zeit für die üblichen zwei Wochen an der See. Sie gingen immer nach Herne Bay, da Mrs. Sunbury sagte, dort finde man die richtige

Art von Leuten, und seit Jahren wohnten sie immer in derselben Pension. Eines Abends sagte Herbert so beiläufig wie möglich:

»Übrigens, schreib ihnen lieber, Mammi, daß ich dieses Jahr mein Zimmer nicht brauche. Betty und ich heiraten, und auf der Hochzeitsreise gehen wir nach Southend.«

Einen Augenblick lang herrschte tödliches Schweigen im Zimmer.

»Das kommt ein bißchen plötzlich, Herbert, nicht?« sagte Mr. Sunbury unsicher.

»Nun ja, in Bettys Büro schränken sie sich ein, und Betty hat keine Stellung, da dachten wir, wir wollten lieber gleich heiraten. Wir haben in der Dabney-Straße zwei Zimmer gemietet, und die Möbel kaufen wir mit dem Geld auf meinem Sparkonto.«

Mrs. Sunbury sagte kein Wort. Sie war totenblaß geworden, und Tränen rollten ihr die schmalen Wangen hinunter.

»Ach komm, Mammi, nimm es nicht so schwer«, sagte Herbert. »Jeder muß mal heiraten. Hätte Vati dich nicht geheiratet, dann wäre ich jetzt nicht hier, oder?«

Ungeduldig wischte Mrs. Sunbury die Tränen ab.

»Vati hat mich nicht geheiratet; ich hab ihn geheiratet. Ich wußte, daß er zuverlässig und anständig war. Ich wußte, er würde ein guter Ehemann und Vater sein. Ich hab nie keinen Grund gehabt, das zu bereuen, und Vati auch keinen nicht. Stimmt's, Samuel, oder nicht?«

»Stimmt ganz genau, Beatrice«, sagte er schnell.

»Ich weiß, wenn du Betty mal wirklich kennenlernst, wirst du sie gern haben. Sie ist ein nettes Mädchen, das ist sie wirklich. Ich glaube, ihr würdet herausfinden, daß ihre eine Menge gemeinsam habt. Du mußt ihr bloß eine Chance geben, Mammi.«

»In dies Haus kommt sie niemals nicht, nur über meine Leiche.«

»Das ist albern, Mammi. Wieso denn, alles geht ja genau so weiter, wenn du bloß vernünftig bist. Ich meine, wir können Samstag genau wie immer mit dem Drachen losgehen. Nur jetzt, seit ich verlobt bin, war es so schwierig. Verstehst du, sie kann da nichts dran finden, am Drachensteigenlassen, aber sie wird es schon einsehen, und wenn ich erst verheiratet bin, dann ist es ganz anders, ich meine, ich kann herkommen und mit dir und Vati den Drachen steigen lassen; das ist doch selbstverständlich.«

»Das meinst du wohl. Also, eins sag ich dir, wenn du das Frauenzimmer heiratest, dann läßt du meinen Drachen nicht steigen. Geschenkt hab ich dir den nicht, ich habe ihn vom Haushaltungsgeld gekauft, und deshalb gehört er mir, verstehste.«

»Also gut, wie du willst. Betty behauptet sowieso, daß das ein Spiel für Kinder ist und daß ich mich schämen sollte, in meinem Alter noch einen Drachen steigen zu lassen.«

Er stand auf und stolzierte mal wieder wütend aus dem Hause. Vierzehn Tage später heiratete er. Mrs. Sunbury weigerte sich, zur Trauung zu gehen, und erlaubte auch nicht, daß Samuel hinging. Sie gingen auf Urlaub und kamen wieder nach Hause. Sie nahmen das gewohnte Routineleben wieder auf. Samstag nachmittags gingen sie miteinander zur Gemeindewiese und ließen den riesigen Drachen steigen. Mrs. Sunbury erwähnte ihren Sohn nie. Sie war fest entschlossen, ihm nicht zu verzeihen. Aber Mr. Sunbury traf ihn für gewöhnlich im Morgenzug, den sie beide benützten, und sie schwatzten ein bißchen, wenn sie im selben Wagen fahren konnten. Eines Morgens sah Mr. Sunbury zum Himmel hinauf.

»Gutes Drachenwetter heute«, sagte er.

»Geht ihr noch mit dem Drachen, du und Mammi?«

»Was meinst du denn? Sie kann's langsam so gut wie ich. Du solltest sie nur sehen, wie sie mit aufgesteckten Röcken den Hügel hinunterläuft. Mein Wort drauf, das hätte ich nie bei ihr vermutet. Laufen? Und ob! Sie kann besser laufen als ich.«

»Daß ich nicht lache, Vati!«

»Warum kaufst du dir eigentlich nicht einen eigenen Drachen, Herbert? Du warst doch immer so scharf drauf.«

»Ja, ich weiß. Ich hab einmal so was erwähnt, aber du weißt ja, wie die Weiber sind. Betty hat gesagt: ›Benimm dich deinem Alter entsprechend‹, und was sonst nicht noch. Ich will natürlich keinen Kinderdrachen, und die großen Drachen sind teuer. Als wir die Möbel angeschafft haben, hat Betty gesagt, auf die Dauer ist es billiger, das Allerbeste zu kaufen, und da gingen wir zu so einem Abzahlungsladen, und mit den Raten jeden Monat und der Miete – na ja, da habe ich gerade noch soviel Geld, daß wir auskommen. Da heißt es immer, daß man für zwei Personen nicht mehr braucht zum Leben als für eine, aber davon habe ich bisher noch nichts gemerkt.«

»Arbeitet sie denn nicht?«

»Ach nee. Sie sagt, sie hat schon eine Ewigkeit gearbeitet, und jetzt ist sie verheiratet und will es mal gut haben, und natürlich muß ja auch jemand putzen und kochen.«

So ging es ein halbes Jahr lang, und dann, als an einem Samstagnachmittag die Sunburys wie üblich auf der Wiese waren, sagte Mrs. Sunbury zu ihrem Mann:

»Hast du gesehen, was ich gesehen habe, Samuel?«

»Ich habe Herbert gesehen, wenn du das meinst. Ich habe nichts gesagt, weil ich dachte, du würdest dich nur aufregen.«

Herbert stand bei den müßigen Zuschauern. Er versuchte nicht, mit den Eltern zu sprechen, aber es entging Mrs. Sunbury nicht, daß er keinen Blick von dem Flug des Drachen ließ, den er so oft hatte steigen lassen. Es wurde recht kühl, und die Sunburys gingen nach Hause. In Mrs. Sunburys Gesicht wetterleuchtete es vor Bosheit.

»Ob er wohl nächsten Samstag wieder kommt?« sagte Samuel.

»Wenn ich nicht wüßte, daß Wetten Sünde ist, würde ich einen halben Schilling mit dir wetten, daß er kommt, Samuel. Darauf habe ich schon die ganze Zeit gewartet.«

»Wirklich?«

»Ich hab von Anfang an gewußt, daß er davon nicht wegbleiben konnte.«

Sie hatte recht. Am nächsten Samstag und darnach jeden Samstag, wenn schönes Wetter war, erschien Herbert auf der Wiese. Sie sprachen nicht miteinander. Er stand nur eine Weile da und sah zu und schlenderte dann davon. Als das mehrere Wochen lang so gegangen war, hatten die Sunburys eine Überraschung für ihn. Sie ließen nicht den großen Drachen steigen, den er gewöhnt war, sondern einen neuen, nach dem Modell gebaut, für das er selbst den Entwurf gemacht hatte. Er sah, daß der Kastendrachen bei den anderen Drachensportlern großes Interesse erregte; sie standen alle drum herum, und Mrs. Sunbury redete Bände. Als Samuel das erste Mal den

Hügel hinunterlief, stieg das Ding nicht auf, sondern hoppelte kläglich am Boden, und Herbert ballte die Fäuste und knirschte mit den Zähnen. Er konnte dieses Versagen nicht mitansehen. Mr. Sunbury stieg wieder den kleinen Hügel hinauf, und beim zweiten Mal stieg der Kastendrachen auf. Die Zuschauer schrien hurra. Nach einiger Zeit zog Mr. Sunbury den Drachen ein und ging damit zum Hügel zurück. Mrs. Sunbury ging zu ihrem Sohn hinüber.

»Möchtest du's versuchen, Herbert?«

Er hielt den Atem an.

»Ja, Mammi, gern.«

»Das ist nur ein kleiner, man sagt, man muß es erst rauskriegen. Der ist anders als die altmodischen. Aber wir haben schon eine genaue Beschreibung von einem großen, und es heißt, wenn man mit dem Bescheid weiß, und der Wind steht richtig, dann steigt der dir zwei Meilen hoch.«

Mr. Sunbury kam dazu.

»Samuel, Herbert möchte den Drachen ausprobieren.«

Mr. Sunbury gab ihm den Drachen, er lächelte zufrieden, und Herbert gab seiner Mutter seinen Hut zu halten. Dann rannte er den Hügel hinab, der Drachen schwang sich wunderschön in die Luft, und wie er dem Steigen zusah, jubelte sein Herz. Es war herrlich anzusehen, wie das kleine, schwarze Ding so brav hinaufstieg, aber während er noch zusah, dachte er an den riesig großen, den sie bauen ließen. Den könnten sie niemals handhaben. Zwei Meilen hoch in der Luft, hatte Mammi gesagt. Heiliger Bimbam!

»Warum kommst du nicht mit auf eine Tasse Tee, Herbert«, sagte Mrs. Sunbury, »dann zeigen wir dir den Entwurf für den neuen, den die uns jetzt bauen. Vielleicht kannst du uns da raten.«

Er zögerte. Er hatte Betty gesagt, er wollte nur spazierengehen, sich die Beine vertreten; sie wußte nicht, daß er jeden Samstag zur Wiese gegangen war, und jetzt wartete sie wohl schon auf ihn. Aber die Versuchung war unwiderstehlich.

»Meinetwegen«, sagte er.

Nach dem Tee sahen sie sich die Pläne an. Der Drachen war ungeheuerlich groß und besaß Vorrichtungen, die er noch nie zuvor gesehen hatte, und er würde furchtbar teuer sein.

»Den könnt ihr allein nicht steigen lassen«, sagte er.

»Wir können es ja versuchen.«

»Ihr würdet wohl nicht wollen, daß ich euch zuerst mal helfe?« fragte er unsicher.

»Das wäre keine schlechte Idee«, sagte Mrs. Sunbury.

Es war spät, als er nach Hause kam, viel später, als er dachte, und Betty war sehr ärgerlich.

»Wo in Gottes Namen bist du gewesen, Herb? Ich

dachte schon, du wärst tot. Das Abendessen ist längst fertig und alles miteinander.«

»Ich hab ein paar Bekannte getroffen und mich verschwatzt.«

Sie sah ihn scharf an, aber sie antwortete nicht. Sie nahm übel.

Nach dem Abendessen schlug er vor, sie sollten ins Kino gehen, aber sie weigerte sich.

»Geh nur, wenn du Lust hast«, sagte sie. »Ich habe keine Lust.«

Am nächsten Samstag ging er wieder zur Wiese, und wieder erlaubte ihm die Mutter, den Drachen steigen zu lassen. Sie hatten den neuen bestellt und erwarteten ihn in drei Wochen. Gleich drauf sagte die Mutter zu ihm:

»Elizabeth ist hier.«

»Betty?«

»Sie spioniert dir nach.«

Das erschreckte ihn sehr, aber er stellte sich gleichgültig.

»Laß sie spionieren, das ist mir egal.«

Jedoch war er nervös und wollte nicht zum Tee mit den Eltern gehen. Er ging direkt nach Hause. Betty wartete schon auf ihn.

»Das sind also die Bekannten, mit denen du dich verschwatzt hast. Ich bin schon eine Zeitlang mißtrauisch gewesen, wegen deiner Spaziergänge am

Samstagnachmittag, und plötzlich bin ich draufgekommen. Eine Schande nenn ich das.«

»Das ist mir egal, wie du das nennst. Ich mag das nun mal, und wenn du es nicht magst, kannst du's ja bleiben lassen.«

»Ich lasse das nicht zu, das sage ich dir unumwunden. Ich lasse nicht zu, daß du dich zum Narren machst.«

»Ich hab jeden Samstagnachmittag meinen Drachen steigen lassen, seit ich ein Kind war, und das tu ich auch weiter, so lange ich nur irgend will.«

»Die alte Hure steckt dahinter, die versucht bloß, dich von mir wegzulotsen. Wenn du ein Mann wärst, würdest du niemals mehr ein Wort mit ihr reden, nachdem sie mich so behandelt hat.«

»Ich erlaube nicht, daß du so von ihr sprichst. Sie ist meine Mutter, und ich bin dazu berechtigt, sie so oft zu sehen, wie ich will.«

Sie stritten sich stundenlang. Betty schrie ihn an, und Herbert brüllte sie an. Sie hatten sich wohl schon gelegentlich um Kleinigkeiten gezankt, denn sie waren beide eigensinnig. Aber dies war der erste ernsthafte Streit. Am Sonntag redeten sie nicht miteinander, und während der Woche schwelte es noch in ihnen nach, wenngleich rein äußerlich Friede herrschte. Zufällig regnete es an den nächsten zwei Samstagen. Betty lächelte vor sich hin, als sie die Regengüsse sah; und wenn Herbert enttäuscht war, so ließ er es sich nicht anmerken. Die Erinnerung an den heftigen Streit verblaßte. Sie wohnten in *zwei* Zimmern, sie schliefen in *einem* Bett, und es war unvermeidlich, daß sie gerne bereit waren, ihre Streitigkeiten zu vergessen. Betty gab sich besondere Mühe, sehr nett zu ihrem Herb zu sein, und sie glaubte, daß jetzt – da er einmal ihre scharfe Zunge mitgekriegt hatte, da er wußte, daß sie entschlossen war, sich niemandem zu fügen –, daß er jetzt zur Vernunft kommen würde. Auf seine Art war er ein guter Ehemann, er knauserte nicht mit dem Geld und war zuverlässig. Nur ein bißchen Zeit, dann würde sie ihn schon zurechtkriegen.

Aber nach vierzehn Tagen schlechten Wetters klärte es sich auf.

»Sieht wohl so aus, als ob wir morgen gutes Drachenwetter kriegten«, sagte Mr. Sunbury, als sie sich auf dem Bahnsteig trafen und auf den Morgenzug warteten. »Der neue Drachen ist da.«

»Tatsächlich?«

»Mammi hat gesagt: natürlich möchten wir gern, daß du kommst und uns dabei hilfst, aber niemand ist befugt, sich zwischen Mann und Frau einzudrängen, und wenn du vor Betty Angst hast, daß sie Krach schlägt, dann glaub ich, du solltest lieber nicht kommen. Wir haben auf der Wiese einen jungen Mann kennengelernt, der ist ganz verrückt darauf und sagt, wenn irgend jemand den Drachen steigen lassen kann, dann kann er's.«

Herbert empfand plötzlich heftige Eifersucht.

»Laßt nur keine fremden Leute an unseren Drachen ran. Ich komme bestimmt.«

»Nun ja, überleg dir's, Herbert; und wenn du nicht kommst, verstehen wir das schon.«

»Ich komme aber«, sagte Herbert.

Am nächsten Tag also, als er aus der Stadt nach Hause kam, zog er den Büroanzug aus und zog eine Sporthose und eine alte Jacke an. Betty kam ins Schlafzimmer.

»Was machst du da?«

»Ich ziehe mich um«, sagte er vergnügt. Er war so aufgeregt, daß er das Geheimnis nicht für sich behalten konnte. »Der neue Drachen ist gekommen, und ich lasse ihn steigen.«

»O nein, das tust du nicht«, sagte sie. »Das laß ich nicht zu.«

»Sei nicht albern, Betty. Ich gehe hin, sag ich dir, und wenn dir das nicht paßt, dann paßt es dir eben nicht.«

»Ich laß dich nicht hingehen, und dabei bleibt's.«

Sie schloß die Tür und stellte sich davor. Ihre Augen blitzten, sie biß die Zähne aufeinander. Sie war eine kleine Person, und er war groß und kräftig. Er packte sie an beiden Armen, um sie beiseite zu stoßen, aber sie trat ihn heftig gegen das Schienbein.

»Soll ich dir einen Kinnhaken versetzen?«

»Wenn du gehst, dann kommst du nicht zurück«, schrie sie.

Er hob sie auf, warf sie trotz allem Strampeln und Kicken aufs Bett und ging hinaus.

Wenn der kleine Kastendrachen auf der Wiese schon Aufsehen erregt hatte, so war das nichts im Vergleich mit dem, was der neue bewirkte. Aber er war schwierig zu handhaben, und soviel sie auch rannten und schnauften und auch andere Drachenenthusiasten ihnen halfen, konnte Herbert ihn doch nicht zum Steigen bringen.

»Macht nichts«, sagte er, »wir werden den Trick bald heraushaben. Der Wind steht heute nicht richtig, daran liegt es nur.«

Er ging mit den Eltern zum Tee, und sie besprachen das alles wie in alten Zeiten. Er blieb so lange wie möglich, denn er freute sich durchaus nicht auf die Szene, die Betty ihm machen würde. Aber als Mrs. Sunbury in die Küche ging, um das Abendbrot zu machen, mußte er nach Hause gehen. Betty las die Zeitung. Sie blickte auf.

»Dein Koffer ist gepackt«, sagte sie.

»Mein was?«

»Du hast es schon richtig verstanden. Ich hab ja gesagt, wenn du gehst, brauchst du nicht wiederzukommen. Da habe ich deine Sachen vergessen. Alles ist gepackt. Ist im Schlafzimmer.«

Er sah sie einen Augenblick überrascht an. Sie tat, als lese sie weiter. Er hätte sie gerne tüchtig verdroschen.

»Gut, wie du willst«, sagte er.

Er ging ins Schlafzimmer. Seine Kleider waren in einem Koffer verpackt, und dann war da noch ein Paket aus braunem Packpapier, in dem Betty die anderen Sachen verstaut hatte. Er nahm den Koffer mit der einen Hand, das Paket mit der anderen, ging wortlos durchs Wohnzimmer und aus dem Hause. Er ging zu Fuß zu seiner Mutter und klingelte. Sie machte die Tür auf.

»Ich bin nach Hause gekommen, Mammi«, sagte er.

»Wirklich, Herbert? Dein Zimmer ist bereit. Stell deine Sachen ab und komm herein. Wir wollten gerade zu Abend essen.« Sie gingen ins Eßzimmer. »Samuel, Herbert ist nach Hause gekommen. Geh schnell und hole ein Quart Bier.«

Während des Abendbrots und den Abend lang erzählte er ihnen, welche Schwierigkeiten er mit Betty hatte.

»Gut, daß du da heraus bist«, sagte Mrs. Sunbury, als er fertig war. »Ich habe dir ja gesagt, daß das keine Frau für dich ist. Ordinär ist die, ordinär wie Dreck, und du, du bist doch so gut erzogen.«

Er fand es herrlich, in seinem eigenen Bett zu schlafen, in dem Bett, an das er sein Leben lang gewöhnt war; und am Sonntag morgen unrasiert und ungewaschen zum Frühstück herunterzukommen und die ›Nachrichten aus aller Welt‹ zu lesen.

»Heute gehen wir nicht zur Kirche«, sagte Mrs. Sunbury. »Es war doch ein ziemlicher Schock für dich, Herbert; heute tun wir mal alle langsam.«

Während der Woche sprachen sie viel vom Drachen, aber sie sprachen auch viel von Betty. Sie redeten hin und her, was sie wohl jetzt unternehmen würde.

»Sie wird versuchen, dich wiederzukriegen«, sagte Mrs. Sunbury.

»Da hat sie ja vortreffliche Aussichten«, sagte Herbert.

»Du wirst für ihren Unterhalt sorgen müssen«, sagte sein Vater.

»Warum sollte er wohl?« rief Mrs. Sunbury. »Sie hat ihn zur Heirat überlistet, und jetzt hat sie ihn aus dem Heim vertrieben, das er für sie eingerichtet hatte.«

»Ich gebe ihr, was ihr zusteht, solange sie mich in Ruhe läßt.«

Jeden Tag wurde ihm wohler zumut, eigentlich war es, als ob er nie fortgewesen wäre, er machte es sich bequem wie ein Hund in dem Korb, der nun mal sein eigener ist; es war schön, eine Mutter zu haben, die einem die Anzüge ausbürstete und die Socken stopfte; sie tischte ihm die Gerichte auf, die er zeitlebens gegessen hatte und am liebsten mochte; Betty kochte nur so obenhin, zuerst hatte das Spaß gemacht, wie etwa beim Picknick, aber es war nicht das Essen, bei dem ein Mann wirklich was zwischen die Zähne kriegt, und er vergaß nie die Ansicht seiner Mutter, daß frische Nahrungsmittel besser seien als das Büchsenzeug. Lachs aus der Büchse ekelte ihn schon beim bloßen Hinsehen an. Dann war es auch schöner, Platz zu haben und umhergehen zu können, als in zwei Zimmern eingesperrt zu sein, von denen das eine noch dazu als Küche dienen mußte.

Einmal sagte er zu seiner Mutter: »Nie im Leben habe ich einen größeren Fehler gemacht als den, daß ich von zu Hause fortgegangen bin.«

»Ich weiß, Herbert, aber jetzt bist du ja wieder da und hast keinen Grund, je wieder fortzugehen.«

Sein Gehalt wurde am Freitag ausgezahlt, und am Abend, als sie gerade mit dem Essen fertig waren, klingelte es.

»Das ist sie«, sagten sie wie aus einem Munde.

Herbert wurde blaß. Seine Mutter sah ihn an.

»Überlaß es mir«, sagte sie. »Ich rede mit ihr.«

Sie öffnete die Tür. Betty stand auf der Schwelle. Sie versuchte, sich hineinzudrängen, aber Mrs. Sunbury hinderte sie daran.

»Ich will Herb sprechen.«

»Das können Sie nicht. Er ist ausgegangen.«

»Nein, das ist er nicht. Ich habe gesehen, wie er mit seinem Vater nach Hause kam, und er ist nicht wieder herausgekommen.«

»Nun ja, er will Sie nicht sehen, und wenn Sie Krach machen, rufe ich die Polizei.«

»Ich will mein Geld für die Woche.«

»Das ist ja alles, was Sie je von ihm gewollt haben.« Sie zog ihren Geldbeutel heraus. »Hier haben Sie fünfunddreißig Schillinge.«

»Fünfunddreißig Schillinge? Die Miete kostet doch schon zwölf Schillinge die Woche.«

»Mehr kriegen Sie nicht. Er muß ja auch hier für sein Essen bezahlen, nicht wahr?«

»Und dann noch die Raten für die Möbel.«

»Das werden wir sehen, wenn's soweit ist. Wollen Sie das Geld haben oder nicht?«

Verwirrt, unglücklich und eingeschüchtert stand Betty unentschlossen da. Mrs. Sunbury steckte ihr das Geld gewaltsam in die Hand und schlug ihr die Tür vor der Nase zu. Sie ging ins Eßzimmer zurück.

»Der hab ich's gegeben«, sagte sie.

Die Türglocke läutete wieder, sie läutete wiederholt, aber sie gingen nicht hin, und dann war es still. Sie nahmen an, daß Betty gegangen war.

Am nächsten Tag war schönes Wetter, der Wind hatte genau die richtige Stärke, und nachdem es Herbert zwei- oder dreimal mißglückt war, merkte er, daß er den Trick mit dem Kastendrachen heraus hatte. Der schwang sich in die Luft hinauf, höher und höher, während Herbert den Draht abrollen ließ.

»Also der ist jetzt eine Meile hoch, wenn er überhaupt fliegt«, sagte er aufgeregt zu seiner Mutter.

Nie im Leben war er so aufgeregt und begeistert gewesen.

Einige Wochen vergingen. Sie brauten einen Brief zusammen, worin Herbert an Betty schrieb, daß sie, solange sie ihn und seine Familie nicht belästige, jeden Samstag morgen eine Postanweisung über fünfunddreißig Schilling erhalten und daß er die Ratenzahlungen für die Möbel jeweils am Fälligkeitstag leisten werde. Mrs. Sunbury war sehr dagegen gewesen, aber Mr. Sunbury, endlich einmal nicht mit ihr einverstanden, und Herbert stimmten überein, daß sich das so gehöre. Herbert hatte jetzt die Eigenarten des neuen Drachen erforscht und vollbrachte Wunderdinge mit ihm. Um den Wettbewerb mit anderen Drachensportlern kümmerte er sich nicht mehr. Er war eine Klasse für sich. Die Samstagnachmittage waren für ihn ein einziger Triumph. Er schwelgte in der Bewunderung der Zuschauer und genoß den Neid, den er – das wußte er genau – bei den weniger glücklichen Sportlern erregte. Dann lauerte ihm eines Abends, als er mit seinem Vater vom Bahnhof nach Hause ging, Betty auf.

»Hallo, Herb«, sagte sie.

»Hallo.«

»Ich möchte mit meinem Mann allein sprechen, Mr. Sunbury.«

»Du könntest mir nichts zu sagen haben, was mein Vater nicht auch hören kann«, sagte Herbert trotzig.

Sie zögerte. Mr. Sunbury war nervös. Er wußte nicht, ob er bleiben oder gehen sollte.

»Also gut«, sagte sie. »Ich möchte, daß du wieder nach Hause kommst, Herb. Ich hab's nicht so gemeint an dem Abend, als ich deinen Koffer gepackt hab. Ich hab's nur getan, weil ich dich erschrecken wollte. Ich war wütend. Es tut mir leid, daß ich das getan habe. Es ist doch alles so blöd, sich um einen Drachen zu verzanken.«

»Aber ich komme nicht zurück. Daß du mich rausgeworfen hast, das war die größte Wohltat, die du mir je erwiesen hast.«

Tränen rollten Bettys Wangen hinab.

»Aber ich liebe dich doch, Herb. Wenn du deinen dummen ollen Drachen steigen lassen willst, dann tu's nur, ich hab nichts dagegen, wenn du bloß wieder nach Hause kommst.«

»Vielen Dank, aber das ist nicht genug. Ich weiß es wohl zu schätzen, wenn ich's wo gut habe, und vom Verheiratetsein hab ich auf Lebenszeit genug. Komm, Vati.«

Sie gingen schnell weiter, und Betty versuchte nicht, ihnen zu folgen. Am folgenden Sonntag gingen sie zur Kirche, und nach dem Essen ging Herbert zum Kohlenschuppen, um den Drachen zu betrachten, den er dort aufbewahrte. Er konnte sich nie lange von ihm trennen. Er war ihm einfach verfallen. Nach einer Minute kam er zurückgerannt, weiß im Gesicht, ein Beil in der Hand.

»Sie hat ihn kaputtgeschlagen!«

Die Sunburys schrien entsetzt auf und rannten zum Kohlenschuppen. Was Herbert gesagt hatte, war wahr. Der Drachen, der neue, teure Drachen war ein Trümmerhaufen. Mit dem Beil hatte ihn jemand blindwütig zusammengeschlagen, die Trommel in Stücke zerhackt.

»Das muß sie getan haben, solange wir in der Kirche waren.«

»Aber wie ist sie hereingekommen?« fragte Mr. Sunbury.

»Ich hab zwei Schlüssel gehabt. Als ich nach Hause kam, merkte ich, daß einer fehlte, aber ich hab mir nichts dabei gedacht.«

»Du weißt nicht bestimmt, ob sie es getan hat, ein paar von den Burschen auf der Wiese sind schon ziemlich frech gewesen, denen würde ich's auch zutrauen, daß sie so was tun.«

»Nun ja, wir werden's bald herauskriegen«, sagte

Herbert. »Ich gehe hin und frage sie, und wenn sie es getan hat, bring ich sie um.«

Seine Wut war so fürchterlich, daß Mrs. Sunbury Angst bekam.

»Und dich wegen Mord aufhängen lassen? Nein, Herbert, ich laß dich nicht gehen. Laß Vati gehen, und wenn er wiederkommt, werden wir beschließen, was wir tun.«

»Ja, das ist besser, Herbert, laß mich gehen.«

Es war nicht einfach, ihn zu überreden, aber schließlich ging Mr. Sunbury los. Und nach einer halben Stunde war er wieder da.

»Stimmt schon, sie hat es getan. Sie sagte es mir frei heraus. Sie ist stolz darauf. Ich will nicht wörtlich ihre Ausdrücke wiederholen, die haben mich einigermaßen schockiert, aber es kommt darauf hinaus, daß sie eifersüchtig auf den Drachen war. Sie hat gesagt, Herbert liebt den Drachen mehr als sie, und darum hat sie ihn kaputtgeschlagen, und wenn sie's noch mal zu tun hätte, würde sie's wieder tun.«

»Ein Glück, daß sie das mir nicht gesagt hat. Ich hätte ihr den Hals umgedreht, und wenn ich dafür hätte baumeln müssen. Von mir kriegt sie keinen Penny mehr, dabei bleibt's.«

»Sie wird dich verklagen«, sagte sein Vater.

»Laß sie doch.«

»Nächste Woche ist die Rate für die Möbel fällig,

Herbert«, sagte Mrs. Sunbury leise, »an deiner Stelle würde ich sie nicht bezahlen.«

»Dann holen sie die Möbel einfach ab«, sagte Samuel, »und das ganze Geld, das er schon bezahlt hat, ist verloren.«

»Na und?« fragte sie. »Er kann es sich leisten. Er ist sie ein für allemal los, und wir haben ihn wieder, und das ist die Hauptsache.«

»Auf das Geld pfeif ich«, sagte Herbert. »Ich stelle mir ihr Gesicht vor, wenn die kommen und die Möbel abholen. Auf die hält sie viel, tut sie, und das Klavier erst, daran hängt sie geradezu, an dem Klavier.«

Also schickte er am nächsten Freitag Betty kein Geld für die Woche, und als sie ihm einen Brief von der Möbelfirma nachschickte, worin es hieß, wenn er die fällige Rate nicht am soundsovielten bezahlt habe, werde man die Möbel abholen, antwortete er, er sei nicht in der Lage, weiter Raten zu bezahlen, und sie sollten die Möbel abholen, wann immer sie wollten. Betty wartete nun häufig am Bahnhof auf ihn, und wenn er sich weigerte, mit ihr zu sprechen, folgte sie ihm die Straße hinunter und schrie Flüche hinter ihm her. Abends kam sie immer wieder zum Hause und läutete an der Haustür, bis sie fast verrückt wurden, und Mr. und Mrs. Sunbury hatten die größte Mühe, Herbert daran zu hindern, daß er hinausging und sie gründlich verdrosch. Einmal warf sie einen Stein und zerbrach das Wohnzimmerfenster. Sie schrieb ihm unanständige und beleidigende Postkarten ins Büro. Schließlich ging sie zum Gericht und reichte Klage ein, ihr Mann habe sie verlassen und sorge nicht für ihren Unterhalt. Herbert erhielt eine Vorladung. Beide erzählten ihre Geschichte, und wenn sie dem Richter sonderbar vorkam, so sagte er das nicht. Er versuchte, eine Versöhnung zwischen den beiden herbeizuführen, aber Herbert weigerte sich entschieden, zu seiner Frau zurückzukehren. Der Richter verurteilte ihn dazu, Betty wöchentlich fünfundzwanzig Schillinge zu zahlen. Er sagte, das werde er nicht tun.

»Dann kommen Sie ins Gefängnis«, sagte der Richter. »Der nächste Fall.«

Aber Herbert meinte wörtlich das, was er sagte. Als Betty wieder klagte, wurde er wieder vor den Richter zitiert, der ihn fragte, aus welchem Grunde er den Befehl nicht befolge.

»Ich habe gesagt, ich werde ihr nichts zahlen, und ich will es nicht tun, jetzt nicht mehr, nachdem sie meinen Drachen zerschlagen hat. Und wenn Sie mich ins Gefängnis schicken, dann gehe ich eben ins Gefängnis.«

Der Richter war diesmal streng mit ihm.

»Sie sind ein törichter junger Mann«, sagte er. »Ich will Ihnen eine Woche Zeit geben, die Rückstände zu bezahlen, und wenn ich noch mehr Unsinn von Ihnen zu hören bekomme, dann kommen Sie ins Gefängnis, bis Sie zur Vernunft gekommen sind.«

Herbert zahlte nicht, und so kam mein Freund Ned Preston zu dieser Bekanntschaft, und ich erfuhr diese Geschichte.

»Wie erklärst du dir das?« fragte Ned, als er zu Ende erzählt hatte. »Weißt du, Betty ist kein schlechtes Mädchen. Ich habe sie ein paarmal gesehen, sie ist ganz in Ordnung, abgesehen von der verrückten Eifersucht auf Herberts Drachen. Und er ist weiß Gott nicht dumm. Tatsächlich ist er über den Durchschnitt intelligent. Was meinst du, was ist wohl am Drachensport, daß dieser verflixte Idiot so verrückt darauf ist?«

»Ich weiß nicht«, antwortete ich. Ich überlegte es mir einige Zeit. »Siehst du, ich verstehe nichts vom Drachensport. Vielleicht gibt es ihm ein Gefühl von Macht, wenn er den Drachen zu den Wolken hinaufsteigen sieht, und von Herrschaft über die Elemente, wenn er die Winde des Himmels nach seinem Willen nützt. Mag sein, daß er sich auf seltsame Weise als der Drachen selbst vorkommt, der so frei und hoch über ihm fliegt, das ist dann wie eine Flucht aus der Eintönigkeit des Lebens. Mag sein, daß auf irgendeine dumpfe, verwirrte Weise der Drachen ihm ein Ideal von Freiheit und Abenteuer bedeutet. Und weißt du, wenn einer mal vom Virus des Ideals gebissen wird, dann können alle Internisten und Chirurgen des Königs ihn nicht davon befreien. Aber all das sind Hirngespinste, ich muß wohl sagen, es ist einfach Gerede und Blödsinn. Ich glaube, du solltest dein Problem jemandem vorlegen, der viel mehr von der Psychologie des Menschentiers versteht als ich.«

Das verschleierte Bildnis

von James M'Govan

Ich habe mich oft mit der Frage beschäftigt, wie wohl der grimmige Streit zwischen M'Indoe und den Dieben ausgehen würde. Dieser Streit verwandelte sich ja schon bald in einen Kampf bis aufs Messer, in dem M'Indoe nur deshalb nicht der leidende Teil war und unterlag, weil er alle Schlupfwinkel der Diebe kannte und ganz genau über ihre Verbrechen Bescheid wußte. Zu Tode hetzen konnten sie ihn nicht, er war an unermüdliches hartes Arbeiten gewöhnt. Und noch weniger konnten sie ihm körperlich etwas anhaben; denn er bewegte sich aalglatt hierhin und dahin, schattengleicher noch als ihr eigener gefürchteter Anführer ›The Ruffian‹. Tatsächlich hatten alle Angst vor M'Indoe, und wenn er mit düsterer Miene ihr Viertel abschritt, so versteckten sie sich in ihren Schlupfwinkeln, als ob er eine ganze Kohorte unsichtbarer Geheimpolizisten hinter sich hätte. Vielleicht deuteten sie sein Gesicht, das eingesunken und voller Schrammen war, richtig: wenn jemals in einem Antlitz Rache ohne Gnade geschrieben stand, so in diesen starren Zügen. Im großen und ganzen neigte ich dazu, sie alle als Wölfe zu betrachten, die einander bekämpften und sich gegenseitig zerrissen und denen es allen vorherbestimmt war, dabei zugrunde zu gehen.

Was M'Indoe betraf, so glaubte ich mit der Zeit, daß aus seinem Herzen jedes Gefühl von Barmherzigkeit, jeder warme Sonnenstrahl, vollkommen verbannt sei; aber darin täuschte ich mich, wie der nachfolgende interessante Fall zeigen wird, ebenso wie ein zweiter, den ich bei einer späteren Gelegenheit erzählen werde. Beim Erzählen der zwei nicht ungewöhnlichen Ereignisse werde ich auf ein weiteres Beispiel endloser Hingabe und unerschütterlicher Mutterliebe zu sprechen kommen.

Am oberen Ende einer der steilen Treppen am Milne Square befanden sich in einem kleinen hellen Zimmer zwei Personen. Sie unterhielten sich aufs angenehmste wie Gleichgestellte, obwohl die Stellungen, die sie in der Gesellschaft einnahmen, äußerst verschieden waren. Die eine war die Mieterin des Zimmers, Mrs. Lyons, die, nachdem sie fast von allen Freuden und Leiden des Lebens gekostet hatte, schließlich hier in dieser Dachstube in Armut und Einsamkeit gelandet war; die zweite Person war Walter Hutton, ein Student der Medizin und Dilettant in der Malerei, der von der Armenklinik hierhergeschickt worden war, um die alte Dame zu behandeln. Hutton war ein Gentleman, nicht nur von Geburt, sondern auch dank seiner Erziehung; das Studium war für ihn Formsache, und leichtfertig und ohne jede Anstrengung ging er durchs Leben, so wie es sich für einen gutsituierten Menschen ziemt. Jetzt eben hatte sich der Verdacht in ihm geregt, daß die arme Frau, die zu behandeln er gekommen war, nicht das war, was sie schien, sondern daß sie sogar in gewisser Beziehung etwas Besseres war als er selbst. Mrs. Lyons saß in einem Sessel am Feuer, mit dem Gesicht gegen das Licht, und gab ›ihrem Jungen‹, wie sie ihren Besucher zu nennen sich versteifte, so gute und edle Ratschläge und sprach mit ihm so freundschaftlich und mütterlich, daß schließlich in ihm eine unvermittelte Zuneigung zu der alten Dame erwachte.

»Verzeihen Sie, Ma'am«, sagte er mit einem freimütigen Lächeln und machte dabei unwillkürlich eine Verbeugung vor seiner armen Patientin, »ich glaube, ich habe mich in Ihnen getäuscht. Es scheint mir, daß Sie sich nicht immer in einer solchen Lage befunden haben. Bitte, glauben Sie mir, ich will mich nicht in Ihre persönlichen Angelegenheiten mischen; aber Sie sprechen so freundschaftlich und warmherzig mit mir, daß Sie ganz sicher einmal selbst einen eigensinnigen Sohn gehabt haben müssen?«

Gedankenlos und ungestüm waren diese Worte über

seine Lippen gekommen, und er war ganz erstaunt über die rasche Wirkung auf dem ernsten, stillen Gesicht. Mrs. Lyons zuckte zusammen und sah ihn aufmerksam an, wie um sich zu vergewissern, daß seine Worte keine besondere Bedeutung hätten. Müde aufseufzend preßte sie die Hand auf ihr Herz und schwieg. Dem aufmerksamen Auge des Studenten blieb es jedoch nicht verborgen, daß ihr tränenvoller Blick sich für kurze Zeit einem Gemälde zuwandte, das mit Krepp verschleiert über dem Kamin hing. Der schwere, vergoldete Rahmen stand in merkwürdigem Gegensatz zu der Ärmlichkeit der übrigen Einrichtung. Und weil das ein Thema war, das ihn schon oft beschäftigt und seine Neugier erregt hatte, beschloß er, die Unterhaltung unauffällig darauf zu bringen. Aber ehe er sich noch eine geeignete Einleitung ausdenken konnte, hatte Mrs. Lyons ihre Stimme wieder gefunden und sagte: »Ach, mein Junge, sprechen Sie nicht davon. Es ist wahr, es gab eine Zeit, da hatte ich einen Sohn; schön und unschuldig war er wie ein Engel im Himmel. Aber weil ich ihn ganz für mich allein haben wollte, entriß das Schicksal ihn mir für immer.« Dabei bedeckte die arme Mutter, am ganzen Körper zitternd, ihr zerfurchtes Gesicht mit den Händen.

»Ist er tot?« fragte der Student leise.

»Ach ja, tot für mich – tot für die ganze Welt – verloren vor Gott und den Menschen – ein Dieb ist er, den man verfolgt!« schrie die alte Frau auf und sah ihn mit blitzenden Augen an. »So sagt man mir, und ich muß es glauben, was bleibt mir übrig. Als es mir gut ging, wohnte ich in Paisley – man bewunderte, beneidete und achtete mich; ich hatte keine andere Sorge in der Welt, als meinen vaterlosen Jungen großzuziehen. Man sagt mir, daß aus dem Jungen ein Mann geworden ist, der mich und andere bei jeder Gelegenheit bestahl, und zuletzt soll er mit dem Abschaum der Welt in einem Gefängnis zusammengepfercht worden sein. Doch diese elende Zeit erscheint mir jetzt wie ein Fiebertraum. Ich denke mir ihn lieber tot – für immer von mir genommen, als er noch arglos und unschuldig war, so wie er hier auf dem Bildnis vor mir steht«, und mit zitternder Hand deutete sie auf das verschleierte Gemälde.

Der Student sagte respektvoll: »Ihre Geschichte interessiert mich sehr. Darf ich das Bildnis für einen kurzen Augenblick sehen? Wie Sie wissen, male ich selbst sehr viel, und ich schwärme für die Kunst. Auch bin ich noch gar nicht sicher, ob ich nicht vielleicht die Malerei zu meinem Beruf machen soll.«

Langsam und mit offensichtlichem Widerstreben kam die Antwort.

»Ich selbst mag das Bildnis nicht oft ansehen«, sagte sie, »aber weil Sie so gütig zu mir waren, und weil es Ihnen vielleicht zeigen wird, wie auch der Unschuldigste im Laufe der Zeit verdorben werden kann, will ich es Ihnen nicht verweigern.«

Walter Hutton zog mit raschem Griff den Kreppschleier beiseite. Er trat zurück mit einem Ausruf des Erstaunens und der Begeisterung, der sich bald in ein aufmerksames und verzücktes Schweigen verwandelte, während er das herrliche Gemälde auf sich wirken ließ, das hier vor seinen Augen enthüllt war. Es war das Bildnis eines Knaben, dessen Wangen von der Sonne gebräunt und von Freude und körperlicher Bewegung gerötet waren. Das blonde Haar strömte wie eine Flut über seine Schultern, während er halb verschämt, halb schalkhaft hinter einem Kirschbaum hervorguckte und dabei mutwillig einen Zweig mit roten Früchten in der Hand hielt. Unten auf dem Rahmen hatte der Künstler den Titel des Bildes gemalt, ›Reife Kirschen! James Lyons, 7 Jahre alt‹.

Im Zimmer herrschte für einige Augenblicke tiefes Schweigen. Der Student gab sich seiner Bewunderung hin, und die arme Mutter träumte von vergangenen Zeiten. Als der junge Mann schließlich das Bildnis in allen Einzelheiten betrachtet hatte, überstürzten sich seine Worte in leidenschaftlicher Erregung:

»Noch nie habe ich etwas so Vorzügliches gesehen. Eine Schönheit, die über alles Lob erhaben ist«, rief er aus und wandte sich der erfreuten Besitzerin zu. »Wissen Sie, Ma'am, dieses Gemälde ist viel Geld wert, viel, viel Geld – wer weiß, es kann hundert oder zweihundert Pfund wert sein!«

Ein stilles Lächeln verklärte die Züge seiner Patientin.

»Das hat man mir schon oft gesagt, damals in einer glücklicheren Zeit, als mein kleiner Jim jung und unschuldig war«, gab sie leise zur Antwort. »Trotzdem hab ich in all den schwierigen Zeiten – und das war nicht selten – nie, gar nie auch nur davon geträumt, mich von dem Bildnis zu trennen, und zwar nicht nur meines Sohnes wegen, sondern auch um der Hand willen, die es malte. Es war das letzte Werk meines Mannes. Ein Werk der Liebe war's, und es könnte nie in Gold aufgewogen werden. Böte man mir ein Vermögen, es wäre nicht zu kaufen.«

Die schwache Hoffnung, der sich der Student hingegeben hatte, war damit ein für alle Male zunichte geworden; er wandte sich noch einmal dem Bildnis zu, und bei seinem Anblick schlich sich etwas wie habsüchtiger Neid in sein Herz.

»Ich hatte nicht die Absicht, es zu kaufen«, sagte er endlich; »obwohl ich, wenn Sie zum Verkauf bereit gewesen wären, Mittel und Wege hätte finden können, auch das zu tun. Aber würden Sie mir nicht gestatten, es zu kopieren, so daß es ein Teil eines Bildes werden könnte, an dem ich augenblicklich arbeite?«

»Und dann, nicht wahr, würde es ausgestellt werden, bloßgestellt den gleichgültigen Blicken von Hunderten?« fragte Mrs. Lyons ruhig.

»Ausgestellt würde es werden, zweifellos«, gab der angehende Künstler etwas verlegen zu; »aber in anderer Aufmachung. Und obwohl es möglich ist, daß Leute, die Sie früher kannten, es sehen und vielleicht auch erkennen würden, so könnte doch, was sie über das neue Gemälde zu sagen hätten, Sie in keiner Weise verletzen. Außerdem wäre ich bereit, Ihnen jegliche Summe zu zahlen, die Sie für dieses Zugeständnis angebracht hielten. Und solange das Bildnis in meinem Besitz wäre, würde ich bestimmt sehr gut darauf aufpassen, mit ehrfürchtigerer Sorgfalt sozusagen, als Sie ihm jemals erweisen könnten.«

Die letzten Worte schienen auf seinen Lippen zu ersterben, bevor er sie zu Ende gesprochen hatte; auf dem Gesicht seiner Patientin las er eine stille Weigerung, noch ehe sie sprach.

»Ich kann Ihnen diesen Gefallen nicht tun«, war ihre bestimmte Antwort. »Ich möchte das Bildnis nicht eine Minute aus den Augen wissen.«

»Aber bedenken Sie doch«, bestand er darauf, »das Geld –«

»Geld hat keinen Einfluß auf mich«, gab sie ruhig zurück. »Einst hatte ich Geld; es zerrann und entriß mir zugleich meinen geliebten Sohn; und da es mir in der Vergangenheit nur zum Fluch gereicht hat, macht es mir nichts aus, wenn ich seinen Einfluß nie wieder zu spüren bekomme.«

Was konnte er darauf antworten? Der junge Student – der Gentleman, dem seit seiner Geburt noch nie ein Wunsch versagt geblieben war – wandte sich mit vor Enttäuschung geröteten Wangen ab und biß sich wortlos auf die Lippen. Aber jeder neue Einwand machte ihn nur noch begehrlicher, sein Ziel zu erreichen; und so begann er nach einer Weile von neuem flehentlich:

»Mrs. Lyons, vielleicht würden Sie mir jedoch gestatten, hier in Ihrem Beisein eine Skizze von dem Gemälde zu machen?«

»Nein, nicht zu einem solchen Zweck. Mein Junge, es tut mir leid, daß ich Sie's überhaupt sehen ließ«, gab seine Patientin mit aller Bestimmtheit zurück, erhob sich mühsam aus ihrem Sessel und zog den Schleier wieder vor das Bild. »Tun Sie so, als ob Sie nicht wüßten, was hinter dem Schleier ist. Sie werden noch viel zu lernen haben und dürfen Ihrer Phantasie nicht immer gleich freien Lauf lassen, ehe Sie ein wirklich guter und edler Mensch zu sein vermögen.«

»Vielleicht«, erwiderte er und entwickelte sich plötzlich zu einem gewandten Redner. »Ich habe nur einen Ehrgeiz in meinem Leben, und das ist, ein

Künstler zu sein. Ich liebe die Kunst von ganzem Herzen und von ganzer Seele, muß mich aber zu der mühsamen Arbeit des ärztlichen Berufes zwingen lassen, bis ich der Welt und meinen Freunden einen so starken Beweis meines Könnens liefern kann, daß sämtliche Einwände von selbst verstummen müssen. An einem derartigen Gemälde arbeite ich jetzt, und wenn ich nun solch ein Thema und solche Effekte in mein Bild einarbeiten könnte, wie sie in diesem Gemälde vorhanden sind, dann wäre mein Erfolg unbestritten. Sie, die Sie die Gattin eines Künstlers waren, können meine Gefühle begreifen. Ich würde alles diesem einen Ziele opfern. Jetzt, Mrs. Lyons, verstehen Sie, wieviel von der Erfüllung dieser meiner kleinen Bitte abhängt – bitte, lassen Sie mich mein Urteil hören!«

Die alte Frau war sichtlich bewegt, man konnte es ihr ansehen; denn trotz seiner Leichtsinnigkeit und seinem etwas egoistischen Wesen war er eine frische und offene Natur und konnte gewinnend und einnehmend mit einem Menschen sprechen, besonders wenn dieser Mensch in ärmlichen und unbedeutenden Verhältnissen lebte.

Aber ihr Entschluß war unabänderlich und unerschütterlich; sie wollte ihm nicht erlauben, das Bild fortzunehmen oder es zu kopieren oder es sonst zu irgendeinem Zweck zu benutzen. Er versuchte es noch auf alle mögliche Weise – freundschaftlich, vorwurfsvoll, sogar verführerisch – aber alles war umsonst, und so verabschiedete er sich für diesmal.

»Ich werde es noch bekommen«, murrte er leise, während er die Treppe hinunterging, »ich werd' es noch bekommen, und wenn ich jemanden anstellen müßte, es zu stehlen.«

Am nächsten Tag kam er wieder auf das Thema zurück, aber diesmal zeigte sich Mrs. Lyons gleichgültig, wortkarg und abweisend. Alle seine Angebote beantwortete sie entweder mit einem Lächeln oder mit einem strengen Schweigen und einem Kopfschütteln, das wirkungsvoller und überzeugender war, als ein Wortschwall es hätte sein können. Ein weiterer Tag ging vorbei, und dann wurde er bestimmt, wenngleich höflich, aufgefordert, seine Besuche einzustellen. Seine Patientin erklärte ihm, sie habe sich nun wieder völlig erholt und bedürfe keiner ärztlichen Hilfe mehr. Mit seiner raschen Auffassungsgabe durchschaute er natürlich den Vorwand, unter dem die alte Dame ihn und seine Zudringlichkeit loswerden wollte. Aber er war ritterlich genug zu gehorchen, wenn auch nur ungern; und ich meine fast, er würde die ganze Geschichte mit dem verschleierten Bildnis und dessen armer Besitzerin bald vergessen haben, wenn nicht ein purer Zufall ihn daran gehindert hätte.

Kurze Zeit darauf befand er sich abends in einem Billardsaal in der Rose Street, wo er sich mit einem Bekannten bei einem harmlosen Spiel vergnügte. Während einer Pause ergab es sich, daß sein Partner ihm folgendes erzählte:

»Übrigens, wissen Sie, daß Bob, der Marqueur hier, ein mit allen Hunden gehetzter Dieb ist? Nun, erschrekken Sie nicht, er ist ein gerissener, aber ganz harmloser Dieb. Er gehört nicht mehr der Zunft an und ist jetzt so ehrlich wie irgend jemand. Was ich damit sagen will, ist, daß er des Spaßes halber oder auch für ein Glas Bier einem Herrn hier irgendeinen Gegenstand, den Sie ihm nennen, stehlen würde. Das würde er tun, nur um seine Geschicklichkeit zu beweisen, und auch nur unter der einen Bedingung, daß der gestohlene Gegenstand nachher dem Eigentümer zurückgegeben wird.«

Dann wurde nicht weiter darüber gesprochen, aber obwohl Hutton herzlich über die Idee zu lachen schien, hatten doch die Worte seines Partners einen phantastischen Einfall in ihm wachgerufen, und ehe er wegging, zog er den Marqueur beiseite und begann ihn sorgfältig über das Thema auszuhorchen, das ihm so sehr am Herzen lag.

»Ich nehme an«, sagte er schließlich, »daß Sie, da Sie doch selbst ein Dieb waren, die Mitglieder Ihrer Zunft, wenigstens dem Aussehen nach, kennen, auch die hier in Edinburgh?«

»Ich sie kennen? – Selbstverständlich!« erwiderte er mit einem vielsagenden Augenzwinkern. »In Edinburgh kenne ich jeden verfluchten Hehler und Stehler.«

»Ich will Ihnen reinen Wein einschenken«, fuhr der Student fort. »Ich habe Sie nicht ohne Absicht gefragt. Glauben Sie, Sie könnten mir jemand empfehlen, der so eine kleine Arbeit für mich ausführen könnte?«

»Wahrhaftiger Gott, ist es möglich? *Sie* wollen einen Diebstahl begehen?« rief der Marqueur und wich überrascht zurück.

»Nicht doch, nicht ganz so«, gab der Student lächelnd zur Antwort. »Aber ich möchte, daß etwas getan wird, was nur ein Dieb ausführen kann und was, ich gebe es zu, für die meisten Leute nach Diebstahl aussehen würde. Lassen Sie mich es erklären. Eine Bekannte von mir besitzt ein Gemälde, das ich sehr gerne kopieren möchte. Sie weigert sich jedoch, es mir zu leihen, und alles, was ich möchte, ist, es gewaltsam für ein oder zwei Wochen von ihr zu leihen. Danach würde es bestimmt wieder zurückgegeben werden.«

»Hm, hm - scheint alles in bester Ordnung zu sein«, gab der Marqueur nachdenklich zu. »Aber sind Sie sicher, daß Sie sich nicht doch mit dem Gemälde aus dem Staub machen wollen? Wenn Sie das möchten, sind Sie an den Unrechten gekommen! Ich selbst würde mich auf keinen echten Diebstahl einlassen, um keinen Preis der Welt, und auch keinem andern dabei helfen.«

»Darüber brauchen Sie sich keine Sorgen zu machen«, entgegnete der Student herablassend. »Es würde mir nicht im Traum einfallen, etwas zu behalten, was von seinem Besitzer so hoch geschätzt wird. Ich wünsche es zu kopieren – damit basta. Kennen Sie jemand, der den Auftrag für einen angemessenen Betrag ehrlich und ordentlich ausführen würde?«

»Nun ja, was das betrifft, so gibt's viele, die so was gerne täten«, gab der Marqueur zurück. »Aber ich glaube nicht, daß Sie einen geeigneteren finden könnten als Coreing Jim, den Paisley Wire.«

»Und wer ist das, wenn ich fragen darf?«

»Oh, es ist einer von Ruffians Bande – in seiner Art ein gescheites Kerlchen, nur etwas leichtsinnig und schnell bei der Hand mit seinen Fäusten. Jedoch wenn Sie ihn ernstlich vor jeder Gewalttätigkeit warnten, glaube ich schon, daß es gut ausgehen würde, besonders da Sie sagen, daß mit dieser Arbeit nur wenig Unannehmlichkeiten verbunden wären.«

»Absolut keine Unannehmlichkeiten«, antwortete der Student erfreut. »Es handelt sich um eine alte Frau, die in einem ärmlichen Viertel wohnt, ganz oben an der Treppe. Niemand wohnt in ihrer Nähe.

Ihre Türe ist so schwach und wackelig, daß ich sie selbst mit einer Hand eindrücken könnte.« Dann zählte er weitere Einzelheiten auf, die der Leser schon kennt.

»Nun ja, ich will Ihnen den Gefallen tun. Ich werde Sie an einen Ort begleiten, wo Sie höchstwahrscheinlich Paisley Wire treffen werden«, sagte der Marqueur; »aber ich warne Sie, wenn irgend etwas passiert oder der alten Frau etwas widerfährt, werde ich Sie bei der Polizei anzeigen. Darauf können Sie sich verlassen. Also wägen Sie das Risiko gut ab, ehe Sie sich zu dem nächsten Schritt entschließen.«

»Risiko? Da besteht kein Risiko«, erwiderte der Student ungeduldig und seine Worte überstürzten sich. »Außerdem bin ich fest entschlossen, das Gemälde zu leihen, und sei's auch nur für vierundzwanzig Stunden. Ich glaube, es gibt in ganz Schottland kein zweites Bild, das so meisterhaft ausgeführt ist und solche Farbnuancen aufweist.«

Diese Unterredung war halblaut in der Bar geführt worden und zwar zu einer Zeit, als nur ein einziger anderer Gast anwesend war, ein etwas heruntergekommen aussehender Mann in einem verblichenen schwarzen Anzug; er erweckte den Anschein, als schliefe er fest; sein Kopf ruhte auf einem Stapel von Zeitungen, auf einem Tisch nahe am Kamin. Als der Student und der Marqueur ihre Verabredung getroffen hatten, verließen sie gemeinsam die Bar und traten auf die Straße. Daraufhin richtete sich der Mann, der am Kamin saß, vorsichtig auf, und das von Whisky zerfurchte Gesicht und die schlauen Augen Simon Penbanks kamen zum Vorschein. Als er merkte, daß er ganz allein war, schüttelte er sich vollends wach und rieb sich vergnügt die Hände.

»Wieder einer für M'Indoe und für mich zwei Pfund!« sagte er und kicherte. »Coreing Jim ist ein ganz Gerissener, aber jetzt geht er in die Schlinge. Leider! Leider! So ist das Leben – alle werden schließlich erwischt«, und mit dieser pathetischen Überlegung verließ er die Bar und machte sich auf den Weg zu M'Indoes Wohnung in Horse Wynd.

Der Student und der Marqueur gingen inzwischen durch gewisse Hinterhöfe in Leith Street Terrace und dann hinunter nach Greenside und schließlich zum Hauptquartier im ›Happy Land‹, in Leith Wynd, wo sie endlich auch den Mann fanden, den sie suchten.

Coreing Jim war noch ziemlich jung, und er drückte sich so höflich und gewählt aus, daß der Student ganz verwundert war. Er gebrauchte keinen Slang oder grobe Flüche; und wäre sein blasses Gesicht nicht unverkennbar gezeichnet gewesen von dem verbrecherischen Leben, das er führte, so hätte Hutton nicht glauben können, daß er nicht mit einem Menschen spreche, der eine ebensolche Stellung in der Gesellschaft einnehme wie er selbst. Schon die Art und Weise, in der er für seine Besucher die wackligen Stühle zurechtrückte, deutete auf bessere Zeiten. Trotzdem war es nicht das, was den jungen ungestümen Studenten am meisten fesselte, sondern das Gesicht des Mannes. Jeder Zug schien dem Künstler seltsam vertraut und doch, wie scharf er auch nachdachte, konnte er sich nicht erinnern, wo er dieses oder ein ihm ähnliches Gesicht je zuvor gesehen hatte.

Der Dieb hörte sich geduldig an, was von ihm verlangt werde, nämlich ein Gemälde zu stehlen oder gewaltsam zu leihen, an seiner Stelle einen Schuldschein zu hinterlassen und das gleiche Bild vierzehn Tage später wieder an seinen ursprünglichen Platz zurückzubringen.

»Ich selbst werde Ihnen die Treppen zeigen«, sagte der Student abschließend. »Das Haus werden Sie nicht verfehlen können, denn es ist ganz oben, und keine andere Türe ist in der Nähe.«

»Sie sagen, es handelt sich um eine Frau, der es gehört?«

»Eine alte Frau, die eigentlich immer bettlägerig ist.«

»Könnte man sie nicht dazu bringen, Ihnen das Bild zu leihen oder es Ihnen gegen Entgelt zu verkaufen?« fragte der Dieb, fast als ob er einen Aufschub suchte. »Sie können sich darauf verlassen, wenn's einer Frau gehört, und dazu noch einer armen, wird's Mühe kosten, es zu bekommen; und wenn sie dann schreit oder Widerstand leistet, weiß ich nicht, was ich in meiner Aufregung tun könnte.«

»Zu Ihnen bin ich als letztem Ausweg gekommen«, gab der Student gelassen zurück. »Sie will's mir nicht leihen oder mir erlauben, irgendwie Gebrauch davon zu machen. Aber mit Gewalttätigkeit will ich nichts zu tun haben; und wenn Sie nicht glauben, Sie könnten sich so weit beherrschen, daß Sie es ruhig, ohne der alten Dame ein Haar zu krümmen oder sie auch nur zu erschrecken, tun können, werde ich Ihnen den Auftrag nicht geben. Drum überlegen Sie sich's gut, ehe Sie sich dazu entschließen.«

»Ich werde es tun«, sagte der Dieb nach einer Pause. »Wieviel wird's mir einbringen?«

»Fünf Pfund. Ist das genug?«

»Ja, es geht. Geben Sie mir Ihre Adresse und den Schuldschein, den ich an Stelle des Bildes dort lassen soll, und Sie werden es innerhalb von drei Stunden haben.«

Damit war die Unterredung zu Ende. Der Schuldschein wurde an Ort und Stelle geschrieben, wenn auch unter einigen Schwierigkeiten, und dem Mann, der den Diebstahl ausführen wollte, ausgehändigt. Dann verabschiedeten sich der Student und der Marqueur, und jeder ging durch dunkle einsame Gassen zurück zu seiner Wohnung. Coreing Jim suchte indessen ein paar Werkzeuge zusammen und eine abblendbare Laterne, die er putzte und deren Docht er nachzog. All das verstaute er in den verschiedenen Taschen seines Anzugs. Kurz nach Mitternacht schlich er sich, die Jacke zugeknöpft und die Mütze tief in die Stirne gezogen, auf der rechten Seite der High Street hinauf, im Schutze des Schattens, und gelangte unbelästigt zu der Treppe am Milne Square, genau zu der gleichen Zeit, als M'Indoe und Penbank mich von einer Polizeiwache im südlichen Distrikt mit sich zerrten, so schnell meine Beine mich tragen wollten, und mir eine weitere Festnahme eines der Mitglieder von Ruffians Gang in Aussicht stellten.

Alles war still und dunkel oben auf der Treppe am Milne Square, und Coreing Jim, der seine Schuhe ausgezogen hatte, ehe er zum letzten Treppenabsatz gekommen war, untersuchte leise die Türfüllung und den Verschluß der Türe, um zu sehen, wie er am schnellsten und mit möglichst wenig Geräusch sich Eintritt erzwingen könnte. Er fand zu seinem Erstaunen die Tür – wahrscheinlich aus Unachtsamkeit der Bewohnerin – unverschlossen und nur eingehakt. Der Dieb wagte seinem Glück kaum zu trauen und lauschte mit verhaltenem Atem bei leicht geöffneter Türe auf irgendein Zeichen, ob drinnen jemand wach wäre. Tiefe langsame Atemzüge drangen an sein Ohr und erfüllten ihn mit neuer Hoffnung. Ein leichtes Aufflackern des ausgehenden Feuers lenkte seinen aufmerksamen Blick auf das verschleierte Bild über dem Kamin.

»Ausgezeichnet«, sagte er leise; »ich werde im Nu drinnen und wieder draußen sein, und sie wird überhaupt nichts merken, bis sie aufwacht und es am frühen Morgen vermißt.« In einer Sekunde war er im Zimmer, glitt über den Boden wie ein Schatten und packte die Beute mit beiden Händen.

Dabei lauschte er bei jedem Schritt äußerst aufmerksam auf die Atemzüge der schlafenden Frau. Aber auf einmal, während er in seiner Tasche nach dem anonymen Schuldschein suchte, glaubte er eine leichte Bewegung zu hören, und es kam ihm zum Bewußtsein, daß die gleichmäßigen Atemzüge aufgehört hatten. Ein Seufzer des Erwachens drang an sein Ohr und ließ ihm beinahe das Herz stillstehen. Er verhielt sich reglos wie eine Statue und wagte nicht zu atmen, doch nur einen Augenblick.

Das Unglück war geschehen. Die alte Frau hatte die Augen geöffnet und starrte mit langsam erwachendem Interesse auf die Gestalt, die sich undeutlich gegen den Schein des Feuers abhob. Ein lauter Schrei gellte durchs Zimmer, als sie aufsprang und sich auf den Eindringling stürzte.

»Verdammt noch mal, lassen Sie los!« zischte er und versuchte vergeblich, ihre Finger, die sich voll Verzweiflung an das Bild klammerten, zu lösen. »Lassen Sie los, sag ich, sonst geht's Ihnen schlecht.«

»Nie und nimmer, und wenn Sie mich auf der Stelle umbringen«, schrie die arme Mutter und klammerte sich mit aller Kraft an ihren einzigen Schatz.

»Hilfe! Hilfe! Diebe! Mörder! A-h-h!«

Ihr letzter Aufschrei war ein Stöhnen, das in einen schwachen Seufzer ausklang, als sie den Halt verlor und zu Boden sank. Ein einziger Schlag seines grausamen Werkzeuges hatte sie verstummen lassen, und ihre Finger hatten sich von dem Bild gelöst, das polternd zu Boden fiel. Der schwarze Schleier war in Fetzen, und der schönvergoldete Rahmen wurde von ihrem Blut befleckt.

»Es war ihre Schuld«, sagte Coreing Jim leise und erregt, während er atemlos auf irgendwelche Geräusche von unten lauschte. »Und trotzdem, es tut mir leid, daß ich es getan habe; warum, weiß ich nicht. Schnell das Bild, und dann mach ich mich aus dem Staub.«

Er bückte sich, um im Dunkel nach dem Bild zu tasten, und dabei stieß er an den Schieber der Laterne, die er bei sich hatte. Und da der Krepp bei dem Zusammenstoß abgerissen war, fiel der volle Lichtstrahl auf das herrliche Bild.

Warum zuckte er nun erschreckt zusammen, warum zitterte er und sah die schönen unschuldigen und jugendlichen Gesichtszüge mit Augen an, die fast aus seinem Kopf heraustraten; warum war jeder Nerv und Muskel seines Körpers wie versteinert, und warum hörte plötzlich das Herz in seiner Brust auf zu schlagen? Warum schrie er laut auf, als ob das Herz ihm aus der Brust gerissen würde, und warum sank er in die Knie und versuchte, die arme Frau in die Arme zu nehmen, ungeachtet der warnenden Schritte, die von unten her zu hören waren?

»Mutter, Mutter«, stammelte er heiser. »O Gott, ich habe meine eigene Mutter umgebracht!« und dann versuchte er voll Verzweiflung, das Blut, das von der Stirn der verwundeten Frau tropfte, wegzuküssen, rieb wild ihre Hände mit den seinen und mühte sich ab, sie mit allen möglichen Kosenamen ins Leben zu rufen. Einen Augenblick schien es, als ob es ihm gelänge. Mrs. Lyons öffnete die Augen unter leisem Stöhnen und starrte ihm wild ins Gesicht. Aber erkennen tat sie ihn nicht.

»Mutter, Mutter«, schrie er auf, »ich bin's, Jimmy, dein kleiner Jim.«

»Mein kleiner Jim?« wiederholte sie leise und wie im Traum. »Nein, nein, Sie können nicht er sein; er ist ja tot, verloren für Gott und die Welt!« und sank mit einem schwachen Seufzer wieder in Ohnmacht. Im gleichen Augenblick wurde die Türe aufgerissen, und herein traten Hugh M'Indoe, Penbank und ich. Ich zündete das Licht an, während die zwei andern sich auf Coreing Jim stürzten und ihn von der verwundeten Frau wegzureißen suchten. Aber der Dieb, statt sich zu stellen und wie ein Tiger zu kämpfen, wie wir angenommen hatten, beugte sich weiter über die ohnmächtige Gestalt, rang die Hände und stöhnte auf: »Ich habe sie umgebracht, ich habe sie umgebracht! Nehmen Sie mich weg, sperren Sie mich ein und hängen Sie mich vor aller Welt auf. Ich habe sie umgebracht.«

»Aha«, rief Simon Penbank, drängte sich nach vorne und rieb sich schmunzelnd die Hände. Er zeigte zwei Goldstücke. »Sie sagten, Sie würden mich unterkriegen, Mr. Jim. Aber ich glaube, das Messer hat mit der falschen Kante geschnitten. Ich habe Sie untergekriegt, und hier ist die Belohnung, in gutem solidem Gold.«

Doch der Spott traf taube Ohren; der Dieb war nicht imstande, zu hören oder zu sehen. Er rang noch immer die Hände und stöhnte: »Nehmt mich weg von hier – ich hab sie umgebracht! Mutter, o Mutter, mußte es so ausgehen?«

M'Indoe sah ihn mit weit offenen Augen an, sagte aber nichts, sondern schob Penbank nur heftig beiseite, als dieser wieder vortrat und unseren Gefangenen verspotten wollte. Ich legte Coreing Jim Handfesseln an und führte ihn zur Polizei, und man schickte unverzüglich einen Arzt zu der verletzten Frau.

Am nächsten Morgen erschien zu jedermanns Überraschung Mrs. Lyons auf der Polizeiwache. Ihr Kopf war dick verbunden, und sie wurde von zwei Frauen gestützt. Mit mitleiderregender Stimme bat sie, den Häftling sehen zu dürfen. Als Begründung gab sie an, sie sei sicher, es wäre ein grober Irrtum unterlaufen. Und schließlich gab man ihrer Bitte nach. Aber was in der Zelle vor sich ging, das wußte natürlich niemand.

Nach dem Gespräch mit ihrem Sohn erschien sie ruhiger, obwohl man sehen konnte, daß sie geweint hatte; man gab ihr einen Lehnstuhl am Feuer in einem der Nebenräume, wo sie aufrecht sitzenblieb, bis die Stunde kam, in der Jim Lyons verhört werden sollte. M'Indoe erschien etwa um halb elf Uhr und wurde in denselben Raum geführt. Als man ihn ihr vorgestellt hatte, sprach sie sofort lang und ernsthaft auf ihn ein, in einem eifrigen Flüstern, hielt eine seiner Hände in der eigenen und benetzte sie mit bitteren Tränen. Flehentlich drangen die Worte auf den strengen, unnachgiebigen Mann ein, und man konnte beobachten, wie er anfing, die Frau auszufragen, wie er dann atemlos zuhörte, und als sie schließlich sagte, »Denken Sie daran, ich bin seine Mutter und er ist mein einziger Sohn; haben Sie Erbarmen mit ihm, so wie auch Sie auf Erbarmen in der Ewigkeit hoffen«, da wurden seine Züge weich und er beugte sich respektvoll zu ihr hinunter und küßte ihr die Hand.

Als der Fall an die Reihe kam, sah man das Resultat ihrer Bemühungen. Und es war derart, daß man staunend lauschte, selbst jemand, der mehr Erfahrung hatte als ich. Mrs. Lyons wurde als erste verhört, und nachdem man ihr den üblichen Eid abgenommen hatte, wurde sie aufgefordert, sich den Häftling anzusehen.

»Kennen Sie diesen Mann?« fragte der Richter.

»Ja, es ist mein Sohn.«

Im ganzen Gerichtssaal machte sich eine aufgeregte Bewegung bemerkbar, als sie diese Worte aussprach.

»Bezichtigen Sie ihn des Einbruchs in Ihr Haus und dieses schrecklichen Überfalls auf Ihre Person?«

»Nein, Jimmy würde nie die Hand gegen mich erheben, gegen mich, seine eigene Mutter.«

»Wollen Sie damit sagen, daß er diesen Überfall nicht begangen hat?« wollte der Richter mit scharfer Stimme wissen. »Wie kam's, daß Sie verletzt wurden?«

»Ich weiß es nicht. Ich hab ihn seit Jahren nicht gesehen, und ich wurde in seinen Armen ohnmächtig. Als ich zu mir kam, blutete meine Stirne, und ein Arzt verband die Wunde.«

Bei diesen Worten stöhnte der Häftling laut auf und vergrub das Gesicht in den Händen.

»Stimmt es nicht, daß Sie früher in besseren Verhältnissen gelebt haben, und daß der Angeklagte Ihr ganzes Hab und Gut verschwendet hat und Sie in Armut zurückließ?« forschte der Richter mit etwas sanfterer Stimme.

»Alles gehörte ihm«, gab sie weinend zur Antwort. »Armer Jim! Schlechte Freunde brachten ihn auf Abwege. O Sir, wenn Sie alles wüßten, würden Sie nicht von mir verlangen, daß ich gegen ihn aussage.« Dabei bedeckte die arme allesverzeihende Mutter das Gesicht mit zitternden Händen und weinte laut.

Der Richter flüsterte einen Augenblick mit mir und sagte dann:

»Es hat keinen Sinn, sich weiter mit der Zeugin abzugeben. Man bringe Hugh M'Indoe herein.«

Der frühere Dieb trat an die Schranke, während Mrs. Lyons sich nach vorne beugte und mit verhaltenem Atem seiner Aussage zuhörte.

»Kennen Sie diesen Mann?«

»Ja, es ist Coreing Jim, der Paisley Wire.«

»Haben Sie Grund anzunehmen, daß er vergangene Nacht versuchte, einen Einbruch in einem Haus am Milne Square zu verüben?«

»Letzte Nacht glaubte ich es. Aber es scheint, daß ich mich getäuscht habe, und daß er nur seine Mutter besucht hat.«

Selbst in einem weiteren Kreuzverhör konnte nichts den Verfolger der Diebe veranlassen, mehr auszusagen. Ich war der nächste, der verhört wurde;

aber natürlich, ich konnte nur die Wahrheit sagen, daß nämlich M'Indoe zu mir gekommen war und mir sagte, wir könnten ein weiteres Mitglied des ›Happy Land‹-Gangs verhaften, ohne mir Zeit zu lassen, mich über Einzelheiten zu unterrichten. Und daß, als wir am Tatort ankamen, der Angeklagte, über die Gestalt seiner ohnmächtigen Mutter gebeugt, stöhnte und sagte, er habe sie umgebracht. Das Ergebnis war, daß das Verfahren wegen Mangels an Beweisen eingestellt und der Angeklagte mit einer Verwarnung entlassen wurde. Ja, mit einer Verwarnung, und zwar mit einer, die für sein ganzes zukünftiges Leben ausschlaggebend war. Coreing Jim, freue ich mich berichten zu können, hörte von diesem Augenblick an auf zu existieren. In einer Stadt etwas westlich von Edinburgh lebte jedoch seither James Lyons. Er war ein tüchtiger Vorarbeiter in einer Spinnerei, machte der Stadt Ehre und war der Trost und die ganze Freude seiner alten Mutter.

Reizende alte Dame

von D. H. Lawrence

Im Halbdunkel konnte man Pauline Attenborough, die zweiundsiebzig Jahre zählte, manchmal für eine Frau in den Dreißigern halten. Sie war tadellos erhalten und trug sich mit vollendeter Eleganz. Natürlich spielt bei einer solchen Schätzung der richtige Rahmen seine Rolle. Sie würde ein famoses Skelett mit einem untadeligen Schädel abgeben, einer etruskischen Frau würdig, und ihr Charme mußte selbst noch in den Knochen und den fast kindlichen Zähnen zutage treten.

Ihr Gesicht gehörte jenem ebenmäßigen ovalen Typ an, der sich am besten erhält; es wies kaum Fleisch auf, das einfallen konnte. Ihre Nase verlief in einer feingeschwungenen Linie. Nur ihre großen grauen Augen standen etwas vor und verrieten noch am ehesten ihr Alter. Die bläulichen Lider schienen manchmal mit ihrer Schwere etwas von der Anstrengung anzuzeigen, Heiterkeit und Schelmerei in die Augen zu legen, und an den Augenwinkeln traten feine Fältchen hervor, die vom Welken der Haut zeugten, aber sich zu einem strahlenden Lächeln straffen konnten, wenn es galt, es einem Frauengesicht Leonardos gleichzutun, dessen Lachen durch seine Offenheit bezwingt.

Cecilia, ihre Nichte, war vielleicht die einzige Person auf der Welt, die über den feinen Zusammenhang zwischen Paulines Augenfältchen und ihrer Willenskraft Bescheid wußte. Nur sie konnte beobachten, wie diese Augen stundenlang matt und müde blieben, bis Robert nach Haus kam. Dann aber straffte sich mit einem Schlage der unsichtbare Draht, der von Paulines Willen zu ihren Gesichtszügen lief, die müden Augen gewannen Glanz, die Lider wölbten sich, die geschwungenen Brauen, die zierlich auf Paulines Stirn schwebten, nahmen eine Art spöttischen Lebens an, und man hatte eine Dame vor sich, die wirklichen Charme besaß.

Sie schien das Geheimnis ewiger Jugend zu besitzen, und das hieß, daß sie nach Belieben Jugend annehmen konnte. Doch ging sie sparsam damit um. Sie war zu klug, um es vor vielen zu demonstrieren. Namentlich tat sie es vor ihrem Sohn, vor Robert, des Abends, und bisweilen auch vor Sir Wilfried Knipe zum Tee; endlich ab und zu sonntags, wenn Robert Besuch hatte. Da blieb sie unveränderlich reizend und sie selber. Weder Alter noch Gewohnheit setzten ihr zu, heiter und voll ganz leisen Spottes wie sie war, eine wissende Mona Lisa. Sie hatte nicht einmal nötig, sich klug zu geben; sie konnte ihr eigenes reizendes Bacchantinnenlachen spielen lassen, das nie boshaft, sondern immerdar gutartig und duldsam war, den Tugenden wie den Lastern gegenüber. Wobei sie schelmisch zu bemerken pflegte, daß die ersteren das weit größere Maß von Toleranz beanspruchten.

Nur vor Cecilia gab sie sich keine Mühe, den Schein aufrechtzuerhalten. Ciss war ohnehin keine scharfe Beobachterin; obendrein war sie nicht hübsch; schlimmer noch war, daß sie Robert liebte, und am schlimmsten, daß sie schon dreißig Jahre zählte und von ihrer Tante abhängig war. Vor ihr Theater zu spielen, lohnte nicht.

Cecilia wurde von ihr und Robert Ciss genannt, was immer ein wenig wie ein Katzenfauchen klang. Sie war ein stupsnäsiges und dunkelhäutiges Fräulein, das wenig redete und sich nicht auszudrücken wußte, die Tochter eines Pfarrers, des Bruders von Paulines Gatten Ronald. Beide Brüder waren längst tot, und Pauline hatte Ciss vor nun fünf Jahren bei sich aufgenommen.

Sie lebten zu Dreien – Pauline, Robert und Ciss – in einem kleinen, aber gepflegten Haus im Stil des frühen neunzehnten Jahrhunderts, etwa vierzig Kilometer von London entfernt. Es stand in einem kleinen Tal zwischen hübschen Wiesen und Äckern. Für Pauline war es der gegebene Ort und das richtige Dasein.

Wenn der Bach im Garten von den Flügelschlägen der Möwen aufblitzte, leuchtete es auch in ihr – so war sie beschaffen.

Robert war zwei Jahre älter als Ciss. Er fuhr täglich zur Stadt in sein Büro. Er war Rechtsanwalt und verdiente zu seinem Leidwesen nicht mehr als hundert Pfund im Jahr. Es wollte ihm nicht glücken, darüber hinauszukommen, eher blieb er darunter. Unbedingt nötig hatte er es nicht, denn seine Mutter hatte ja Geld. Aber was Pauline gehörte, gehörte Pauline, und wer einmal ihre Freigebigkeit zu spüren bekam, bekam auch zu spüren, daß ihm ein unverdientes, wenn auch willkommenes Geschenk zuteil geworden war. Übrigens tat sie den Ausspruch, daß die unverdienten Geschenke die angenehmsten seien.

Robert war unansehnlich und schweigsam. Er war von mittlerer Größe und gedrungen, doch nicht dick. Sein gelbliches glattrasiertes Gesicht war fleischig und erinnerte mit seiner Ruhe und Verhaltenheit an einen italienischen Priester. Er hatte die grauen Augen seiner Mutter, aber sie waren nicht so energisch wie diese, vielmehr unruhig und schüchtern. Ciss war der einzige Mensch, dem seine Schüchternheit und sein ewiges Gefühl, am falschen Platze zu sein, bekannt war. Doch er bekämpfte diese Veranlagung nicht. Er saß in seinem Büro und schlug sich mit Paragraphen herum. Sein eigentliches Interesse gehörte düsteren

Rechtsfällen aus ferner Vergangenheit. Er besaß – worin nur seine Mutter eingeweiht war – eine wertvolle Sammlung alter mexikanischer Gerichtsakten aus dem siebzehnten Jahrhundert, die von einem schrecklichen Gemisch geistlicher und ziviler Justiz zeugten. Sie waren ihm in die Hände gefallen, als er einmal die Chronik eines Mordprozesses gegen zwei englische Matrosen vom Jahre 1620 studiert hatte. Als sich dann ein weiteres Dokument hinzugesellte, das von der Entführung einer Nonne aus dem Kloster des Heiligen Herzens zu Oaxaca im Jahre 1680 handelte, hatte er sich weiter in dieses Studium vertieft.

Seine Mutter und er verbrachten anregende Abende über diesen alten Schriftstücken. Pauline konnte nämlich etwas Spanisch. Mit ihrem hohen Kamm im Haar und dem dunkelbraunen, silberbestickten Tuch um die Schultern sah sie sogar spanisch aus. Sie saß dann an dem schönen alten, samtartig gemaserten Tisch, einem Sammlerstück, den hohen Kamm im Haar, mit schweren Ohrgehängen, die immer noch schönen Arme entblößt, ein paar Perlenreihen um den Hals, im violetten Samtkleid, den Shawl um die Schultern, und sah im Kerzenschein wie eine hochgezüchtete spanische Schönheit von zwei- oder dreiunddreißig Jahren aus. Die Kerzen verteilte sie so, daß ihre Erscheinung im Halbdunkel am vorteilhaftesten zur Geltung kam. Der Sessel, dessen Rücklehne ihr Haupt überragte, war mit grünem Brokat bekleidet, gegen den sich ihr Gesicht wie eine Rose abhob.

Bei Tisch saßen sie zu dritt und tranken eine Flasche Sekt, die alte Dame zwei Glas, Ciss zwei Glas und Robert den Rest. Pauline sprühte von guter Laune. Ciss in ihrem selbstgeschneiderten Kleid, das schwarze Haar hochgesteckt, starrte aus verängstigten nußbraunen Augen abwechselnd auf ihre Tante und ihren Vetter – ihr war die Rolle der beeindruckten Zuhörerin zugeteilt. Tatsächlich war sie stark beeindruckt, und zwar, nach fünf Jahren noch, von dem Charme ihrer Tante. Aber unter der Oberfläche ihres Bewußtseins lagen Dinge verborgen, die ihre Tante und Robert betrafen und die noch unheimlicher waren als seine alten Prozeßakten.

Robert war ein Herr von altmodischer Korrektheit, die seine Schüchternheit fast völlig verbarg. In Wirklichkeit war er, wie Ciss wußte, weniger schüchtern als verstört. Darin war er noch schlimmer dran als sie. Ihre eigene Verstörtheit hatte erst vor fünf Jahren begonnen, aber die seine schon vor seiner Geburt. Schon im Mutterleib der reizenden alten Dame mußte ihm höchst verstört zumute gewesen sein.

Er schenkte seine ungeteilte Aufmerksamkeit seiner Mutter. Wie ein bescheidenes Blümchen zur Sonne, so fühlte er sich zu ihr hingezogen. Dennoch war in ihm die ganze Zeit hindurch das Gefühl lebendig, daß da irgend etwas nicht stimmte – weil nämlich auch Cecilia noch da war und sich gewiß ausgeschlossen vorkommen mußte. Er spürte das dritte Dasein im Haus. Für Pauline dagegen stellte Ciss nichts als ein Zubehör ohne Eigenleben dar.

Den Nachmittagskaffee tranken sie in dem behaglichen Wohnzimmer mit seiner erlesenen Einrichtung, die aus lauter Sammlerobjekten bestand, denn Pauline hatte als Kunsthändlerin mit exotischen Stücken Geld verdient, und unterhielten sich über alles mögliche bis acht oder halb neun. Ihr Gespräch war leicht und lebhaft, Pauline befand sich in ihrem Element und strahlte freundlichen Spott und witzige Ironie aus. Dann trat eine kleine Pause ein.

Sie war das Zeichen für Ciss, aufzustehen, abzuräumen und gute Nacht zu sagen. Frau Burnett, die Haushälterin, brauchte danach nicht noch einmal einzudringen. Und nun begannen die Stunden des wunderbaren Verständnisses zwischen Mutter und Sohn, in denen sie alte Manuskripte entzifferten und besprachen, wobei Pauline den mädchenhaften Eifer entfaltete, für den sie berühmt war. Und er war echt! Sie hatte sich die Kunst erhalten, im Beisein eines Mannes in Begeisterung zu geraten. Robert mit seinem ruhigen und verhaltenen Gebaren schien jetzt der Ältere von beiden und fühlte sich auch als solcher.

Ciss hatte für sich allein eine Wohnung jenseits des

Hofes über dem Kutscherhaus und dem Stall inne. Im Stall stellte Robert, weil keine Pferde mehr da waren, seinen Wagen ab. Ciss' Wohnung bestand aus drei behaglichen Zimmern. An das Ticken der Stalluhr hatte sie sich gewöhnt. Manchmal ging sie nicht gleich hinauf, sondern setzte sich noch ein wenig auf den Rasen und vernahm Tante Paulines herzerquickendes Lachen aus dem offenen Fenster. Im Winter zog sie ihren Mantel an und machte einen Spaziergang zu der kleinen Brücke jenseits des Flüßchens, von wo sie zu den beleuchteten Fenstern des Wohnzimmers sehen konnte, hinter denen Mutter und Sohn so glücklich beieinandersaßen.

Sie liebte Robert. Sie glaubte an die Absicht ihrer Tante, sie mit ihm zu verheiraten, aber erst nach ihrem Tod. Der arme Robert, schon jetzt war er, Männern wie Frauen gegenüber, vor lauter Schüchternheit ganz verstört; wie sollte es erst werden, wenn er seine Mutter nicht mehr hatte? Vielleicht in zehn Jahren? Da würde er nur noch eine Hülle sein, die Hülle eines Menschen, der nie gelebt hatte.

Die unausgesprochene Zuneigung, die junge Leute füreinander empfinden, wenn sie unter dem Druck einer älteren Generation leben, gab eins der Verbindungsglieder zwischen Ciss und Robert ab. Ein anderes Glied war natürlich die Leidenschaft, dieselbe Leidenschaft, die Ciss gern noch stärker geschürt hätte, wenn sie nur gewußt hätte, wie. Robert war von Natur aus leidenschaftlich. Seine quälende Schüchternheit und Schweigsamkeit konnte in nichts sonst ihren Ursprung haben als in gestautem körperlichem Temperament. Und seine Mutter wußte damit zu spielen! Ciss war nicht blind, ihr blieb nicht verborgen, wie er den Blick voller Begeisterung und voller Demut zugleich auf seine Mutter richtete. Gedemütigt sogar, voller Scham. Er schämte sich darob, daß er kein richtiger Mann war. Er liebte seine Mutter zwar nicht, aber sie bezauberte ihn. Von ihr wurde er fasziniert, von allem anderen wurde er gelähmt, sein Leben lang.

Ciss blieb in der Regel im Garten, bis in Paulines Schlafzimmer das Licht anging, das war etwa um zehn. Sie hatte sich zurückgezogen. Danach blieb Robert im Wohnzimmer noch ein wenig allein, bis auch er zu Bett ging. Wie oft wünschte Ciss da draußen sich, sie könne zu ihm gehen und sagen: »Robert, es ist doch alles ganz verkehrt!« Aber die Tante würde es erfahren. Überhaupt brachte sie es nicht fertig. So ging denn auch sie zu Bett, und immer war es dasselbe.

Morgens wurde der Kaffee jedem der drei ans Bett gebracht. Ciss mußte um neun Uhr zu Sir Wilfried Knipes beiden Enkelkindern gehen und sie zwei Stunden lang unterrichten. Das war ihre einzige richtige Arbeit – außer ihrem Klavierspiel, mit dem sie es ernst nahm. Um neun fuhr Robert in die Stadt. Pauline erschien erst zum zweiten Frühstück, bisweilen aber auch erst zum Tee. Dann sah sie frisch und munter aus, aber im Laufe des Tages welkte sie wie eine Blume, die kein Wasser bekommt. Ihre Zeit war die Stunde der Kerzen.

Nachmittags ruhte sie sich nochmals aus. Wenn die Sonne schien, nahm sie gewöhnlich ein Sonnenbad, und dieses war eins ihrer Geheimnisse. Ihre Mahlzeit war leicht, das Sonnen- und Luftbad nahm sie manchmal vorher, manchmal danach. Auf dem kleinen, von einer Taxushecke eingeschlossenen Platz hinter dem Stall stellte Ciss ihr den Liegestuhl auf, legte Decken darüber und rückte den Sonnenschirm daneben. Dann erschien die alte Dame mit einem Buch, und Ciss mußte in ihrem Zimmer aufpassen, ob auch niemand kam. Sie hatte scharfe Ohren.

Eines Tages kam Ciss auf den Einfall, doch auch selber einmal ein Sonnenbad zu nehmen. Die Nachmittage waren lang, und ihr war ruhelos zumute. Vom Dachboden aus konnte sie auf das flache Dach des Stalles gelangen, was sie öfters tat, wenn sie die Stalluhr aufziehen mußte; dies hatte sie freiwillig übernommen. Sie nahm eine Decke mit, kletterte ins Freie, sah in den Himmel und in die Sonne, zog sich aus und legte sich mit dem Gefühl wohliger Entspannung in einer Ecke des Dachs in die Sonne.

Wundervoll war es, sich in der Luft und der Sonnenhitze räkeln zu dürfen! Fast schien es ihr, als wolle sich die harte Schale um den bittren Kern ihres Kummers, der sich nie löste, einen Spalt breit öffnen. Wollüstig reckte sie ihre Glieder. Wenn kein anderer Liebhaber da war, so hatte sie doch die Sonne! Aber plötzlich stand ihr das Herz vor Schrecken still, ein Grauen kroch ihr durch den Leib und riß an ihren Haarwurzeln. Denn eine Stimme drang ihr sanft und nachdenklich ans Ohr:

»Nein, Henry, das war nicht meine Schuld, daß du gestorben bist, statt Claudia zu heiraten. Wirklich, mein Lieber, ich war ganz damit einverstanden, daß du sie zur Frau nähmest – obwohl sie so gar nicht zu dir paßte!«

Der Angstschweiß brach Cecilia von der Stirn und sie sank hilflos zurück. Was für eine furchtbare Stimme, so sanft, so nachdenklich und doch so gespenstisch! Das war keine menschliche Stimme. Aber es mußte, es mußte doch jemand auf dem Dach sein? Wie unsagbar gräßlich das war!

Sie hob den Kopf und blickte über das geschrägte Dach hin; aber da war niemand zu sehen. Die Schornsteine waren zu schmal, hinter ihnen konnte sich niemand verstecken. In den Ästen der Ulmen hinter dem Stall, zwischen den Zweigen? Oder – wie entsetzlich – war es eine Geisterstimme?

Da ertönte sie wieder: »Nein, mein Lieber, ich habe dich nur gewarnt. Binnen eines Jahres hättest du sie satt gehabt. Und ich hatte recht! Ich wollte dich nur schonen. Ich war es nicht, die dich so hilflos gemacht hat, als du dieses arme, dumme Ding haben wolltest. Wie jämmerlich sah sie nachher aus! Mal wolltest du sie, mal wieder nicht, an deiner Unentschlossenheit warst du selber schuld. Ich habe dich nur gewarnt. Was hätte ich anderes tun sollen? Darüber hast du den Mut verloren und bist gestorben, ohne zu begreifen, was ich wollte. Das war bitter, sehr bitter.«

Die Stimme erstarb. Von der Spannung des Lauschens zermürbt, sank Ciss wieder auf ihre Decke zurück. Die Sonne schien, der Himmel strahlte, die Welt war schön und sommerlich, und jetzt geschah, daß das Übernatürliche an sie herantrat! Alles Übernatürliche, Stimmen, Gespenster und Geister verabscheute sie – und nun diese geisterhafte Stimme mit ihrem unheimlichen Geflüster! Und dabei kam sie ihr so sonderbar bekannt vor, und zugleich fremd wie aus einer anderen Welt.

Dann hörte sie es wieder. Es seufzte. Ein tiefer, aber nicht menschlicher Seufzer: »Muß einem nicht das Herz bluten? Aber lieber bluten als brechen. Nur der Schmerz! Nein, meine Schuld war es nicht. Und Robert soll ruhig die arme, dumme Ciss heiraten. Wenn er will, schon morgen. Aber warum sollte ich ihn dazu zwingen? Er hat ja gar keine Lust dazu.«

Die Worte kamen sehr ungleichmäßig hervor. Manchmal war nichts da als ein heiseres Flüstern. Es galt zu lauschen, scharf zu lauschen.

Cecilia hätte fast ein lautes, hysterisches Geschrei ausgestoßen, als die beiden letzten Sätze ihr den Atem stocken machten. Wachheit und Schläue gewannen in ihr die Oberhand: das war Tante Pauline! Ihre Stimme mußte es sein ... übte sie sich etwa im Bauchreden? Was für eine Teufelin sie war!

Aber wo steckte sie? Sie mußte doch drunten im Hof liegen, senkrecht unter Cecilias Liegeplatz auf dem Dach. Und es mußte irgendein bösartiger Trick entweder der Bauchrednerei oder der Gedankenübertragung sein, der sich hier kundtat. Die Stimme war ungleichmäßig hörbar. Cecilia lauschte angestrengt. Nein, Bauchreden war es nicht. Es war Schlimmeres, wahrscheinlich also Gedankenübertragung oder etwas dergleichen. Cecilia war unfähig, sich zu rühren, aber doch machte der Verdacht, daß sich die Alte einen teuflischen Trick ausgedacht hätte, sie ruhiger.

Was für ein Satan sie war! Sie schien also zu wissen, daß Ciss ihr an dem Tod ihres Sohnes Henry im stillen die Schuld gab. Henry war Roberts zwölf Jahre älterer Bruder gewesen und war mit zweiundzwanzig Jahren plötzlich gestorben. Er war heftig in eine hübsche junge Schauspielerin verliebt gewesen, und seine Mutter hatte dem mit spöttischem Humor zugesehen. Plötzlich war er schwerkrank geworden, Gift war ihm ins Gehirn gedrungen, und ohne das Bewußtsein wiederzuerlangen, war er gestorben. Dies hatte Ciss von ihrem Vater erfahren. In der letzten Zeit war sie von der Angst verfolgt worden, Pauline würde auch Robert töten, wie sie Henry getötet hatte. Es war Mord, der Mord einer Circe an ihren allzu zart besaiteten Söhnen, die von ihr verzaubert waren!

»Nun, dann will ich wieder aufstehen«, sagte plötzlich die leise, ferne Stimme gleichmütig. »Zuviel Sonne ist so schädlich wie zu wenig. Genug Sonne, genug Liebe, genug zu essen, das alles nicht im Unmaß, und eine Frau lebt ewig. Nur nicht mehr Kraft verbrauchen als man erwirbt ... nur ganz wenig mehr.«

Tante Pauline, sie war es. Ciss hörte Tante Paulines Gedanken. Gespenstisch, unerträglich. Eine von beiden würde gewiß bald sterben. Ciss lag regungslos und starrte ins Leere. Ins Nichts. In einen Abgrund. Oder vielmehr: in ein Loch. Es war ein Loch, das von ihrem Winkel des Daches abwärts führte. Dieses Loch erhöhte Ciss' Entsetzen noch, denn was hatte es zu bedeuten?

Und nun wieder ein Seufzer, er kam aus dem Loche, und wieder die Stimme, im Flüsterton: »Aufstehen, Pauline, für heute ist es genug!«

Du lieber Gott, das Loch war ja ein Regenrohr! Das Regenrohr wirkte als Sprachrohr. Tante Pauline führte Selbstgespräche, und das Regenrohr trug es weiter. Das war es!

Schadenfroh stellte Ciss fest: das war es, warum Tante Pauline niemanden in ihr Schlafzimmer ließ, auch ihren Sohn nicht; warum sie sich nie erlaubte, im Stuhle sitzend einzuschlafen, warum sie sich niemals entspannte, sondern, wenn sie müde wurde, in ihr Zimmer ging und dort blieb. Ließ sie sich gehen, dann sprach sie mit sich selber. Mit einer zarten, leisen, wunderlichen Stimme führte sie Selbstgespräche. Wunderlich war sie nicht, nein, aber ihre Gedanken waren es, die sich im Flüsterton selber aussprachen.

Sie hatte um des armen Henry willen Gewissensbisse. Mit Recht! Sie hatte ihren gutaussehenden, begabten Älteren mehr geliebt als Robert, den Jüngeren, und sein früher Tod war ein schrecklicher Kummer für sie gewesen. Als Henry starb, war Robert erst zehn Jahre alt, und seither war er nur noch ein Ersatz gewesen.

Aber sie war eine merkwürdige Frau. Ein paar Jahre vor der Geburt Roberts, als Henry noch ein Kind war, hatte sie ihren Mann verlassen. Ein Zerwürfnis war es nicht gewesen, sie hatte ihn sogar später noch ganz freundschaftlich wiedergesehen, wenn auch ein wenig geringschätzig. Sogar Geld hatte sie ihm gegeben.

Denn sie verdiente selber Geld. Ihr Vater war Konsul gewesen, erst im Orient und zuletzt in Neapel. Er hatte exotische Kunstgegenstände gesammelt. Bei seinem Tode, bald nach der Geburt Henrys, hinterließ er die Sammlung seiner Tochter Pauline. Diese Sammlung war für sie, die Sinn und Leidenschaft für das Schöne hatte, der Grundstock zu ihrem Vermögen geworden. Sie hatte die Sammlung durch Ankäufe vermehrt und hatte mit Verkäufen an Sammler und Museen viel verdient. Sie war eine der ersten gewesen, die alte Holz- und Elfenbeinplastiken aus Afrika und Neu-Guinea an Museen geliefert hatte. Ihr Vermögen hatte sie ganz selbständig erworben.

Nach dem Tode ihres Mannes war sie ledig geblieben. Hatte sie Liebhaber gehabt? Nichts war davon bekannt geworden. Falls es zutraf, waren es schwerlich Verehrer aus ihrem täglichen Umgang gewesen, denn diese waren für sie nichts als Freunde.

Ciss zog sich rasch an, nahm ihre Decke und kletterte die Leiter zum Dachboden hinunter. Dabei hörte sie bereits die Tante rufen: »Alles in Ordnung, Ciss!« was bedeutete, daß sie ihr Sonnenbad beendet hatte und wieder ins Haus ging. Die Stimme klang melodisch wie immer, jung, ausgeglichen, beherrscht. Anders als der matte Tonfall, in dem sie zu sich selber gesprochen hatte. Ciss lief zur Hecke, wo der Liegestuhl mit den feinen Wolldecken stand. Alles, was

Pauline besaß, war von erlesener Qualität. Die Hecken warfen jetzt längere Schatten. Nur auf dem Winkel, wo die Decken einen zartbunten Haufen bildeten, lag noch praller Sonnenschein.

Ciss faltete die Decken zusammen und trug den Stuhl ins Haus; dann kniete sie sich auf den Erdboden, um nach dem unteren Ende des Regenrohres zu suchen. In der Ecke, unter einem kleinen Vorsprung des Mauerwerks war es zu sehen, es ragte ein wenig aus dem Laub des Efeus hervor. Wenn Tante Pauline hier lag und das Gesicht dem Efeu zukehrte, drang ihre Stimme in diese Öffnung hinein. Ciss war beruhigt. Sie hatte die Gedanken ihrer Tante vernommen, und dies, ohne daß etwas Übernatürliches dabei im Spiel war.

An diesem Abend war Pauline ein wenig nervöser als sonst, wenn auch heiter und unbefangen. Nach dem Essen sagte sie zu Robert und Ciss: »Ich bin müde, das macht wohl die Sonne. Ich bin mit Sonne vollgesogen wie eine Biene. Entschuldigt mich, ich gehe schon zu Bett. Bleibt ruhig noch auf und unterhaltet euch.«

Ciss warf einen Blick auf ihren Vetter. »Vielleicht möchtest du lieber allein sein?«

»Nein, nein«, sagte er, »bleib doch noch etwas, wenn es dich nicht langweilt.« Die Fenster standen offen, Jasminduft wehte herein, der Schrei einer Eule ertönte. Robert rauchte und schwieg. In seinem gedrungenen Körper lag eine Art von Verzweiflung. Er mutete wie eine Karyatidenfigur an, die ein schweres Gewicht trägt.

Plötzlich fragte Ciss: »Erinnerst du dich eigentlich an deinen Bruder Henry?«

Er blickte erstaunt auf. »Doch, recht gut«, erwiderte er.

»Wie sah er denn aus?« fragte sie in seine großen beunruhigten Augen hinein, in denen immer ein Ausdruck von vergeblicher Mühe stand.

»Oh, er war ein hübscher Mensch, großgewachsen, mit frischen Farben, und er hatte weiche braune Haare wie Mutter.« (Dabei war Paulines Haar grau.) »Die Damen bewunderten ihn, und auf ihre Bälle wurde er immer eingeladen.«

»Und wie war sein Charakter?«

»Er war gutmütig und nett. Er lachte gern. Er war so behende und gescheit wie Mutter. Man war gern mit ihm zusammen.«

»Und liebte er deine Mutter?«

»Ja, sehr. Sie liebte ihn auch, sogar mehr als mich. Er kam dem, was sie sich unter einem Mann vorstellte, so viel näher.«

»Warum das?«

»Na ja, großgewachsen, anziehend, gewandt im Umgang. Ich glaube, er wäre ein großartiger Jurist geworden. All das kann man von mir nicht behaupten.«

Ciss sah ihn nachdenklich aus ihren nußbraunen Augen an. Sie wußte, daß er unter der Maske seiner Teilnahmslosigkeit litt. »Findest du wirklich, daß du soviel weniger taugst als er?« fragte sie.

Er hob das Gesicht nicht und erwiderte nach einer Weile: »Doch, mein Leben ist bestimmt nicht recht was wert.«

Sie zögerte etwas, dann wagte sie zu fragen: »Macht dir das etwas aus?«

Darauf gab er keine Antwort. Das Herz war ihr schwer. Dann sagte sie: »Weißt du, ich fürchte, mein Leben ist genau so ergebnislos wie deins. Und ich fange an, mich darum bitter zu grämen. Ich habe nämlich Durst.« Sie sah, wie seine gepflegte Hand bebte.

»Ich nehme an«, erwiderte er, noch immer ohne sie anzusehen, »wenn man sich auflehnt, ist es zu spät.« Merkwürdig, das aus seinem Munde zu hören.

»Robert«, sagte sie, »magst du mich eigentlich leiden?«

Sie bemerkte, wie sein gelbliches Gesicht, dessen Miene sich so selten veränderte, blaß wurde. »Doch, ich habe dich sehr gern«, murmelte er.

»Würdest du mich küssen? Mich küßt niemand«, brachte sie hervor.

Er sah sie mit einem veränderten Ausdruck an, ängstlich und zugleich mit einem gewissen Hochmut.

Dann stand er auf, kam langsam zu ihr und gab ihr einen sanften Kuß auf die Wange.

»Es tut mir alles so leid, Ciss«, sagte er leise.

Sie griff nach seiner Hand und drückte sie an ihre Brust. »Magst du dich ein bißchen mit mir in den Garten setzen?« brachte sie mühsam hervor.

Und er, mit einem ängstlichen und forschenden Ausdruck: »Was würde Mutter sagen?«

Sie lächelte ein künstliches kleines Lächeln. Er errötete und drehte das Gesicht weg. Es war ein peinlicher Anblick. »Ich weiß«, sagte er. »Ich bin nun mal kein Liebhaber.« Er sagte es mit ruhigem Sarkasmus, und selbst Ciss ahnte nicht, wieviel Scham sich dahinter verbarg.

»Du versuchst es auch gar nicht«, sagte sie.

»Muß man es denn versuchen?«

»Oh, ja. Wenn man nichts versucht, bringt man nichts zustande.«

»Vielleicht hast du recht.«

Ein paar Minuten danach ging sie in ihr Zimmer. Sie hatte wenigstens etwas versucht: ein immerwährendes Siegel zu lockern.

Es blieb weiter sonnig. Pauline nahm ihre Luftbäder und Ciss nahm ihren Platz auf dem Dache ein und lauschte. Aber diesmal kam kein Ton durch das Rohr. Nur ein ganz fernes, leises Murmeln war zu vernehmen. Pauline mußte das Gesicht zur anderen Seite gewandt haben.

Nachts saß Ciss am Fenster, untätig und still. Von ihrem Platz konnte sie das Wohnzimmerfenster drüben und die Tür, die in den Garten ging, überblicken. Im Zimmer der Tante sah sie, wie das Licht anging, und etwas später, wie die Lichter im Wohnzimmer verlöschten. Sie wartete. Aber Robert kam nicht. Die halbe Nacht saß sie und wartete. Ein Käuzchen schrie. Ciss blieb allein. Zwei Tage lang geschah nichts, auch am Abend nicht. Die Gedanken der Tante waren nicht zu hören. Aber dann, in der zweiten Nacht, als sie geduldig im Garten saß, schrak sie plötzlich auf. Robert kam. Sie stand auf und ging über den Rasen auf ihn zu.

»Sag jetzt nichts«, sagte er leise.

Die beiden gingen schweigend in der Dunkelheit durch den Hof und hinter das Stallgebäude, wo das Heu aufgeschichtet lag. Da standen sie nun unter den Sternen und waren ratlos.

»Es ist so«, sagte er, »daß ich ja keine Liebe von dir erwarten kann, wenn ich selber keine empfinde. Mißversteh mich nicht, ich hab dich wirklich gern ...«

Sie erwiderte: »Wie könntest du auch Liebe fühlen, wenn du überhaupt nie was fühlst.«

»Das ist wahr«, sagte er.

Sie wartete, was nun kommen würde.

Er fuhr fort: »Und wie könnte ich heiraten? Ich bin ja auch ein Versager im Geldverdienen. Meine Mutter kann ich nicht um Geld angehen.«

Sie seufzte. »Mach dir keine Gedanken ums Heiraten. Hab mich nur ein bißchen lieb. Kannst du das nicht?«

Er stieß ein künstliches Lachen hervor. »Es klingt grausam, aber der Anfang ist so schwer.«

Wie schwer war er doch zu bewegen!

»Wir wollen uns ein bißchen hinsetzen«, meinte sie. Als sie auf dem Heu saßen, fügte sie hinzu: »Darf ich dich berühren? Macht es dir was aus?«

»Eigentlich ja, aber wie du willst«, sagte er mit seiner Mischung von Schüchternheit und echtem Trotz, die ihn, er wußte es, etwas lächerlich machte. Innerlich wünschte er, er könnte sie töten.

Sie strich ihm mit den Fingern über das schwarze, immer wohlgekämmte Haar.

»Eines Tages«, sagte er plötzlich, »setz ich mich doch noch zur Wehr.«

Sie saßen noch zusammen, bis es kühl wurde. Er hielt ihre Hand, legte aber nicht den Arm um sie. Schließlich sagte er gute Nacht und ging ins Haus.

Am Tage darauf, als Cecilia benommen und schlechtgelaunt auf dem Dach ihr Sonnenbad nahm und die Sonne sie erhitzte und reizte, schrak sie empor: es war wieder die Stimme.

»Caro, caro, tu non l'hai visto!« redete sie leise in einer Sprache, die Ciss nicht verstand. Sie war voller Zärtlichkeit, weich und sanft, in einem Ton feiner, hinterlistiger Vertraulichkeit, und flüsterte, auf italienisch: »Bravo, si, molto bravo, poverino, ma uomo come te non lo sarà mai, mai, mai!« Oh, gerade die italienischen Worte enthüllten Ciss den Giftreiz dieser Stimme, ihre Zärtlichkeit und Schmiegsamkeit, und dabei ihren ungeheuren Egoismus. Sie verabscheute sie tief, wie sie so flüsterte und seufzte aus dem Nichts. Warum nur konnte diese Frau so zart und fein und anziehend sein, sie selber aber, Cecilia, so plump! Die Arme, da streckte sie sich in der Nachmittagssonne hin und her und war sich ihrer clownischen Plumpheit und Linkischkeit bewußt ...

»Nein, Robert, mein Lieber, so ein Mann wie dein Vater wirst du nie. Etwas Ähnlichkeit mit ihm hast du zwar, aber er – er war ein so herrlicher Liebhaber, zart und leichtbeschwingt und wortgewandt, wie ein Kolibri. Du aber, du wirst es nie lernen, wie man eine Frau glücklich macht. Monsignor Mauro, ja, der verstand sich darauf. Cara, cara mia bellissima, ti ho aspettato come l'agonizzante aspetta la morte, morte, morte deliziosa, quasi quasi troppo deliziosa per un' anima umana ... Ja, zart wie eine Blume und dabei zudringlich wic cin Kolibri. Er konnte sich einer Frau hingeben wie seinem Gott. Mauro, Mauro, wie hast du mich doch geliebt!«

Die Stimme ging in Träumerei über. Jetzt wußte Cecilia, was sie längst geahnt hatte. Robert war nicht der Sohn von Paulines Gatten, ihres Onkels Ronald, sondern irgendeines Italieners.

»Wie du mich enttäuschst, Robert. Nichts Hinreißendes hast du an dir. Dein Vater war Jesuit und trotzdem der vollendetste Liebhaber der Welt. Er war hinreißend; du aber bist ein Jesuit wie ein Fisch im Waschbecken. Und deine Ciss ist die Katze, die nach dir fischt. Das ist noch unerfreulicher als der arme Henry.«

Plötzlich legte Cecilia ihren Mund an die Öffnung des Rohres und sprach mit tiefer Stimme hinein: »Laß Robert zufrieden und töte nicht auch ihn!«

Totenstille. In dem heißen Juninachmittag zog sich ein Gewitter zusammen. Ciss lag regungslos und fühlte ihr Herz hämmern. Sie lauschte so angestrengt, als bestünde ihre ganze Seele aus ihrem Ohr. Schließlich kamen im Flüsterton die Worte: »Spricht da jemand?«

Ciss beugte sich wieder über die Öffnung: »Du sollst Robert nicht auch töten, wie du mich getötet hast.« Sie sprach es langsam, tief und leise.

Ein kurzer, scharfer Aufschrei. »Wer spricht da?«

»Henry«, antwortete die tiefe Stimme.

Abermals Totenstille. Endlich ein Flüstern: »Ich habe dich nicht getötet. Henry, gib mir nicht die Schuld! Mein Lieber, ich habe dich so geliebt. Ich wollte dir nur helfen.«

Dann, tief, künstlich, anklagend: »Du hast mich getötet. Nun laß Robert am Leben. Laß ihn zufrieden. Und laß ihn heiraten.«

Schweigen. Dann kam die Flüsterstimme von unten: »Ach, wie entsetzlich ... Ist es denn möglich, Henry? Du bist da, ein Geist, und du verurteilst mich?«

»Ja. Ich verurteile dich.«

Cecilia spürte, wie all ihre angestaute Wut aus ihr sprach. Aber gleichzeitig reizte es sie zum Lachen. Es war furchtbar. Sie lag und lauschte. Kein Ton. Die Zeit schien stillzustehen. Die Sonne sank und ließ an Kraft nach. Jetzt wurde der Himmel gelb. Ciss zog sich eilends an und stieg hinunter zur Tür des Stallgebäudes.

Sie rief leise: »Tante Pauline, hast du es donnern gehört?«

»Ja, ich gehe hinein«, kam Paulines matte Stimme zurück. »Du brauchst nicht auf mich zu warten.«

Ciss ging wieder auf den Dachboden und beobachtete, wie die Gestalt ihrer Tante, mit einem schönen Tuch von alter blauer Seide umgetan, mit unsicheren Schritten im Hause verschwand.

Es wurde dunkel. Ciss schleppte hastig die Decken herein. Dann brach das Gewitter los. Pauline kam zum Tee nicht zum Vorschein; Gewitter hatten ihr immer zugesetzt. Auch Robert kam erst nach dem

Tee, im strömenden Regen. Ciss zog sich zum Abendessen sorgfältig um und steckte sich einen Akeleistrauß an den Brustausschnitt.

Das Wohnzimmer wurde von der Stehlampe matt erhellt. Robert hatte sich schon umgezogen, sah in den Regen hinaus und wartete. Er schien sonderbar abgespannt. Als Ciss hereinkam, die Akeleien wippten bei ihren Schritten, musterte Robert sie aufmerksam und mit einem ungewohnten Gesichtsausdruck. Sie ging an den Bücherschrank neben der Tür und suchte etwas. Dabei lauschte sie. Jetzt vernahm man ein Rascheln, und die Tür tat sich sacht auf. Ciss drehte plötzlich das Licht voll an.

Pauline, in einem Kleid aus schwarzen Spitzen über elfenbeinfarbenem Unterkleid, stand im Türrahmen. Sie war geschminkt, sah aber hohläugig und erschöpft aus. Sie sah aus, als hätten Jahre des Menschenhasses und der Verbitterung sie in eine alte Hexe verwandelt.

»Ach, Tante Pauline!« rief Ciss.

»Aber Mutter, du bist ja eine kleine alte Dame«, sagte Robert erstaunt und wie ein kleiner Junge, der es scherzhaft meinte.

Die alte Dame gab giftig zurück: »Das bemerkst du jetzt erst?«

»Ich … ich dachte immer …« Seine Stimme verlor sich in verlegenem Stammeln. Pauline sagte gereizt: »Wollen wir nicht hinuntergehen?« Sie bemerkte nicht einmal das grelle Licht, das sie so sehr scheute. Sie ging mit unsicheren Schritten hinunter.

Bei Tisch schien sie eine Maske ohnmächtiger Wut aufgesetzt zu haben. Sie sah alt aus, alt wie eine Hexe. Robert und Ciss warfen ihr verstohlene Blicke zu. Ciss musterte gleichzeitig Robert und bemerkte, wie ihn das Aussehen seiner Mutter entsetzte. Fast schien er ein anderer geworden zu sein.

»Wie bist du nach Hause gekommen?« fragte Pauline; vor Gereiztheit nahm ihre Stimme den Klang eines Schnatterns an.

»Es hat geregnet«, sagte er.

»Ach, das hast du gemerkt! Wie klug von dir!« Ihr Gesicht hatte sich zu einer boshaften Fratze verzogen.

»Ich verstehe dich nicht«, sagte er sanft.

»Offenkundig nicht«, sagte Pauline und schlang ihr Essen hastig hinunter, zum Erstaunen des Dienstmädchens. Nach dem Essen stand sie sogleich auf und ruderte mit eckigen, krebsartigen Bewegungen die Treppe hinauf. Robert und Ciss kamen, wie vor den Kopf geschlagen, zwei Verschwörer, hinter ihr her.

»Schenkt euch den Kaffee selber ein. Ich mag ihn nicht. Ich gehe zu Bett. Gute Nacht.« Ihre Worte klangen wie eine Reihe von Schüssen. Und sie verschwand.

Nach einer Weile sagte Robert: »Es scheint ihr nicht gut zu gehen. Ich sorge dafür, daß sie einen Arzt kommen läßt.«

Der Abend verfloß im Schweigen. Robert und Ciss blieben im Wohnzimmer beim Kaminfeuer sitzen. Es regnete und war kalt. Beide taten, als seien sie in ihre Lektüre vertieft. Sie mochten sich nicht trennen. Die Stunden rannen düster, aber rasch dahin.

Gegen zehn Uhr tat sich die Tür auf und Pauline erschien in einem blauen Umhang. Sie machte die Tür zu und stellte sich ans Feuer. Sie sah auf die beiden jungen Leute herab, und in ihren Augen stand Haß, echter Haß geschrieben.

»Ihr beide solltet bald heiraten«, sagte sie gehässig. »Das sähe anständiger aus, ein leidenschaftliches Liebespaar wie ihr seid!«

Robert sah sie lange an, endlich erwiderte er ruhig: »Du findest aber doch, Vetter und Cousine dürften nicht heiraten?«

»Das ist immer noch meine Ansicht; aber ihr seid nicht Vetter und Cousine. Dein Vater war ein italienischer Geistlicher.« Sie hielt in ihrer koketten Art ihren Fuß mit dem niedlichen Pantöffelchen nahe ans Feuer und versuchte, ihrem Körper seine alten anmutigen Bewegungen abzugewinnen. Aber es wurde nur eine abschreckende Karikatur daraus, denn ihre Nerven hatten nachgegeben.

»Ist das wirklich wahr?« fragte Robert.

»Und *ob* es wahr ist! Er war ein hervorragender Herr. Sonst wäre er auch nicht mein Liebhaber geworden. Er war viel zu vornehm, um dich zum Sohn zu haben. Das Vergnügen blieb mir überlassen.«

»Wie schrecklich, alles miteinander«, sagte Robert.

»Für dich ja nicht! Du hast Glück gehabt. Es war *mein* Unglück«, sagte sie eisig.

Sie bot einen scheußlichen Anblick. Sie glich einem wertvollen venezianischen Glas, das in Scherben gegangen war, die man ungeschickt und scharfkantig wieder zusammengeklebt hatte. Und schroff verließ sie wieder das Zimmer.

Eine Woche lang ging es so weiter. Sie erholte sich nicht. Jede einzelne Fiber ihres Körpers schien sich zu einem verrückten Mißklang aufzubäumen. Da sie nicht schlafen konnte, kam ein Arzt und verordnete ihr Schlafmittel. Ohne Mittel ging es nicht, sondern sie lief, mit Bösartigkeit geladen, im Zimmer hin und her, ein häßlicher, abstoßender Anblick. Weder Roberts noch Cecilias Anwesenheit konnte sie ertragen. Trat einer von ihnen zu ihr ein, so fragte sie giftig: »Nun, wie steht es mit der Hochzeit? Habt ihr wenigstens die Brautnacht schon genossen?«

Zuerst war Ciss über die Folgen ihrer Handlungsweise entsetzt. Sie begriff, daß ihre Tante, nachdem der Stoß der Verurteilung ihre schöne Hülle einmal durchbrochen hatte, innerhalb derselben zu Tode getroffen war. Es war furchtbar, so sehr, daß Ciss schon bereute. Dann aber dachte sie: dies ist ihre wahre Natur. Laß sie den Rest ihres Lebens so verbringen, wie sie wirklich ist ...

Pauline sollte nicht mehr lange leben. Sie schrumpfte buchstäblich zusammen. Sie blieb in ihrem Zimmer und ließ keinen Menschen mehr zu sich. Ihre Spiegel ließ sie entfernen.

Robert und Cecilia waren jetzt viel zusammen. Die Bosheiten der verrückten alten Dame vermochten sie nicht mehr voneinander zu trennen. Aber Cecilia getraute sich nicht, ihm zu beichten, was sie getan hatte.

Einmal fragte sie ihn zaghaft: »Glaubst du, daß deine Mutter jemals jemanden geliebt hat?«

Er sah sie nachdenklich an und erwiderte schließlich: »Sich selber.«

»Nicht einmal sich selber«, erwiderte Ciss. »Es ist etwas anderes. Aber was?«

»Macht«, sagte er kurz.

»Ich verstehe es nicht. Was für eine Macht?«

»Die Macht, von anderem Leben zu zehren«, sagte er bitter. »Sie war schön, und sie lebte von Menschen. Sie nährte sich von mir, wie sie sich von Henry genährt hatte. Sie hatte Saugarme, mit denen sie einen umklammerte, um einem das Leben auszusaugen.«

»Kannst du ihr verzeihen?«

»Nein.«

»Arme Tante Pauline ...« Es kam ihr nicht von Herzen. Sie war nur angewidert.

»Ich aber habe ein Herz, soviel weiß ich«, sagte Robert und schlug sich eifrig an die Brust. »Wenn es auch fast leergesogen ist. Wie es ist, wenn einem das Leben ausgesogen wird, das habe ich erfahren.«

Ciss sagte nichts mehr; was gab es auch dazu zu sagen?

Zwei Tage danach fanden sie Pauline tot im Bett. Sie hatte zuviel Veronal genommen, und das hatte ihr Herz nicht vertragen. Noch im Tode spielte sie ihrem Sohn und ihrer Nichte einen Streich: sie hinterließ ihm tausend Pfund, und Ciss hundert. Den Rest, mitsamt dem Bestand ihrer kostbaren Antiquitäten, bestimmte sie dazu, ein Museum zu gründen, das ihren Namen tragen sollte: das Pauline-Attenborough-Museum.

Wiedersehen mit Babylon

von F. Scott Fitzgerald

I

»Und wo ist Mr. Campbell?« fragte Charlie.

»In die Schweiz gefahren. Mr. Campbell ist ein schwerkranker Mann, Mr. Wales.«

»Traurige Nachrichten. Und George Hardt?« erkundigte sich Charlie.

»Wieder in Amerika, arbeiten.«

»Und wo ist Schneevogel?«

»Der war vorige Woche noch hier. Jedenfalls ist sein Freund, Mr. Schaeffer, in Paris.«

Zwei vertraute Namen aus der langen Liste von vor anderthalb Jahren. Charlie kritzelte eine Adresse in sein Notizbuch und riß das Blatt heraus.

»Geben Sie das Mr. Schaeffer, wenn Sie ihn sehen«, sagte er. »Es ist die Adresse meines Schwagers. Ich habe noch kein Zimmer.«

Er war nicht eigentlich enttäuscht, Paris so verlassen vorzufinden. Doch in der Ritz-Bar berührte ihn diese Stille seltsam und unheimlich. Das war keine amerikanische Bar mehr. Er kam sich so gesittet vor;

gar nicht, als wenn sie ihm gehöre. Sie gehörte wieder zu Frankreich. Das hatte er schon gespürt, als er aus dem Taxi stieg und sah, wie der Portier, der gewöhnlich zu dieser Stunde alle Hände voll zu tun hatte, am Personaleingang mit einem Hotelpagen schwatzte.

Als er durch den Korridor ging, hörte er nur eine einzige gelangweilte Stimme in dem einst so geräuschvollen Damensalon. In der Bar ging er die zehn Schritte über den grünen Teppich, wobei er nach alter Gewohnheit den Blick starr geradeaus richtete, und erst als er den Fuß sicher auf der Messingstange hatte, wandte er sich um und musterte den Raum. Dabei begegnete er nur einem einzigen Augenpaar, das in der Ecke hinter einer Zeitung auftauchte. Charlie fragte nach dem Chefmixer Paul, der in jenen Tagen der Hochkonjunktur stets in seinem eigenen Wagen zur Arbeit erschien, den er indessen taktvoll an der nächsten Ecke parkte. Aber Paul war gerade draußen in seinem Landhaus, und es war Alix, der Charlie Auskunft gab.

»Nein, nichts mehr«, sagte Charlie, »ich halte mich jetzt etwas zurück.«

Alix beglückwünschte ihn. »Noch vor ein paar Jahren waren Sie ganz schön in Form.«

»Ich will fest bleiben«, versicherte ihm Charlie. »Ich hab' mich jetzt schon über anderthalb Jahre daran gehalten.«

»Wie lebt sich's denn in Amerika?«

»Ich war seit Monaten nicht mehr drüben. Ich bin geschäftlich in Prag als Vertreter einiger Firmen. Dort unten weiß man nichts über mich.«

Alix lächelte.

»Wissen Sie noch, wie wir hier George Hardts Junggesellenabschied gefeiert haben?« sagte Charlie. »Was ist übrigens aus Claude Fessenden geworden?«

Alix senkte vertraulich die Stimme: »Er ist in Paris, kommt aber nicht mehr her. Paul will's nicht. Er hat's auf eine Rechnung von dreißigtausend Francs gebracht, ließ über ein Jahr lang jeden Drink, seinen Lunch und meistens auch noch das Dinner anschreiben, und als Paul ihn schließlich mahnte, gab er ihm einen ungedeckten Scheck.«

Alix schüttelte traurig den Kopf.

»Ich versteh's nicht – so ein eleganter Mann. Jetzt ist er ganz aufgeschwemmt, so –« Er deutete die Plumpheit durch eine entsprechende Geste an.

Charlie beobachtete ein paar Luxusdämchen, die sich geräuschvoll in einer Ecke niederließen.

›Die ficht nichts an‹, dachte er. ›Steigende oder fallende Kurse, Konjunktur oder Arbeitslosigkeit – die machen immer so weiter.‹ Das Lokal bedrückte ihn. Er knobelte mit Alix seinen Drink aus.

»Bleiben Sie länger, Mr. Wales?«

»Nur vier oder fünf Tage, um meine kleine Tochter zu besuchen.«

»Oh! Sie haben ein Töchterchen!«

Draußen schimmerten die glutroten, gasblauen und gespenstisch grünen Lichtreklamen trüb im Regendunst. Es ging auf den Abend, die Straßen waren belebt und die Bistros hell erleuchtet. An der Ecke des Boulevard des Capucines nahm er ein Taxi. Die Place de la Concorde glitt in rosigem Schimmer an ihm vorüber, dann die Seine in ihrem konsequenten Lauf, und mit einemmal kam Charlie der provinzielle Charakter des linken Seineufers zum Bewußtsein.

Charlie ließ sich zur Avenue de l'Opéra fahren, obwohl es ein Umweg war. Er wollte sehen, wie sich die Dämmerung der blauen Stunde auf die prächtige Fassade senkte, und sich vorstellen, die Autohupen, die unaufhörlich die ersten Takte von »Le plus que lent« ertönen ließen, seien die Fanfaren des Zweiten Kaiserreichs. An Brentanos Buchhandlung wurden gerade die eisernen Rolladen herabgelassen, und hinter der zierlich gestutzten Hecke bei Duval saßen die Leute schon beim Abendessen. Nie hatte er in Paris in einem wirklich billigen Restaurant gespeist: das Diner mit fünf Gängen zu vier Francs fünfzig (achtzehn Cents), Wein inbegriffen. Aus irgendeinem unerfindlichen Grunde bedauerte er das jetzt.

Als sie auf das linke Seineufer fuhren, das er plötzlich als provinziell empfand, dachte er: ›Ich habe mir diese Stadt selber verdorben. Ich merkte es nicht, aber die Tage gingen so hin, einer nach dem anderen, und dann waren es zwei Jahre und alles war hin – und ich selbst auch.‹

Er war fünfunddreißig und sah gut aus. Eine tiefe Falte zwischen den Augen brachte einen ernsten Zug in die irische Lebhaftigkeit seines Gesichts. Als er bei seinem Schwager in der Rue Palatine läutete, vertiefte sich diese Falte noch und zog seine Augenbrauen zusammen; er hatte ein krampfartiges Gefühl in der Magengegend. Hinter dem Dienstmädchen, das die Tür öffnete, schoß ein reizendes Mädelchen von neun Jahren hervor, schrie »Pappi!« und flog, zappelnd wie ein Fisch, in seine Arme. Sie zog seinen Kopf an einem Ohr herab und legte ihre Wange an seine.

»Mein Piepmatz«, sagte er.

»Oh, Pappi, Pappi, Pappi, Pappi, Papps, Papps, Papps!«

Sie zog ihn in den Salon, wo ihn die Familie: ein Junge und ein mit seiner Tochter gleichaltriges Mädchen, seine Schwägerin und ihr Mann erwarteten. Er begrüßte Marion, wobei er im Ton sorgfältig zwischen falscher Herzlichkeit und echter Abneigung die Mitte hielt, aber sie blieb noch deutlich reserviert, wenn sie auch ihren Ausdruck unveränderlichen Mißtrauens durch einen freundlichen Blick auf sein Töchterchen milderte. Die beiden Männer tauschten einen freundschaftlichen Händedruck, und Lincoln Peters legte seine Hand einen Augenblick auf Charlies Schulter.

Der Raum war geheizt und anheimelnd amerikanisch. Die drei Kinder bewegten sich ganz ungezwungen und dehnten ihre Spiele durch die hohen gelben Rechtecke der Türen auch in die anderen Zimmer aus. Das Knacken der Holzscheite im Kamin und die echt französischen Geräusche aus der Küche erzeugten eine typische Sechs-Uhr-Behaglichkeit. Aber Charlie entspannte sich nicht; er spürte sein Herz wie einen Stein in der Brust, und nur der Anblick seines Töchterchens, das sich, die mitgebrachte Puppe im Arm, von Zeit zu Zeit eng an ihn schmiegte, machte ihn etwas zuversichtlicher.

»Wirklich, ausnehmend gut«, antwortete er auf eine Frage von Lincoln. »Viele Unternehmen dort kommen nicht recht vom Fleck, doch bei uns geht's besser als je. Verdammt gut, tatsächlich. Nächsten Monat lass' ich meine Schwester aus Amerika herüberkommen, damit sie mir den Haushalt führt. Im letzten Jahr habe ich mehr verdient als früher mein Vermögen abwarf. Ja, die Tschechen –«

Er renommierte mit ganz bestimmter Absicht, aber als er einen leichten Unwillen in Lincolns Blick bemerkte, wechselte er sogleich das Thema.

»Ihr habt hübsche Kinder, so gesund und wohlerzogen.«

»Wir finden, Honoria ist auch ein Prachtstück.«

Marion Peters kam eben aus der Küche zurück. Sie

war eine große Erscheinung mit müde blickenden Augen. Einst hatte sie eine gewisse amerikanische Frische und Hübschheit besessen, aber nicht für Charlie, der jedesmal überrascht war zu hören, wie hübsch sie einmal gewesen sein sollte. Von Anfang an hatte zwischen ihnen eine instinktive Abneigung geherrscht.

»Nun, wie findest du Honoria?« fragte sie.

»Fabelhaft. Ich war ganz erstaunt, wie sie in den zehn Monaten gewachsen ist. Alle drei sehen glänzend aus.«

»Wir haben das ganze Jahr keinen Arzt gebraucht. Und wie fühlst du dich nun – wieder in Paris?«

»Es ist mir ganz komisch, so wenig Amerikaner zu sehen.«

»Gott sei Dank!« sagte Marion mit Nachdruck. »Jetzt kann man wenigstens in einen Laden gehen, ohne für einen Millionär gehalten zu werden. Wir haben viel durchgemacht, wie alle, aber im ganzen lebt sich's jetzt viel angenehmer.«

»Dennoch war es schön damals«, sagte Charlie. »Wir bildeten eine Art von Aristokratie, fast unantastbar und von einer magischen Aura umgeben. Heute nachmittag in der Bar« – er bemerkte seinen Fauxpas und stockte – »traf ich nicht einen einzigen Bekannten.«

Sie blickte ihn forschend an. »Ich dachte, du hättest genug von den Bars.«

»Habe nur eben hineingeschaut. Ich trinke nur einen Schnaps jeden Nachmittag, mehr nicht.«

»Möchtest du einen Cocktail vor dem Essen?« fragte Lincoln.

»Nein, nur einen am Nachmittag und den hatte ich schon.«

»Hoffentlich bleibst du dabei«, sagte Marion.

Durch die Kälte, mit der sie sprach, gab sie deutlich ihre Abneigung zu erkennen. Aber Charlie lächelte darüber; er hatte weiterreichende Pläne. Ihre aggressive Art war für ihn nur von Vorteil; er konnte warten. Sie wußten, weshalb er nach Paris gekommen war, und er wünschte, daß dieses Thema von ihnen angeschnitten würde.

Bei Tisch fragte er sich vergeblich, ob Honoria mehr ihm oder mehr ihrer Mutter gliche. Es war schon ein Glück, wenn sie nicht die Eigenschaften in sich vereinigte, an denen sie beide gescheitert waren. Das Gefühl, sie beschützen zu müssen, wallte stark in ihm empor; er meinte zu wissen, was ihr not tat. Er glaubte fest an den Charakter und wollte sich, eine ganze Generation überspringend, wieder auf ihn als das einzig Wertvolle im Menschen verlassen. Alles andere nutzte sich ab.

Bald nach dem Abendessen brach er auf, aber nicht, um nach Hause zu gehen. Er war gespannt, Paris bei Nacht einmal mit nüchterneren und kritischeren Augen zu sehen als in jenen Tagen. Er nahm sich einen Klappsitz im Casino de Paris und sah sich Josephine Baker in ihren schokoladebraunen Arabesken an.

Er blieb nur eine Stunde; dann schlenderte er in Richtung Montmartre die Rue Pigalle hinauf bis zur Place Blanche. Der Regen hatte aufgehört. Man sah nur wenige Leute in Smoking und Abendkleid, die vor den Cabarets aus dem Taxi stiegen, ein paar Kokotten, die einzeln oder paarweise umherstrichen, und viele Neger. Eine erleuchtete Tür, aus der ihm Musik entgegenschlug, kam ihm vertraut vor, und er blieb stehen. Es war Bricktops Bar, wo er viele Stunden verbracht und viel Geld gelassen hatte. Ein paar Türen weiter fand er ein anderes Stammlokal und steckte unvorsichtigerweise den Kopf hinein. Sogleich entfaltete das Orchester einen gewaltigen Lärm, ein paar Tanzmädchen sprangen auf, und ein Geschäftsführer schoß mit dem Ruf »Gleich wird hier Hochbetrieb sein, Sir!« auf ihn los. Aber er zog sich schleunigst zurück.

›Da müßte ich verdammt blau sein‹, dachte er.

Zelli hatte geschlossen, und die billigen zweifelhaften Hotels in der Nachbarschaft waren dunkel. Weiter oben in der Rue Blanche war es heller und von Einheimischen bevölkert, die sich lebhaft unterhielten. Der Literatenkeller war verschwunden, aber das Himmels- und das Höllen-Café gähnten einem immer noch weit geöffnet entgegen und verschluckten sogar, während er noch dastand, die spärlichen Insassen eines Touristenomnibusses: ein deutsches, ein japanisches und ein amerikanisches Paar, die ihn aus erschreckten Augen anstarrten.

Genug von der erfinderischen Betriebsamkeit auf Montmartre. Diese ganze Versorgungsindustrie mit Laster und Amüsement hatte etwas ungemein Kindisches. Plötzlich wurde ihm die Bedeutung des Wortes »Zerstreuung« klar – sich zerstreuen, sich verflüchtigen, verdunsten; aus Etwas ein Nichts machen. In den späten Nachtstunden war jeder Lokalwechsel ein gewaltiger Entschluß, ein gesteigerter Geldaufwand für den Vorzug eines Minimums an eigener Bewegung. Er erinnerte sich: Tausendfrancscheine für die Musik, nur damit sie einen bestimmten Schlager spielte; hundert Francs für den Portier, damit er ein Taxi herbeipfiff.

Und doch waren alle diese Gelder nicht umsonst ausgegeben worden.

Noch die sinnlosest vergeudete Summe war eine Opfergabe an das Schicksal gewesen dafür, daß er nicht an die Dinge erinnert würde, auf die es allein ankam und die er nun nie mehr vergessen würde – sein Kind, das ihm entzogen worden war, und sein Weib, das sich in ein Grab nach Vermont geflüchtet hatte.

Im grellen Lichtschein einer Brasserie sprach ihn eine Frau an. Er bestellte ihr ein paar Eier und einen

Kaffee, schenkte ihr, ohne auf ihre einladenden Blicke einzugehen, einen Zwanzigfrancschein und fuhr mit einem Taxi in sein Hotel.

11

Es war ein herrlicher Herbsttag, als er aufwachte – Fußballwetter. Seine gedrückte Stimmung von gestern war verflogen; er fand alle Leute auf den Straßen nett. Mittags saß er Honoria im Grand Vatel gegenüber, dem einzigen Restaurant, das ihn nicht an Sektgelage erinnerte und an ausgedehnte Frühstücke, die um zwei begannen und erst im verwaschenen ungewissen Dämmer des nächsten Morgens endeten.

»Nun, wie wär's mit Gemüse? Würde dir nicht etwas Gemüse guttun?«

»Hm, ja.«

»Hier steht Spinat, Blumenkohl, Karotten und grüne Bohnen.«

»Ich möchte Spinat.«

»Vielleicht willst du zwei Gemüse haben?«

»Ich bekomme immer nur eins mittags.«

Der Kellner tat so, als sei er ganz besonders kinderlieb. »Qu'elle est mignonne la petite! Elle parle exactement comme une Française.«

»Und Nachtisch? Sollen wir erst mal abwarten?«

Der Kellner entschwand. Honoria sah ihren Vater erwartungsvoll an.

»Was werden wir unternehmen?«

»Zuerst geh'n wir in den Laden in der Rue Saint-Honoré und kaufen dir alles, was du willst. Und dann gehen wir ins Vaudeville im Empire.«

Sie zögerte. »Vaudeville ist sehr schön. Aber nicht der Spielzeugladen.«

»Wieso nicht?«

»Du hast mir doch schon die Puppe mitgebracht.« Sie hatte sie bei sich. »Und ich habe einen Haufen Spielsachen. Wir sind doch nicht mehr reich, nicht wahr?«

»Nie gewesen. Aber heute soll dir jeder Wunsch erfüllt werden.«

»Ja«, stimmte sie ergeben zu.

Als ihre Mutter noch lebte und sie eine französische Bonne hatten, war er eher streng gewesen. Jetzt weitete er sein Herz und bemühte sich um eine neue Art von Großzügigkeit. Er mußte ihr Vater und Mutter in einem sein und durfte die Beziehung in keiner Hinsicht verkümmern lassen.

»Ich möchte Sie gerne kennenlernen«, sagte er feierlich. »Zunächst, gestatten Sie, daß ich mich vorstelle. Ich heiße Charles J. Wales, aus Prag.«

»Oh, Pappi!« Ihre Stimme überschlug sich vor Lachen.

»Und wer sind Sie, bitte?« fuhr er ungerührt fort, und sie fand sich sogleich in die Rolle: »Honoria Wales, Rue Palatine, Paris.«

»Verheiratet oder leben Sie allein?«

»Nein, nicht verheiratet. Allein.«

Er zeigte auf die Puppe. »Doch wie ich sehe, haben Sie ein Kind, Madame.«

Sie wollte es nicht verleugnen, drückte es an ihr Herz und dachte rasch nach: »Ja, ich war verheiratet, aber jetzt nicht mehr. Mein Mann ist gestorben.«

Er ging schnell darüber hinweg. »Und wie heißt Ihr Kind?«

»Simone. Nach meiner besten Schulfreundin.«

»Fein, daß du in der Schule so gut vorankommst.«

»Diesen Monat bin ich dritte.« Sie fühlte sich. »Elsie« – das war ihre Cousine – »ist nur etwa achtzehnte, und Richard steht ganz unten.«

»Du liebst doch Richard und Elsie, oder?«

»O ja. Richard mag ich sehr gern und sie auch.«

Vorsichtig fragte er so nebenbei: »Und Tante Marion und Onkel Lincoln – wen magst du lieber?«

»Oh, ich glaube Onkel Lincoln.«

Er wurde sich mehr und mehr ihrer kleinen Person bewußt. Schon als sie das Lokal betraten, hatte man allgemein geraunt: »Himmlisch!« Die Leute am Nebentisch beschäftigten sich in jeder Gesprächspause mit ihnen und starrten das Kind an, als wenn es dafür ebenso unempfindlich sei wie irgendeine Blume.

»Warum wohne ich eigentlich nicht bei dir?« fragte sie plötzlich. »Weil Mama tot ist?«

»Du mußt noch hierbleiben und mehr Französisch lernen. Pappi hätte nicht so gut für dich sorgen können.«

»Um mich braucht sich niemand mehr besonders zu kümmern. Ich bin schon ganz selbständig.«

Als sie das Restaurant verlassen wollten, begrüßten ihn unerwartet ein Mann und eine Frau mit großem Hallo.

»Sieh da, der alte Wales!«

»Hallo, Lorraine ... Dunc.«

Plötzlich wiedererstandene Geister der Vergangenheit: Duncan Schaeffer, ein Studienfreund, und Lorraine Quarrles, eine hellblonde Dreißigerin, eine von den vielen, die vor drei Jahren dazu beigetragen hatten, daß ihnen in dem übermütigen Jubel und Trubel die Monate im Fluge vergingen.

»Mein Mann konnte dieses Jahr nicht kommen«, sagte sie auf seine Frage. »Wir sind arm wie Kirchenmäuse. Also gibt er mir zweihundert im Monat und sagt, die darf ich verjuxen ... Ist das Ihr Töchterlein?«

»Wie wär's, setzen wir uns noch mal?« fragte Duncan.

»Kann nicht.« Er war froh, eine Entschuldigung zu haben. Lorraine war mit ihrem herausfordernden

Temperament anziehend wie nur je, aber sein Leben hatte jetzt einen anderen Rhythmus.

»Schön, aber zum Abendessen«, fragte sie.

»Ich bin nicht frei. Gebt mir eure Adresse, ich werde euch anrufen.«

»Charlie, ich glaube, Sie sind nüchtern«, sagte sie nach einem kritischen Blick. »Im Ernst, er ist nüchtern, Dunc. Kneif ihn und stell fest, ob er nüchtern ist.«

Charlie wies mit einer Kopfbewegung auf Honoria. Die beiden lachten.

»Wo wohnst du?« fragte Duncan argwöhnisch.

Er zögerte und wollte den Namen seines Hotels nicht preisgeben.

»Habe noch keine feste Wohnung. Besser, ich ruf' euch an. Wir gehen jetzt zum Vaudeville ins Empire.«

»Eine Idee! Genau das will ich auch«, sagte Lorraine. »Ich möchte mal wieder Clowns und Akrobaten sehen. Da wollen wir hin, Dunc.«

»Wir müssen noch einen kleinen Umweg machen«, sagte Charlie. »Vielleicht treffen wir euch dort.«

»Abgemacht, Sie kleiner Snob ... Wiedersehn, du reizendes Kind.«

»Auf Wiedersehen.« Honoria knickste höflich.

Eine irgendwie unerfreuliche Begegnung. Sie klammerten sich an ihn, weil er gut in Form war und so seriös; sie wollten mit ihm zusammen sein, weil er ihnen augenblicklich überlegen war, weil sie sich an seiner Stärke emporranken wollten.

Im Empire weigerte sich Honoria stolz, auf dem zusammengelegten Mantel des Vaters erhöht zu sitzen. Sie war schon ein kleiner Charakter mit eigenen Grundsätzen, und Charlies Verlangen konzentrierte sich mehr und mehr darauf, ihr etwas von seinem Wesen einzupflanzen, bevor sie sich ganz gefestigt hätte. Aber es war unmöglich, sie in so kurzer Zeit ganz kennenzulernen.

In der Pause stießen sie im Foyer, wo die Musik spielte, auf Duncan und Lorraine.

»Trinken wir einen?«

»Ja, aber nicht an der Bar. An einem Tisch.«

»Der mustergültige Vater!«

Während Charlie geistesabwesend Lorraine zuhörte, beobachtete er, wie Honorias Augen abschweiften; er folgte bekümmert ihrem Blick und fragte sich, was sie wohl so interessiere. Dann trafen sich ihre Augen, und sie lächelte.

»Die Limonade war gut«, sagte sie.

Was war das? Was hatte er anderes erwartet? Später auf der Heimfahrt im Taxi zog er sie an sich, bis ihr Köpfchen an seiner Brust lag.

»Mein Liebling, denkst du auch immer an deine Mutter?«

»Ja, manchmal«, antwortete sie vage.

»Ich möchte nicht, daß du sie vergißt. Hast du ein Bild von ihr?«

»Ich glaube, ja. Auf alle Fälle hat Tante Marion eins. Warum soll ich sie nicht vergessen?«

»Weil sie dich sehr geliebt hat.«

»Ich habe sie auch liebgehabt.«

Sie schwiegen eine Weile.

»Pappi, ich möchte mitkommen und bei dir wohnen«, sagte sie plötzlich.

Sein Herz tat einen Sprung; genau so hatte er es sich gewünscht.

»Bist du denn nicht ganz glücklich?«

»Doch, aber ich hab' dich lieber als irgend jemand sonst. Und du liebst mich von allen am meisten, nicht wahr, jetzt wo doch Mammi tot ist?«

»Natürlich, aber du wirst mich nicht immer am liebsten haben, mein Süßes. Du wirst einmal erwachsen sein und einem begegnen, der so alt ist wie du, und wirst ihn heiraten und deinen Pappi ganz vergessen.«

»Ja, das stimmt«, meinte sie ergeben.

Er ging nicht mit hinein. Er wollte um neun zurückkommen und bis dahin für die bevorstehende Auseinandersetzung frisch bleiben.

»Wenn du gut oben bist, zeig dich am Fenster.«

»Schön. Wiedersehn Paps, Paps, Paps, Paps.«

Er wartete auf der dunklen Straße, bis sie oben am

Fenster erschien, warm mit glühenden Bäckchen, und ihm kleine Handküsse in die Nacht zuwarf.

III

Sie warteten auf ihn. Marion hatte den Servierwagen mit den Kaffeetassen vor sich; sie trug ein dezentes schwarzes Abendkleid, um gerade noch anzudeuten, daß man in Trauer war. Lincoln ging heftig auf und ab wie jemand, der schon sein Teil gesagt hat. Offenbar eilte es ihnen ebenso wie ihm selbst, zur Sache zu kommen. Also begann er fast unverzüglich damit.

»Ich nehme an, ihr kennt den Grund meines Besuchs – weshalb ich überhaupt nach Paris gekommen bin.«

Marion spielte stirnrunzelnd an ihrer schwarzen Halskette.

»Es liegt mir sehr daran, ein eigenes Heim zu haben«, fuhr er fort, »und es liegt mir vor allem daran, Honoria bei mir zu haben. Ich würdige durchaus, daß ihr Honoria um ihrer Mutter willen zu euch genommen habt, aber inzwischen haben die Verhältnisse sich gewandelt« – er zögerte und dann dringlicher – »gründlich gewandelt, was mich betrifft, so daß ich euch bitten möchte, eure Ansichten zu revidieren. Es wäre töricht von mir zu leugnen, daß ich mich vor drei Jahren schlecht benommen habe –«

Marion blickte auf und sah ihn aus harten Augen an.

»– doch das ist nun vorbei. Ich sagte euch schon: seit mehr als einem Jahr habe ich nur einen Schnaps pro Tag getrunken und tue das ganz bewußt, damit der Gedanke an den Alkohol in mir nicht aufkommen kann. Versteht ihr?«

»Nein«, war Marions bündige Antwort.

»Es ist eine Art von Gewaltkur, die ich mir auferlege. Sie hält mich im Gleichgewicht.«

»Ich sehe wohl«, sagte Lincoln, »du willst nicht, daß es wieder irgendeine Macht über dich gewinnt.«

»So ungefähr. Manchmal vergess' ich's und trinke keinen. Aber ich zwinge mich dazu. Übrigens kann ich es mir in meiner Stellung ohnehin nicht leisten zu trinken. Meine Firma ist mit meinen Erfolgen mehr als zufrieden; ich werde meine Schwester von Burlington herüberkommen lassen, damit sie mir den Haushalt führt, und ich brenne darauf, auch Honoria bei mir zu haben. Ihr wißt, daß ihre Mutter und ich, wenn wir schlecht miteinander standen, die Dinge nie an Honoria herankommen ließen. Ich bin ihrer Liebe sicher und weiß, daß ich für sie sorgen kann, und – genug, das ist's. Wie denkt ihr nun darüber?«

Er wußte, daß er nun allerlei würde einstecken müssen. Es würde eine oder zwei Stunden dauern und nicht leicht sein. Wenn er sich aber bezwang, nicht aufzubegehren, und sich den geläuterten Anstrich des reuigen Sünders gab, konnte er wohl am Ende seinen Willen durchsetzen.

Ruhig Blut, sagte er sich. Ich will ja nicht recht bekommen, ich will Honoria.

Lincoln sprach als erster:

»Wir haben die Sache immer wieder beredet, seitdem wir vorigen Monat deinen Brief bekamen. Wir sind glücklich, Honoria bei uns zu haben. Sie ist ein liebes kleines Ding, und wir sind froh, sie weiterbringen zu können, aber darum handelt sich's natürlich nicht –«

Marion unterbrach ihn plötzlich. »Wie lange willst du denn nun vernünftig bleiben, Charlie?« fragte sie.

»Für immer, hoffe ich.«

»Und wie soll man sich darauf verlassen?«

»Ich war nie ein starker Trinker, wie ihr wißt, bis ich meine geschäftliche Tätigkeit aufgab und hier herüber kam, ohne richtige Beschäftigung. Da erst fingen Helen und ich an herumzubummeln mit –«

»Laß gefälligst Helen aus dem Spiel. Ich ertrag's nicht, daß du so von ihr sprichst.«

Er starrte sie finster an; er war sich nie darüber klar gewesen, wie nahe sich eigentlich die Schwestern im Leben gestanden hatten.

»Meine Trinkerei dauerte alles in allem nur anderthalb Jahre – von dem Zeitpunkt, da wir herüberkamen, bis zu meinem – Kollaps.«

»Lange genug.«

»Ja, lange genug«, gab er zu.

»Ich fühle mich ausschließlich Helen verpflichtet«, sagte sie, »und ich versuche immer nur in ihrem Sinne zu handeln. Denn – rundheraus – seit der Nacht, da du dich so abscheulich benahmst, hast du für mich nicht mehr existiert. Ich kann nicht dagegen an. Sie war meine Schwester.«

»Ja.«

»Als sie im Sterben lag, bat sie mich, ein Auge auf Honoria zu haben. Wenn du damals nicht im Sanatorium gewesen wärst, hätte manches leichter sein können.«

Darauf wußte er nichts zu antworten.

»Nie im Leben werde ich jenen Morgen vergessen, als Helen, schlotternd und bis auf die Haut durchnäßt, bei mir erschien und sagte, du habest sie ausgeschlossen.«

Charlie umklammerte die Sessellehne. So schwierig hatte er sich die Sache nicht vorgestellt. Er wollte zu einer langen, umständlichen Erklärung ausholen, aber er sagte nur: »In jener Nacht, als ich sie ausschloß –« und schon unterbrach sie ihn: »Ich fühle mich nicht imstande, das alles noch einmal zu erörtern.«

Nach kurzem Schweigen sagte Lincoln: »Wir kommen vom Thema ab. Du möchtest doch, daß Marion ihre gesetzliche Vormundschaft aufgibt und dir Honoria wieder überläßt. Also kommt es, denke ich, darauf an, ob sie Vertrauen zu dir hat oder nicht.«

»Ich mache Marion keinen Vorwurf«, sagte Charlie langsam, »aber ich glaube, sie kann volles Vertrauen zu mir haben. Bis vor drei Jahren hatte ich einen tadellosen Ruf. Natürlich liegt es im Bereich des Menschenmöglichen, daß ich irgendwann einmal wieder versage. Wenn wir aber noch lange warten, geht mir Honorias Kindheit verloren und damit auch jede Hoffnung auf ein eigenes Heim.« Er schüttelte heftig den Kopf. »Ich verliere sie einfach, begreift ihr das denn nicht?«

»Ja, ich verstehe«, sagte Lincoln.

»Warum hast du dir darüber nicht früher Gedanken gemacht?« fragte Marion.

»Das habe ich sogar manchmal, aber Helen und ich standen damals zu schlecht miteinander. Als ich meine Zustimmung zu der Vormundschaft gab, lag ich im Sanatorium fest; außerdem war ich an der Börse total ausgenommen worden. Ich sah ein, daß ich schlecht an Helen gehandelt hatte, und war bereit, allem zuzustimmen, was sie nur irgendwie beruhigen könnte. Heute aber ist die Situation ganz anders. Ich bin wieder in Ordnung, ich benehme mich anständig, verdammt noch mal, soweit man –«

»Ich verbitte mir dein Fluchen«, sagte Marion.

Er sah sie entgeistert an. Mit jedem Wort trat ihre feindselige Haltung deutlicher zutage. Sie hatte ihre ganze Lebensangst wie einen Wall aufgetürmt und als Abwehrfront gegen ihn gerichtet. Den lächerlichen Verweis wegen des Fluchens verdankte er wahrscheinlich nur dem Umstand, daß sie sich vorhin über die Köchin geärgert hatte. Der Gedanke, Honoria in dieser ihm feindlichen Atmosphäre zu lassen, beunruhigte Charlie mehr und mehr. Früher oder später würde sich das gegen ihn auswirken – ein anzügliches Wort, ein Kopfschütteln, und schon würde etwas von diesem Mißtrauen sich unwiderruflich in Honoria festsetzen. Dennoch hielt er an sich und verriet seinen Unmut mit keiner Miene. Er konnte ein Plus buchen; denn Lincoln, der die Albernheit von Marions Bemerkung empfand, fragte sie leichthin, seit wann sie etwas gegen das Wörtchen »verdammt« habe.

»Es kommt hinzu«, sagte Charlie, »daß ich jetzt in der Lage bin, ihr mancherlei zu bieten. Ich nehme eine französische Gouvernante mit nach Prag; außerdem habe ich eine neue Wohnung –«

Er merkte seinen Fehler und verstummte. Die Tatsache, daß er schon wieder doppelt so viel verdiente wie sie, mußte sie verstimmen.

»Ich glaub' schon, daß du ihr mehr Luxus bieten kannst als wir«, sagte Marion. »Als du damals das

Geld nur so zum Fenster rauswarfst, mußten wir jeden Zehnfrancschein umdrehen ... Wahrscheinlich bist du bald wieder so weit.«

»O nein«, sagte er. »Ich bin jetzt klug geworden. Ihr wißt, ich habe zehn Jahre schwer gearbeitet – bis ich, wie so viele, an der Börse Glück hatte. Unverschämtes Glück. Das kommt nicht wieder.«

Es trat eine lange Pause ein. Sie fühlten alle drei, wie ihre Nerven zum Zerreißen gespannt waren, und zum erstenmal seit einem Jahr hatte Charlie das dringende Bedürfnis nach einem Schnaps. Kein Zweifel: Lincoln Peters wollte, daß er sein Kind wiederbekäme.

Marion begann plötzlich zu zittern; etwas in ihr erkannte, daß Charlie jetzt mit beiden Füßen fest auf der Erde stand, und in ihrem mütterlichen Gefühl mußte sie zugeben, daß sein Wunsch nur natürlich war. Aber zu lange hatte sie ein Vorurteil mit sich herumgetragen – ein Vorurteil, das in einem merkwürdigen Mißtrauen gegen das Lebensglück ihrer Schwester wurzelte und das sich, unter dem Schock jener entsetzlichen Nacht, in Haß gegen ihn verwandelte. Jene Ereignisse hatten sie zu einem Zeitpunkt getroffen, als sie von Krankheit und anderen widrigen Lebensumständen niedergedrückt war und ihre Zwangsvorstellung von der Gemeinheit der Welt geradezu persönliche Gestalt annahm.

»Ich kann gegen meine Gefühle nicht an!« rief sie plötzlich unter Tränen. »Wieweit du für Helens Tod verantwortlich bist, weiß ich nicht. Das mußt du mit deinem eigenen Gewissen ausmachen.«

Es traf ihn wie ein tödlicher elektrischer Schlag. Fast wäre er aufgesprungen mit einem unartikulierten Laut in der Kehle. Dann hielt er sich mühsam einen Augenblick und länger.

»Nun aber genug«, sagte Lincoln peinlich berührt. »Der Gedanke, daß du daran schuld sein könntest, ist mir nie gekommen.«

»Helen starb an einem Herzleiden«, sagte Charlie einfältig.

»Allerdings, an einem Herzleiden.«

Marion sagte das so, als habe der Satz für sie eine andere Bedeutung.

In der Ernüchterung, die ihrem Ausbruch folgte, erkannte sie jetzt klar, daß er irgendwie Herr der Lage geworden war. Vergeblich blickte sie ihren Gatten noch einmal hilfesuchend an und gab dann so plötzlich, als messe sie der Sache überhaupt keine Bedeutung bei, den Kampf auf.

»Macht was ihr wollt!« rief sie schluchzend und sprang auf. »Es ist schließlich dein Kind, und ich denke nicht daran, mich dir in den Weg zu stellen. Wenn es sich um mein Kind handelte, dann würde ich lieber –« Sie beherrschte sich mühsam. »Macht ihr das untereinander ab. Ich kann nicht mehr. Mir ist ganz schlecht. Ich gehe zu Bett.«

Damit rannte sie aus dem Zimmer.

Nach einer Weile sagte Lincoln: »Das war ein schwerer Tag für sie. Du kennst ihre strengen Grundsätze –« Es klang fast wie eine Entschuldigung. »Wenn Frauen sich einmal in etwas verrannt haben...«

»Natürlich, ich verstehe.«

»Es kommt schon alles in Ordnung. Ich glaube, sie sieht jetzt ein, daß du für das Kind – aufkommen kannst. Wir können dir nicht gut länger im Wege stehen oder Honoria im Wege stehen.«

»Ich danke dir, Lincoln.«

»Besser ich geh' jetzt und sehe nach ihr.«

»Ich will auch gehen.«

Unten auf der Straße zitterte er noch vor Erregung, aber der Gang die Rue Bonaparte hinab zum Seineufer gab ihm sein Gleichgewicht wieder, und als er über den Fluß ging und den freundlichen Schein der Laternen auf den Quais sah, frohlockte er innerlich. Wieder in seinem Hotelzimmer, konnte er keinen Schlaf finden. Helens Bild verfolgte ihn. Helen, die er so sehr geliebt hatte, bis sie beide törichterweise angefangen hatten, diese Liebe mit Füßen zu treten und sie kaputt zu machen. An jenem entsetzlichen Abend im Februar, der Marion so lebhaft vor Augen stand, hatten sie sich stundenlang gezankt und zermürbt. Im Florida hatte es eine Szene gegeben; danach hatte er versucht, sie zum Nachhausegehen zu bewegen, und dann hatte sie den jungen Webb am Tisch geküßt, und dann folgte ihr hysterischer Ausbruch. Als er allein nach Hause kam, hatte er in wilder Wut die Tür zugesperrt. Wie konnte er ahnen, daß sie eine Stunde später ganz allein heimkommen würde, daß sie dann in einem Schneesturm in ihren Tanzpantöffelchen ziellos umherirrte, ganz verstört und unfähig, sich ein Taxi zu nehmen? Und dann das Nachspiel, wie sie nur durch ein Wunder eine Lungenentzündung überstand, und all das Schreckliche, was nun mal dazugehört. Sie hatten sich wieder »ausgesöhnt«, aber das war nur der Anfang vom Ende, und Marion, die das aus nächster Nähe miterlebt hatte und darin nur eine Etappe aus dem langen Ehe-Martyrium ihrer Schwester erblickte, war darüber nicht hinweggekommen.

Sein Grübeln darüber brachte ihm Helen wieder ganz nahe. In dem bleichen, milden Licht, das einen immer gegen Morgen im Halbschlaf überrascht, hielt er mit ihr Zwiesprache. Sie sagte, er habe Honorias wegen vollkommen recht; es sei auch ihr Wunsch, daß Honoria wieder zu ihm zurückkehre. Sie freue sich über seine Besserung und über sein Vorwärtskommen. Sie sagte noch vieles andere – lauter Freundliches, aber sie saß in einem weißen Gewand auf einer Schaukel und schwang immer schneller hin und her, so daß er am Ende nicht mehr genau verstehen konnte, was sie sagte.

IV

Beim Aufstehen fühlte er sich glücklich. Das Tor zur Welt stand ihm wieder offen. Er faßte Vorsätze, entwarf Pläne und malte sich seine und Honorias Zukunft aus. Doch plötzlich wurde er wieder schwermütig, als ihm all die Pläne einfielen, die er und Helen gemeinsam geschmiedet hatten. Ihr Tod war darin nicht vorgesehen. Jetzt forderte die Gegenwart ihr Recht – arbeiten hieß es und jemand liebhaben. Doch nicht zu sehr, denn er wußte, wie schädlich es sein kann, wenn ein Vater die Tochter oder eine Mutter den Sohn zu fest an sich bindet: solche Kinder suchen später im Leben beim Ehepartner die gleiche blinde Zärtlichkeit, werden vermutlich darin enttäuscht und fassen einen Widerwillen gegen Liebe und Leben.

Wieder war es ein frischer, strahlender Tag. Er rief Lincoln Peters in der Bank an, wo er arbeitete, und fragte ihn, ob er nun damit rechnen könne, Honoria bei seiner Abreise mit nach Prag zu nehmen. Lincoln stimmte zu, es bestehe kein Grund, die Sache aufzuschieben. Nur eins – die gesetzliche Vormundschaft. Marion wünschte sie noch eine Zeitlang aufrechtzuerhalten. Die ganze Angelegenheit regte sie maßlos auf, und das Bewußtsein, auf ein weiteres Jahr die Dinge formell in der Hand zu behalten, würde ihr den Entschluß erleichtern. Charlie fügte sich, er wollte sein leibhaftiges Kind haben, nichts weiter.

Die Frage der Gouvernante war zu lösen. Charlie saß in einem düsteren Vermittlungsbüro und sprach mit einer verschrobenen Person aus dem Béarnais und mit einer derben bretonischen Bäurin, die er beide nie und nimmer hätte um sich haben mögen. Andere wollten sich am nächsten Tage vorstellen.

Er frühstückte mit Lincoln Peters bei Griffon und versuchte, sich seinen Triumph nicht anmerken zu lassen.

»Es geht eben nichts über das eigene Kind«, sagte Lincoln. »Doch du mußt auch Marions Gefühle verstehen.«

»Sie vergißt, daß ich sieben Jahre lang hart gearbeitet habe«, sagte Charlie. »Sie denkt immer nur an die eine Nacht.«

»Noch was anderes.« Lincoln zögerte. »Während ihr, du und Helen, in Saus und Braus Europa durchstreiftet, hatten wir nur gerade unser Auskommen. Von der Hausse habe ich nichts gehabt, weil es bei mir nur dazu reichte, meine Lebensversicherung weiterzuführen. Ich glaube, Marion sieht darin eine Art von Ungerechtigkeit – daß du schließlich überhaupt nicht mehr arbeitetest und dabei immer reicher wurdest.«

»Das zerrann ebenso schnell, wie es gekommen war«, sagte Charlie.

»Ja, und das meiste davon rann in die offenen Hände von Hotelpagen, Saxophonisten und Oberkellnern – na, der Rummel ist ja nun vorbei. Ich habe das auch nur gesagt, um dir zu erklären, wie Marion über jene verrückte Zeit denkt. Wenn du heute abend gegen sechs vorbeikommst, ehe Marion zu müde ist, können wir die Einzelheiten sofort regeln.«

Im Hotel fand Charlie einen Rohrpostbrief vor, der aus der Ritz-Bar an ihn geschickt war. Dort hatte er ja seine Adresse hinterlassen, um für einen gewissen Mann erreichbar zu sein.

»Lieber Charlie, als wir uns gestern trafen, warst Du so sonderbar, daß ich mich schon fragte, ob ich Dich irgendwie beleidigt haben könnte. Wenn ja, dann ist es jedenfalls ohne alle Absicht geschehen. Im Gegenteil: ich habe das ganze Jahr über soo viel an Dich denken müssen und spürte im Unterbewußtsein, daß ich Dich womöglich hier wiedersehen würde. Was haben wir doch für Spaß gehabt in jenem tollen Frühling, zum Beispiel die Nacht, als wir vom Fleischer das Dreirad stahlen, oder als wir mit dem Präsidenten der Republik telefonieren wollten, und Du hattest immer den alten Homburg auf und Dein drahtiges Rohrstöckchen. In letzter Zeit scheint mir alle Welt gealtert, aber ich fühle mich nicht die Spur alt. Können wir heute nicht ein bißchen zusammensein und von vergangenen Tagen schwärmen? Im Augenblick bin ich gräßlich verkatert, doch am Nachmittag wird's besser sein; dann will ich in dem Ritzladen nach Dir Ausschau halten.

Immer die Deine

Lorraine.«

Seine erste Reaktion war ein ehrfürchtiges Staunen, daß er tatsächlich als erwachsener Mann ein Dreirad gestohlen hatte und mit Lorraine in später Nachtstunde rund um den Etoile geradelt war. Jetzt nahm sich das wie ein Alptraum aus. Daß er Helen ausgesperrt hatte, paßte so gar nicht zu seinem sonstigen Leben, aber die Geschichte mit dem Dreirad durchaus – sie war nur eins von vielen ähnlichen Abenteuern. Wie viele durchbummelte Wochen oder Monate waren nötig gewesen, um jenes äußerste Stadium unverantwortlichen Leichtsinns zu erreichen!

Er versuchte, sich auszumalen, wie Lorraine ihm damals erschienen war – zweifellos sehr anziehend. Helen war darüber unglücklich gewesen, wenn sie auch nichts gesagt hatte. Doch gestern in dem Restaurant kam sie ihm schal, abgewirtschaftet und verlebt vor. Er wollte sie um keinen Preis sehen und war erleichtert, daß Alix ihr nicht seine Hoteladresse gegeben hatte. Wie tröstlich dagegen, an Honoria zu denken, an Sonntage mit ihr, ans Gutenmorgensagen und das Gefühl, sie nachts im Hause zu wissen mit ihren kleinen Atemzügen im dunklen Zimmer.

Um fünf nahm er ein Taxi und kaufte Geschenke für die ganze Familie Peters – eine aparte Stoffpuppe, eine Schachtel Bleisoldaten, Blumen für Marion und für Lincoln große leinene Taschentücher.

Bei seiner Ankunft spürte er sogleich, daß Marion sich in das Unvermeidliche gefügt hatte. Sie begrüßte ihn eher wie ein etwas schwieriges Familienmitglied und nicht wie einen unheimlichen Eindringling. Honoria war schon informiert, und Charlie stellte mit Befriedigung fest, daß sie ihr überschwengliches Glück taktvoll zu verbergen wußte. Erst als sie auf seinem Schoß saß, gab sie flüsternd ihrer Freude Ausdruck und fragte: »Wann?« Danach schlüpfte sie mit den beiden anderen hinaus.

Einen Augenblick war er mit Marion allein im Zimmer. Einem plötzlichen Impuls folgend, warf er sich etwas in die Brust und sagte:

»Familienzwist ist eine bittere Sache. Er verläuft nicht nach irgendwelchen Regeln. Nicht wie Wunden oder Schmerzen, die vorübergehen, ist er, sondern mehr wie ein klaffender Riß in der Haut, der nicht heilen will, weil nicht genug Haut nachwächst. Ich wünschte, wir beide stünden besser miteinander.«

»Über manches kommt man schwer hinweg«, antwortete sie. »Es ist eine Frage des Vertrauens.« Darauf war nichts zu sagen, und so fragte sie: »Wann gedenkst du sie von hier mitzunehmen?«

»Sobald ich eine Gouvernante habe. Ich hoffe übermorgen.«

»Nein, unmöglich. Ich muß erst noch ihre Sachen in Ordnung bringen. Vor Sonnabend geht's nicht.«

Er gab nach. Dann kam Lincoln wieder ins Zimmer und bot ihm einen Drink an.

»Gut, meinen täglichen Whisky«, sagte er.

Es war warm und gemütlich, ein richtiges Heim, und die Familie am Kaminfeuer versammelt. Die Kinder fühlten sich wohlgeborgen und wichtiggenommen; Mutter und Vater waren verläßlich und gaben auf sie acht. Gemessen an dem Wohl und Wehe der Kinder war sein Besuch nur von zweitrangiger Bedeutung, und die Verabfolgung eines Löffels Medizin war im Grunde wichtiger als die gespannten Beziehungen zwischen Marion und ihm. Sie waren wohl keine Spießer, aber das tägliche Einerlei und die Umstände beanspruchten sie ganz und gar. Er überlegte, ob er nicht etwas tun könne, damit Lincoln aus seinem Trott als Bankangestellter herauskäme.

Ein langes Klingeln an der Haustür; das Dienstmädchen ging durchs Zimmer und hinaus in den Korridor. Auf ein neues anhaltendes Klingeln wurde die Tür geöffnet, man hörte Stimmen, und die drei im Salon blickten erwartungsvoll auf. Richard versuchte, in den Korridor zu lugen, und Marion erhob sich. Dann kam das Mädchen zurück und gleich hinter ihr die Stimmen, die sich bei Licht als die von Duncan Schaeffer und Lorraine Quarrles entpuppten.

Die beiden waren heiter, geradezu ausgelassen und kamen aus dem Lachen gar nicht heraus. Einen Augenblick war Charlie platt; er begriff nicht, wie sie die Adresse der Peters herausbekommen hatten.

»Ah-h-h!« Duncan drohte Charlie schelmisch mit dem Finger. »Ah-h!«

Beide stimmten eine neue Lachsalve an. Bestürzt und verlegen begrüßte Charlie sie flüchtig und stellte sie Lincoln und Marion vor. Marion nickte nur, fast wortlos. Sie war dabei einen Schritt zurückgetreten und stand jetzt am Kamin; ihr Töchterchen war an ihrer Seite, und Marion legte den Arm um seine Schulter.

Mit wachsendem Ärger über ihr freches Eindringen wartete Charlie auf eine Erklärung. Nach angestrengtem Nachdenken sagte Duncan schließlich:

»Wir wollten dich zum Abendessen einladen. Lorraine und ich bestehen darauf, daß diese alberne Geheimnistuerei mit deiner Adresse aufhört.«

Charlie trat näher an sie heran, als wolle er sie wieder auf den Gang hinausdrängen.

»Bedaure, aber ich kann nicht. Sagt mir, wo ihr seid, und ich rufe euch in einer halben Stunde an.«

Das machte keinerlei Eindruck. Lorraine ließ sich plötzlich auf einer Sessellehne nieder, richtete ihren Blick auf Richard und rief aus: »Oh, was für ein reizender Junge! Komm einmal her, mein Kleiner.« Richard schielte nach seiner Mutter, machte aber weiter keine Anstalten. Mit ostentativem Achselzucken wandte Lorraine sich wieder Charlie zu: »Komm mit – essen. Deine Verwandten ha'm sicher nich's dagegen. Wann sieht man dich schon! Bis'n langweiliger Patron.«

»Ich kann nicht«, sagte Charlie scharf. »Eßt ihr beiden zusammen, und ich ruf' euch an.«

Plötzlich schlug sie einen unangenehmen Ton an. »Schön, wir gehen. Aber ich weiß noch, wie du frühmorgens um vier an meine Zimmertür getrommelt hast und noch einen Schnaps haben wolltest. Dafür war ich dir gut genug! Los, Dunc, komm.«

Immer noch mit unsicheren Schritten und mit verschwiemelten, zorngeröteten Gesichtern entschwanden sie hinaus in den Gang.

»Gute Nacht«, sagte Charlie.

»Gute Nacht!« gab Lorraine patzig zurück.

Als er wieder ins Zimmer trat, hatte Marion sich nicht von der Stelle gerührt, aber sie hatte ihren Arm um ihren Sohn geschlungen. Lincoln schaukelte immer noch Honoria hin und her, wie ein Uhrpendel.

»So eine Unverschämtheit!« entrüstete sich Charlie. »So eine ausgemachte Unverschämtheit!«

Keiner antwortete ihm. Charlie ließ sich in einen Sessel fallen, nahm sein Glas auf, setzte es aber sogleich wieder hin und sagte: »Leute, die ich zwei Jahre nicht gesehen habe – und besitzen die kolossale Frechheit –«

Er brach ab. Marion hatte ein einziges wütendes »Oh!« herausgestoßen, wandte sich mit einem Ruck von ihm ab und verließ das Zimmer.

Lincoln ließ Honoria behutsam zu Boden.

»Geht mal, Kinder, und fangt schon mit eurer Suppe an«, sagte er, und dann, als sie hinaus waren, zu Charlie: »Marion geht's nicht gut; sie kann keine Aufregungen vertragen. Diese Sorte von Menschen macht sie buchstäblich krank.«

»Ich hab' sie nicht herbestellt. Sie müssen von irgendwem eure Adresse herausbekommen haben und absichtlich –«

»Ja, scheußlich. Macht aber die Sache nicht besser. Entschuldige mich einen Moment.«

Allein gelassen, saß Charlie angespannt in seinem Stuhl. Aus dem Nebenzimmer hörte er die Kinder beim Essen kindlich plappern; offenbar hatten sie die Szene zwischen den Erwachsenen längst vergessen.

Aus einem entfernteren Raum drang undeutlich ein Gespräch an sein Ohr, dann das leise Klingeln, als der Telefonhörer abgenommen wurde. In panischer Angst flüchtete er sich in eine Ecke des Zimmers außer Hörweite.

Im nächsten Augenblick kam Lincoln wieder zurück. »Hör mal, Charlie. Ich glaube, wir verzichten lieber auf das gemeinsame Abendessen. Marion ist in schlechter Verfassung.«

»Ist sie mir böse?«

»Ein wenig«, sagte er fast rauh. »Sie ist nicht die Stärkste und –«

»Heißt das, sie hat ihre Ansicht, was Honoria betrifft, geändert?«

»Sie ist jetzt gerade sehr verbittert. Ich weiß noch nicht. Ruf mich morgen in der Bank an.«

»Mach ihr doch bitte klar, daß ich nicht im Traum daran gedacht habe, diese Leute könnten hier erscheinen. Ich bin darüber nicht weniger aufgebracht als ihr.«

»Ich kann ihr jetzt gar nichts klarmachen.«

Charlie stand auf. Er nahm Mantel und Hut und ging auf den Korridor hinaus. Dann öffnete er die Tür zum Speisezimmer und sagte mit einer unnatürlichen Stimme: »Gute Nacht, Kinder.«

Honoria sprang auf, kam um den Tisch gerannt und schmiegte sich an ihn.

»Gute Nacht, Liebling«, sagte er zerstreut und dann, indem er versuchte, mehr Zärtlichkeit in seine Stimme zu legen, als müsse er etwas wiedergutmachen: »Gute Nacht, ihr lieben Kinder.«

V

Charlie ging auf dem schnellsten Wege in die Ritz-Bar, um in seinem ersten Zorn Lorraine und Duncan zu suchen; sie waren aber nicht dort, und er sah ein, daß da ohnehin nicht viel zu machen war. Bei den Peters hatte er seinen Whisky nicht angerührt; jetzt bestellte er sich einen Whisky-Soda. Paul kam herbei, um ihn zu begrüßen.

»Hat sich viel verändert«, sagte er bekümmert. »Wir setzen nur noch halb soviel um wie früher. Von vielen Stammgästen höre ich, daß sie drüben in den Staaten alles verloren haben, wenn nicht beim ersten Krach, dann beim zweiten. Ihr Freund George Hardt besitzt, soviel ich weiß, keinen Pfennig mehr. Sind Sie auch wieder drüben?«

»Nein, ich bin geschäftlich in Prag.«

»Man sagt, Sie haben auch viel verloren.«

»Ja«, und grimmig setzte er hinzu: »aber ich hatte meinen entscheidenden Verlust schon in der Hausse.«

»Zu billig verkauft?«

»So ungefähr.«

Wieder überkam ihn wie ein Alpdruck die Erinnerung an jene Tage – Menschen, Reisebekanntschaften, Leute, die nicht imstande waren, zwei Zahlen zu addieren oder einen zusammenhängenden Satz zu sprechen. Und jener Bursche, von dem Helen sich beim Bordfest zum Tanz hatte auffordern lassen und der sie dann ein paar Schritt vom Tisch beleidigt hatte. Und Frauen und Mädchen, die unter großem Gekreisch, betrunken oder von Rauschgift betäubt, aus öffentlichen Lokalen herausgetragen werden mußten –

– dann die Männer, die ihre Frauen im Schnee vor der verschlossenen Tür stehenließen, weil ja der Schnee von 1929 gar kein richtiger Schnee war. Mit etwas Geld war es schon zu machen, daß Schnee kein Schnee mehr war, wenn es einem nicht paßte.

Er ging zum Telefon und rief bei Peters an; Lincoln meldete sich.

»Ich rufe an, weil mir die Sache immer im Kopf herumgeht. Hat Marion sich schon definitiv geäußert?«

»Marion ist krank«, antwortete Lincoln kurz. »Natürlich trifft dich keinerlei Schuld, aber ich kann ihre Gesundheit nicht deswegen aufs Spiel setzen. Ich fürchte, wir müssen die Sache noch ein halbes Jahr in der Schwebe lassen. Das Risiko, sie noch einmal so aufzuregen, kann ich nicht übernehmen.«

»Versteh' schon.«

»Tut mir leid, Charlie.«

Er ging an seinen Tisch zurück. Sein Glas war leer, aber auf einen fragenden Blick von Alix schüttelte er nur den Kopf. Da war nun nicht mehr viel zu machen; höchstens konnte er ein paar Geschenke für Honoria kaufen. Gleich morgen würde er ihr eine Menge Sachen schicken lassen. Es erbitterte ihn, daß auch das wieder nur Geld war – wem nicht alles hatte er schon Geld gegeben …

»Nein, keinen mehr«, sagte er zu einem anderen Kellner. »Was habe ich zu zahlen?«

Eines Tages würde er wiederkommen; sie konnten ihn das nicht ewig entgelten lassen. Aber er wollte endlich sein Kind haben; ohne das konnte nichts gut werden. Für bloße Pläne und Zukunftsträume, so angenehm sie sein mochten, fühlte er sich nicht mehr jung genug. Er war innerlichst überzeugt: Helen hätte nicht gewollt, daß er so einsam sei und so verlassen.

Er

VON KATHERINE ANNE PORTER

Für die Whipples war das Leben sehr schwierig. Es war schwierig, all die hungrigen Münder zu sättigen, es war schwierig, die Kinder im Winter – so kurz er auch war – warm anzuziehen: »Gott allein mag wissen, was aus uns würde, wenn wir im Norden lebten«, pflegten sie zu sagen; und es war schwierig, sie alle einigermaßen sauber zu halten. »Es sieht so aus, als ob das Glück an unserer Tür vorbeiginge«, sagte Mr. Whipple; aber Mrs. Whipple nahm alles wie es kam und war zufrieden damit, jedenfalls wenn die Nachbarn in Hörweite waren. »Laß niemanden jemals hören, daß wir uns beklagen«, sagte sie immer zu ihrem Mann. Sie konnte es nicht ertragen, bemitleidet zu werden. »Nein, nicht einmal, wenn es so weit kommt, daß wir in einem ausrangierten Güterwagen leben und ringsum im Lande Baumwolle pflücken müssen«, fuhr sie fort, »niemand soll auf uns herabblicken können.«

Mrs. Whipple liebte ihren zweiten Sohn, der geistig zurückgeblieben war, mehr als die beiden anderen

Kinder zusammen. Sie betonte das immer wieder, und wenn sie mit gewissen Nachbarn sprach, stellte sie *ihn* sogar über ihren Mann und ihre Mutter.

»Du mußt es nicht allen Leuten erzählen«, sagte Mr. Whipple, »sie denken sonst noch, daß außer dir sich niemand um *ihn* sorgt.«

»Das ist doch für eine Mutter selbstverständlich«, erinnerte ihn Mrs. Whipple. »Du weißt selbst, daß es für eine Mutter natürlicher ist, sich so zu verhalten. Die Leute erwarten in mancher Hinsicht von den Vätern nicht so viel.«

Aber das hielt die Nachbarn nicht davon ab, unter sich offen zu klatschen. »Es wäre Gottes reine Barmherzigkeit, wenn der Junge sterben würde«, sagten sie. »Es sind die Sünden der Väter«, war ihre übereinstimmende Feststellung. »Irgendwo ist da schlechtes Blut und sind da schlimme Gewohnheiten, darauf könnt ihr Gift nehmen.« All das wurde hinter dem Rücken der Whipples getuschelt. Ins Gesicht aber sagte ihnen jeder: »Das ist ja alles nicht so schlimm mit *ihm*. Es wird schon noch gut werden. Sehn Sie nur, wie *er* wächst!«

Mrs. Whipple haßte es, sich über den Jungen zu unterhalten, sie versuchte, an etwas anderes zu denken, aber jedesmal, wenn jemand das Haus betrat, kam zwangsläufig die Rede auf *ihn*, und sie mußte zuerst von *ihm* erzählen, ehe sie von irgend etwas anderem sprechen konnte. Es schien ihr das Herz zu erleichtern. »Ich möchte nur um alles auf der Welt, daß *ihm* nichts passiert, aber ich habe das Gefühl, daß ich *ihn* vor Schaden nicht bewahren kann. *Er* ist so kräftig und lebhaft, immerzu stellt *er* irgend etwas an; so war *er* schon, seit *er* laufen konnte. Es ist richtig spaßig manchmal, was *er* alles fertigbringt; man muß lachen, wenn man *ihn* bei seinen Streichen beobachtet. Emly stoßen mehr Unfälle zu, andauernd muß ich ihre Brüschen behandeln, und Adna kann nicht einen Schritt machen, ohne sich einen Knochen zu brechen. *Er* aber stellt alles mögliche an und bekommt nicht mal einen Kratzer ab. Der Pfarrer hat einmal so etwas Schönes gesagt, als er hier war. Er sagte – ich werde es mein Lebtag nicht vergessen – ›Die Unschuldigen wandeln in Gott – das ist der Grund, warum *ihm* nichts zustößt.‹« Wann immer Mrs. Whipple diese Worte wiederholte, fühlte sie stets einen warmen Strom in ihrer Brust, Tränen traten ihr in die Augen, und danach konnte sie zu einem anderen Thema übergehen.

Er wuchs auf und verletzte sich nie. Ein Brett fiel vom Hühnerstall auf *seinen* Kopf, und *er* schien es überhaupt nicht bemerkt zu haben. *Er* hatte darnach lediglich die paar Worte vergessen, die *er* gelernt hatte. *Er* jammerte nicht wie andere Kinder, wenn *er* essen wollte, sondern wartete, bis man *ihm* etwas gab; *er* hockte kauend und schmatzend in der Ecke. Fettpolster bedeckten *seinen* Körper wie ein Mantel; *er* konnte zweimal soviel Holz und Wasser tragen wie Adna. Emly war die meiste Zeit erkältet – »das hat sie von mir«, sagte Mrs. Whipple –, und so bekam sie bei schlechtem Wetter aus dem Bett des Jungen eine Decke zusätzlich. *Ihm* schien die Kälte nie etwas auszumachen.

Trotzdem, Mrs. Whipples Leben war eine einzige Qual, weil sie Angst hatte, *ihm* könnte etwas passieren. *Er* kletterte viel flinker als Adna auf die Pfirsichbäume und rutschte wie ein Affe auf den Zweigen lang – wie ein richtiger Affe. »Oh, Mrs. Whipple, Sie hätten *ihm* das nicht erlauben sollen. *Er* wird einmal das Gleichgewicht verlieren. *Er* kann unmöglich wissen, was *er* tut.«

Mrs. Whipple schrie die Nachbarin fast an. »*Er* weiß genau, was *er* tut! *Er* ist ebenso geschickt wie jedes andere Kind! Komm du da herunter!« Als *er* schließlich den Boden erreicht hatte, konnte sie es kaum unterlassen, *ihm* einen Klaps zu geben, weil *er* sich im Beisein fremder Leute so aufgeführt hatte; *er* grinste über *sein* ganzes Gesicht, während ihres von der Sorge um *ihn* noch ganz verzerrt aussah.

»Diese Nachbarn«, sagte Mrs. Whipple zu ihrem Mann. »Oh, ich wünschte um alles in der Welt, sie würden sich um ihre eigenen Angelegenheiten kümmern! Aus Angst, sie könnten herüberkommen und schnüffeln, kann ich es mir nicht erlauben, den Jungen gewähren zu lassen. Sieh jetzt nach den Bienen. Adna versteht nicht mit ihnen umzugehen, sie stechen ihn immer; ich habe keine Zeit, um alles zu tun, und *ihn* wage ich jetzt nicht an die Bienen heranzulassen. Aber wenn *er* doch mal einen Stich abbekommt, stört es *ihn* gar nicht.«

»Das ist nur, weil *er* zu wenig Grips hat, um überhaupt von etwas gestört zu werden«, antwortete Mr. Whipple.

»Du solltest dich vor dir selber schämen«, schalt Mrs. Whipple, »so von deinem eigenen Kind zu sprechen. Wer, möchte ich wissen, soll für *ihn* sorgen, wenn wir es nicht tun! *Er* beobachtet vieles, was vor sich geht, immerzu paßt *er* auf. Und alles, was ich *ihm* auftrage, erledigt *er*. Laß das nur nie jemand hören, daß du so etwas sagst. Die Leute würden glauben, daß du die anderen Kinder vorziehst.«

»Nun, du weißt, daß das nicht der Fall ist, und was hat es für einen Sinn, sich darüber aufzuregen? Du nimmst immer gleich das Schlechteste an. Laß *ihn* nur in Ruh, *er* wird sich schon irgendwie zurechtfinden. *Er* bekommt doch genug zu essen und hat genug anzuziehen, oder nicht?« Mr. Whipple fühlte sich plötzlich müde. »Jedenfalls kann im Augenblick nichts geändert werden.«

Mrs. Whipple, die ebenfalls müde war, klagte mit matter Stimme: »Was geschehen ist, kann nicht rückgängig gemacht werden, das weiß ich so gut wie jeder andere; aber *er* ist mein Kind, und ich will nicht, daß die Leute reden. Ich werde richtig krank davon, daß die Leute immer herüberkommen und dummes Zeug schwatzen.«

Im Frühherbst bekam Mrs. Whipple von ihrem Bruder einen Brief des Inhalts, daß er samt Frau und zwei Kindern am nächsten Sonntag in einer Woche auf Besuch käme. »Stell mal schon einen großen Topf bereit«, schrieb er zum Schluß. Mrs. Whipple war so erfreut, daß sie diesen Teil des Briefes zweimal laut las. Ihr Bruder war groß darin, spaßige Dinge von sich zu geben. »Wir werden ihm schon zeigen, daß es kein Scherz ist«, bemerkte sie, »wir werden eben eines der Ferkel schlachten.«

»Das ist Verschwendung, und ich bin nicht der Meinung, daß wir uns das bei unserer augenblicklichen Lage leisten können«, sagte Mr. Whipple. »Dieses Schwein wird uns zu Weihnachten Geld bringen.«

»Es ist eine Schande und ein Jammer, daß nicht wenigstens das Notwendigste für ein anständiges Essen vorhanden ist, wenn meine eigene Familie wirklich schon einmal auf Besuch kommt«, erwiderte Mrs. Whipple. »Ich habe es nicht gern, wenn die Frau meines Bruders nach Hause kommt und erzählt, daß es im ganzen Haus nicht mal etwas Richtiges zu essen gab. Meine Güte, es ist doch besser so, als wenn man ein großes Stück Fleisch in der Stadt kaufen müßte. Dort würdest du dein ganzes Geld lassen!«

»Dann meinetwegen, schlachte es selbst«, antwortete Mr. Whipple. »Herrgott, kein Wunder, daß wir niemals vorwärtskommen!«

Die Frage tauchte auf, wie man der Sau – die sehr kampflustig war, schlimmer als eine Jersey-Kuh – das Ferkel wegnehmen könnte. Adna wollte sich nicht heranwagen: »Die Sau reißt mir, wenn ich im Gehege bin, den ganzen Bauch auf.« – »Schon gut, alter Feigling«, antwortete Mrs. Whipple. »*Er* ist nicht ängstlich. Paß auf, wie *er* es macht.« Sie lachte, als ob alles ein Scherz wäre, und gab *ihm* einen kleinen Schubs zum Schweinegehege hin. *Er* schlich sich hinein, schnappte das Ferkel geradewegs von der Zitze weg, galoppierte zurück und kletterte über den Zaun, während die Sau *ihm* nachraste. Das kleine schwarze Etwas, das sich wand und wie ein Baby bei einem Wutanfall schrie, machte seinen Rücken steif und sperrte das Maul bis zu den Ohren auf. Mrs. Whipple nahm das Ferkel mit entschlossenem Gesicht und schnitt ihm mit einem Streich die Kehle durch. Als *er* das Blut sah, stieß *er* einen tiefen Seufzer aus und rannte weg. »Aber *er* vergißt das wieder und wird trotzdem viel essen«, dachte Mrs. Whipple. Immer wenn sie nachdachte, bewegten sich ihre Lippen, um Worte zu formen. »*Er* würde alles allein essen, wenn ich *ihn* nicht zurückhielte. Wenn *er* könnte, würde *er* den andern beiden alles wegessen.«

Sie war betrübt. *Er* war jetzt zehn Jahre alt und ein Drittel größer als Adna, der bereits vierzehn wurde. »Es ist ein Elend, ein Elend«, wiederholte sie leise, »und wo doch Adna so intelligent ist!«

Außerdem war sie über allerhand andere Dinge betrübt. Vor allem, weil der Mann das Schwein nicht hatte schlachten wollen; dann durch den Anblick des Ferkels – nackt und rosa, nachdem es geschabt worden war –, der sie krank machte. Es war zu fett, zu weich, und sah bemitleidenswert aus. Es war einfach eine Schande, was man alles tun mußte. Als sie das Ferkel fertig hergerichtet hatte, wünschte sie fast schon, daß ihr Bruder zu Hause bliebe.

Am frühen Sonntagmorgen ließ Mrs. Whipple alles stehen und liegen, um *ihn* zu säubern. Nach einer Stunde aber war *er* bereits wieder schmutzig, weil *er* Zäune durchkrochen hatte, um ein Beuteltier zu fangen, und weil *er* auf den Dachsparren der Scheune entlanggerutscht war, um auf dem Heuboden Eier zu suchen. »Lieber Himmel, sieh nur, wie du ausschaust, nachdem ich mir soviel Mühe gemacht habe! Und Adna und Emly stehen hier so artig. Zieh das Hemd aus und zieh ein neues an. Die Leute sagen sonst noch, ich gebe dir nicht mal saubere Sachen!« Sie gab *ihm* eine kräftige Ohrfeige. *Er* blinzelte und blinzelte und rieb *seinen* Kopf, und Mrs. Whipple war von *seinem* Gesichtsausdruck betroffen. Ihre Knie begannen zu zittern, und sie mußte sich setzen, während sie *ihm* das Hemd zuknöpfte. »Ich bin schon erledigt, bevor der Tag noch begonnen hat.«

Der Bruder, seine rundliche, gesunde Frau und zwei große, lärmende, hungrige Jungen trafen ein. Es gab ein großartiges Mahl, das gebratene, knusprige Ferkel mit vielen Beilagen stand in der Mitte des Tisches, in der Schnauze steckte ihm ein eingelegter Pfirsich, es war reichlich Soße vorhanden für die Kartoffeln.

»Das sieht richtig wohlhabend aus«, bemerkte der Bruder; »ihr müßt mich wie ein Faß nach Hause rollen, wenn ich gegessen habe.«

Alle lachten laut; es war schön, sie um den Tisch herum alle auf einmal lachen zu hören. Mrs. Whipple freute sich herzlich und wohlwollend mit. »Oh, wir haben noch sechs Stück davon; ich meine, das ist doch das wenigste, was wir für euch tun können, wenn ihr schon so selten auf Besuch kommt.«

Er wollte nicht in das Zimmer kommen, wo gegessen wurde, und Mrs. Whipple verstand gut, die Situation zu retten. »*Er* ist ein wenig ängstlicher als meine andern beiden«, sagte sie, »*er* muß sich eben erst an euch gewöhnen. Es gibt niemanden, zu dem *er* gleich zutraulich ist, nicht mal zu den eigenen Vettern, ihr wißt ja, wie das manchmal mit Kindern ist.« Niemand sagte etwas Unangebrachtes.

»Genau wie hier mein Alfy«, bemerkte die Frau des Bruders. »Ich muß ihm manchmal einen Klaps geben, damit er seiner eigenen Oma die Hand gibt.«

Das war also vorüber, und Mrs. Whipple tat zuerst *ihm* einen großen Teller voll auf, bevor die anderen sich nahmen. »Ich sage immer, *er* soll nicht zu kurz kommen, egal, wer nichts mehr abbekommt«, sagte sie und brachte *ihm* den Teller selbst hin.

»*Er* kann sogar an der Tür einen Klimmzug machen«, unterstützte Emly ihre Mutter.

»Das kann *er*, das macht *er* gut«, bekräftigte der Bruder.

Nach dem Essen ging der Besuch fort. Mrs. Whipple stellte das Geschirr zusammen, schickte die Kinder ins Bett und setzte sich hin, um sich die Schuhe aufzuschnüren. »Siehst du?« sagte sie zu ihrem Mann, »so ist meine ganze Familie. Nett und rücksichtsvoll in allen Dingen. Keine unangebrachten Bemerkungen – es sind gebildete Menschen. Das Gerede der Leute sonst geht mir entsetzlich auf die Nerven. War das Ferkel nicht gut?«

Mr. Whipple erwiderte: »Ja, fast zwei Zentner Schweinefleisch gehen uns verloren, das ist alles. Es ist leicht, höflich zu sein, wenn man zum Essen kommt. Wer weiß, was sie in ihrem Innern gedacht haben?«

»Ja, das sieht dir ähnlich«, antwortete Mrs. Whipple. »Ich habe nichts anderes von dir erwartet. Demnächst wirst du mir noch weismachen, daß mein eigener Bruder verbreitet, wir würden den Jungen in der Küche essen lassen! Oh, mein Gott!« Sie wiegte den Kopf in den Händen, ein starker Schmerz ging genau von der Mitte ihrer Stirn aus. »Nun hast du mir alles verdorben, wo alles so schön und gemütlich war. Du kannst sie eben nicht leiden und mochtest sie ja nie – na ja, sie kommen so bald nicht wieder, aber das kann dir egal sein! Doch sie können einfach nicht behaupten, daß *er* nicht genauso gut angezogen war wie Adna – oh, wirklich, manchmal wünschte ich, ich wäre tot!«

»Und ich wünschte, du würdest aufhören damit«, erwiderte Mr. Whipple. »Es ist schon so alles schlimm genug.«

Es war ein harter Winter. Es schien Mrs. Whipple ohnehin schon, als hätten sie nur immer schwierige Zeiten gekannt, und nun noch dieser Winter, der allem die Krone aufsetzte. Die Ernte war die Hälfte von dem, was man hätte erwarten dürfen; nachdem die Baumwolle eingebracht war, reichte der Erlös gerade, um die Rechnung beim Kolonialwarenhändler zu begleichen. Sie tauschten eines der Pferde zum Pflügen aus und wurden betrogen, denn das neue Pferd starb an Engbrüstigkeit. Mrs. Whipple dachte die ganze Zeit, daß es furchtbar sei, einen Mann zu haben, auf den man sich nicht verlassen konnte, weil er sich betrügen ließ. Sie sparten an allen Ecken und Enden, aber Mrs. Whipple erklärte immer wieder, daß es eben Dinge gebe, an denen man nicht sparen könne und die dennoch Geld kosten. Eine Menge Geld kosteten die warmen Sachen für Adna und Emly, die während des Quartals vier Meilen weit bis zur Schule laufen mußten. »*Er* sitzt ja die meiste Zeit am Herd herum, *er* braucht nicht so viel«, sagte Mr. Whipple. »Das ist wahr«, stimmte Mrs. Whipple zu, »und wenn *er* draußen arbeitet, kann *er* deine Öljacke anziehen. Eine andere Lösung weiß ich auch nicht, und damit Schluß.«

Im Februar wurde *er* krank und lag zusammengekrümmt unter *seiner* Decke; *sein* Gesicht sah blau aus, und *er* gebärdete sich, als müßte *er* ersticken. Zwei Tage lang taten Mr. und Mrs. Whipple alles in ihren Kräften Stehende, dann wurden sie ängstlich und schickten nach einem Arzt. Der Arzt sagte ihnen, daß sie *ihn* warmhalten und *ihm* viel Milch und Eier geben müßten. »*Er* ist nicht so kräftig, wie *er* aussieht, fürchte ich«, stellte der Arzt fest. »Man muß gut auf sie aufpassen, wenn sie so etwas haben. Sie müssen *ihm* auch mehr Decken geben.«

»Ich habe *ihm* gerade seine große Decke fortgenommen, um sie zu waschen«, antwortete Mrs. Whipple beschämt. »Ich kann Schmutz nicht vertragen.«

»Nun, dann geben Sie sie *ihm* gleich wieder, sobald sie trocken ist«, erwiderte der Doktor, »sonst bekommt *er* Lungenentzündung.«

Mr. und Mrs. Whipple nahmen eine Decke aus ihrem eigenen Bett und stellten außerdem *sein* Bett an den Herd. »Niemand kann sagen, daß wir nicht alles für *ihn* tun«, sagte sie, »wir frieren sogar *seinetwegen* beim Schlafen.«

Als der Winter zu Ende war, schien *er* wieder auf dem Posten zu sein, aber *er* lief, als schmerzten *ihn* beim Gehen *seine* Füße. Während der Saison konnte *er* jedoch als Baumwollpflanzer eingesetzt werden.

»Ich habe mit Jim Ferguson jetzt abgemacht, daß die Kuh demnächst gedeckt wird«, sagte Mr. Whipple. »Ich nehme diesen Sommer den Bullen zu uns auf die Weide und gebe Jim im Herbst etwas Futter dafür. Das ist besser als Geld bezahlen, wenn man keins hat.«

»Ich hoffe, du hast so etwas nicht zu Jim Ferguson gesagt«, erwiderte Mrs. Whipple. »Du solltest ihn nicht wissen lassen, daß es uns jetzt so schlecht geht.«

»Allmächtiger Gott, das heißt doch nicht, daß es uns schlecht geht! Ein Mann muß manchmal vorausplanen. *Er* kann heute den Bullen herholen. Adna muß hier helfen.«

Zuerst fühlte sich Mrs. Whipple erleichtert, daß *er* geschickt werden sollte, um den Bullen zu holen. Adna war zu unruhig und nicht zuverlässig. Man mußte den Umgang mit Tieren schon gewohnt sein. Nachdem *er* gegangen war, begann sie nachzudenken, und nach einer Weile hielt sie es nicht länger aus. Sie stellte sich auf die Gasse und schaute nach *ihm* aus. Es war ein Weg von fast drei Meilen und außerdem ein heißer Tag, aber *er* hätte nicht so lange brauchen sollen. Sie beschattete die Augen und hielt Ausschau, bis sie farbige Punkte tanzen sah. Es war wie alles in ihrem Leben, immer hatte sie Sorgen, nie gab es für sie einen ruhigen Augenblick. Nach einer Weile sah sie, wie *er* humpelnd in die Seitengasse einbog. *Er* kam nur sehr langsam voran; *er* führte den großen Klotz von einem Tier am Nasenring, ließ eine kleine Gerte in *seiner* Hand wirbeln, sah nie zurück oder seitwärts, sondern näherte sich wie ein Schlafwandler mit halb geschlossenen Augen.

Mrs. Whipple hatte eine Todesangst vor Bullen; sie hatte schreckliche Geschichten gehört, wie sie einem erst ganz ruhig folgten, dann einen aber plötzlich zu Boden schleuderten, um den Leib völlig zu zertrampeln und mit den Hörnern zu zerfetzen. Jede Sekunde konnte das schwarze Ungetüm auf *ihn* losstürzen, mein Gott, und *er* wäre sicher nicht geistesgegenwärtig genug, fortzurennen.

Sie durfte keinen Laut von sich geben und sich nicht bewegen; sie durfte den Bullen nicht reizen. Der Bulle senkte und hob den Kopf seitwärts und stieß in die Luft nach einer Fliege. Ein Aufschrei entfuhr ihr, und sie rief *ihm* entgegen, *er* solle sich um Himmels willen beeilen. *Er* schien ihr Schreien nicht gehört zu haben, sondern ließ die Gerte in seiner Hand tanzen und humpelte weiter, während der Bulle ihm sanft wie ein Lamm nachtrottete. Mrs. Whipple hörte auf zu schreien und rannte ins Haus, wo sie leise betete: »Herr, laß *ihm* nichts zustoßen. Herr, du weißt, daß die Leute sagen würden, wir hätten *ihn* nicht schicken sollen. Du weißt, daß sie sagen würden, wir hätten uns nicht genug um *ihn* gekümmert. Oh, geleite du *ihn* nach Hause, führe *ihn* sicher nach Hause, ich will dann besser auf *ihn* aufpassen! Amen.«

Sie beobachtete vom Fenster aus, wie *er* das Tier hereinführte und im Stall festband. Es war zwecklos zu versuchen, standhaft zu bleiben, Mrs. Whipple vertrug keine weiteren Aufregungen mehr. Sie setzte sich hin und schüttelte sich vor Weinen, die Schürze über den Kopf gezogen.

Von Jahr zu Jahr wurden die Whipples ärmer. Das Anwesen schien sich selbst herunterzuwirtschaften, gleichgültig, wie schwer sie auch arbeiteten. »Die Dinge entgleiten uns«, sagte Mrs. Whipple, »warum können wir es nicht wie die anderen Leute machen und unsere Chancen wahrnehmen? Demnächst nennt man uns noch Taugenichtse.«

»Wenn ich sechzehn bin, gehe ich fort von hier«, sagte Adna. »Ich nehme einen Job in Powells Kolonialwarengeschäft an. Da steckt Geld drin. Farmarbeit? Für mich nicht mehr.«

»Und ich werde Lehrerin«, fiel Emly ein. »Aber zuerst muß ich jedenfalls meinen Schulabschluß haben. Dann kann ich in der Stadt leben. Hier gibt es ja keine Möglichkeiten.«

»Emly schlägt ganz meiner Familie nach«, sagte Mrs. Whipple. »Ehrgeizig noch der letzte von ihnen, und nie begnügen sie sich mit dem zweiten Platz.«

Als der Herbst kam, wurde Emly die Gelegenheit geboten, im Bahnhofrestaurant der nahegelegenen Stadt als Aufwärterin zu arbeiten; schließlich war es ja keine Schande, die Stellung anzunehmen, wenn die Bezahlung gut war und sie außerdem noch ihr Essen bekam. Und so gestattete Mrs. Whipple ihr, die Stellung anzunehmen, so daß sie sich mit der Schule nicht noch ein weiteres Quartal zu plagen brauchte. »Du hast viel Zeit«, sagte Mrs. Whipple. »Du bist jung und flink wie eine Gerte.«

Nachdem auch Adna aus dem Hause war, versuchte Mr. Whipple, die Farm mit nur noch *ihm* als einziger Hilfe zu bewirtschaften. *Er* schien sich gut anzulassen und erledigte *seine* und teilweise noch Adnas Arbeit, ohne daß es *ihm* bewußt wurde. Bis Weihnachten ging alles gut, da rutschte *er* eines Morgens, als *er* aus dem Stall kam, auf dem Eis aus und drehte sich, anstatt aufzustehen, im Kreise um und um, und als Mr. Whipple zu *ihm* ging, um zu sehen, was mit *ihm* los wäre, stellte es sich als eine Art Anfall heraus.

Sie brachten *ihn* ins Haus und versuchten *ihn* hinzusetzen, aber *er* schluchzte und wälzte sich, so daß sie *ihn* ins Bett legten und Mr. Whipple in die Stadt fuhr, um den Arzt zu holen. Auf dem ganzen Weg hin und zurück überlegte er sorgenvoll, woher das Geld für den Arztbesuch genommen werden sollte: es sah ganz so aus, als wären ihm soviel Sorgen aufgebürdet, wie er überhaupt nur tragen konnte.

Von jenem Tag an blieb *er* im Bett. *Seine* Beine schwollen zum doppelten Umfang an, und die Anfälle kehrten immer wieder. Nach vier Monaten sagte der Arzt: »Es hat keinen Zweck, Sie sollten *ihn* lieber zur Behandlung in das Kreishospital bringen. Ich werde mich für Sie verwenden. *Er* wird dort gut aufgehoben sein und fällt Ihnen nicht zur Last.«

»Auch wir lassen *ihm* alles angedeihen, und ich werde *ihn* nicht hergeben«, antwortete Mrs. Whipple. »Ich will nicht, daß man sagt, ich hätte mein krankes Kind in die Hände fremder Leute gegeben.«

»Ich weiß, wie Ihnen zumute ist«, bemerkte der Doktor. »Sie sagen mir da nichts Neues, Mrs. Whipple. Ich habe selbst einen Sohn. Aber Sie täten besser, wenn Sie auf mich hörten. Ich kann Ihnen nämlich nicht mehr helfen, das ist die Wahrheit.«

Mr. und Mrs. Whipple diskutierten noch lange über das Für und Wider, als sie nach jenem Tage nachts im Bett lagen. »Nun sind wir soweit, daß wir Mildtätigkeit in Anspruch nehmen! Danach habe ich bestimmt nie verlangt!« klagte Mrs. Whipple.

»Wir bezahlen Steuern wie jeder andere, damit diese Anstalt unterhalten wird«, erwiderte Mr. Whipple, »und ich nenne das nicht ›Mildtätigkeit in Anspruch nehmen‹. Ich denke, daß es gut wäre, *ihn* dorthin zu bringen, wo *er* von allem das Beste bekommt ... und außerdem kann ich nicht immer weiter Arztrechnungen bezahlen.«

»Vielleicht ist das der Grund, warum der Doktor will, daß wir *ihn* dorthin bringen sollen – er hat Angst, daß er sein Geld nicht bekommt«, meinte Mrs. Whipple.

»Erzähl nur solchen Unsinn nicht«, erwiderte Mr. Whipple, der sich ziemlich elend fühlte, »oder wir werden *ihn* nicht dort hinbekommen.«

»Oh, aber wir lassen *ihn* nicht lange dort«, sagte Mrs. Whipple. »*Ihm* wird's bald bessergehen, und dann holen wir *ihn* wieder nach Hause zurück.«

»Der Arzt hat es dir gesagt, und nicht nur einmal, daß es niemals besser wird, und du kannst also mit deinem Geschwätz aufhören«, sagte Mr. Whipple.

»Die Ärzte wissen nicht alles«, antwortete Mrs. Whipple und fühlte sich fast glücklich. »Aber Emly kann jedenfalls bei uns Sommerferien machen, und Adna kommt an den Sonntagen: wir werden alle zusammenhalten und wieder auf die Beine kommen, und die Kinder werden spüren, daß sie ein Heim haben, wo sie hingehören.«

Ganz plötzlich sah sie den Sommer vor sich, der Garten gedieh, das ganze Haus hatte neue weiße Rolljalousien, Adna und Emly, so voller Leben, waren zu Hause, und sie alle zusammen fühlten sich glücklich.

Wenn *er* dabei war, waren sie mit ihren Gesprächen immer vorsichtig, weil sie nicht wußten, wieviel *er* wirklich verstand. Schließlich setzte der Arzt den Termin fest, und ein Nachbar, der einen zweisitzigen Einspänner besaß, bot sich an, sie hinüberzufahren. Zwar hätte das Hospital einen Krankenwagen geschickt, aber Mrs. Whipple konnte nicht ertragen, daß *er* auf diese Weise, wie ein Schwerkranker, fortgeschafft würde. Sie hüllten *ihn* in Decken, und dann hob *ihn* der Nachbar zusammen mit Mr. Whipple auf den Rücksitz des Einspänners neben Mrs. Whipple, die ihre schwarze Bluse angezogen hatte. Sie wollte nicht den Eindruck von Bedürftigkeit hinterlassen.

»Es genügt, wenn du mitfährst; ich glaube, ich bleibe hier«, sagte Mr. Whipple. »Ich bin nicht dafür, daß gleich alle miteinander wegfahren.«

»Übrigens habe ich nicht das Gefühl, daß *er* dort für immer bleibt«, bemerkte Mrs. Whipple zum Nachbarn. »Das ist nur für kurze Zeit.«

Sie fuhren los; Mrs. Whipple hielt die Zipfel der Decke fest, damit *er* nicht seitwärts wegrutschen konnte. *Er* saß da und blinzelte in einem fort. *Er* wühlte *seine* Hände unter der Decke hervor und begann, erst mit dem Fingerknöchel, dann mit dem Deckenzipfel *seine* Nase zu reiben. Mrs. Whipple konnte nicht glauben, was sie sah; *er* wischte sich große Tränen fort, die aus *seinen* Augenwinkeln liefen. *Er* wimmerte und ließ ein Schluchzen hören. Mrs. Whipple wiederholte immerzu: »Oh, mein Süßer, du fühlst dich doch nicht so schlecht, nicht wahr?« denn *er* schien sie wegen irgend etwas anzuklagen. Vielleicht erinnerte *er* sich gerade, wie sie *ihm* eine Ohrfeige gab, vielleicht hatte *er* sich zu Tode erschrocken an dem Tag, als *er* den Bullen holte, vielleicht war es *ihm* beim Schlafen aber auch kalt gewesen, und *er* hatte sich nicht verständlich machen können; vielleicht wußte *er*, daß sie *ihn* ein für allemal fortschickten, weil sie zu arm waren, um *ihn* zu behalten. Was immer es sein mochte, Mrs. Whipple ertrug diesen Gedanken nicht. Sie fing fürchterlich an zu weinen und umarmte *ihn* heftig. *Sein* Kopf lag auf ihrer Schulter: sie hatte *ihn*, so gut wie sie nur konnte, geliebt, aber da waren auch Adna und Emly, an die gedacht werden mußte, und es gab nichts, was sie tun konnte, um *ihn* zu entschädigen für *sein* Leben. Oh, welch ein maßloses Elend, daß *er* jemals geboren wurde.

Das Hospital kam in Sicht. Der Nachbar fuhr sehr schnell und wagte nicht, nach hinten zu blicken.

Junggesellen

von Hugh Walpole

I

In jeder Stadt mit einem Münster gibt es gewisse Originale, die dem Kopfsteinpflaster des Ortes, aus dem sie stammen, direkt entsprungen zu sein scheinen. Man kann sie sich in keiner andern Stadt oder keinem andern Land vorstellen – sie gehören so sehr zu einem bestimmten Ort wie das Rathaus, die Bäder, der Marktplatz und das Münster. Sogar auf ihre Eigentümlichkeiten, auf ihre kleinen Exzentrizitäten wird stolz in der Spalte ›Wissen Sie, daß ...‹ der Stadtzeitung hingewiesen, und ihre Namen folgen stets auf das: ›Unter den Anwesenden befanden sich ...‹, wenn irgendein städtischer oder privater festlicher Anlaß stattgefunden hat.

Die Münsterstadt S. in Glebeshire zählte Henry und Robert Chandler, Esqs., voller Stolz zu ihren hervorragendsten ›Sehenswürdigkeiten‹. ›Sehenswert‹ waren sie wirklich, und kein Besucher konnte auch nur eine Woche in der sympathischen Stadt verbringen, ohne auf sie aufmerksam gemacht zu werden, ganz wie man ihn bereits auf das große Westfenster des Doms oder das prächtige goldene Grab des Dryden St. Pomfrets hingewiesen hatte.

Harry und Robin Chandler hatten ihr ganzes Leben in der angenehmen Sicherheit von S. verbracht. Freilich waren sie zuerst nach Rugby und später auf das Trinity College in Cambridge gegangen, aus diesen Orten aber stets so begierig und eilig nach S. zurückgekehrt, daß man merkte, sie blieben sogar mit dem Herzen in S., während ihre Körper gequält und an wildere Orte gehetzt wurden.

Robin Chandler war zur Zeit dieser Krise in seiner Geschichte fünfundfünfzig Jahre alt, Harry zehn Jahre jünger. Sie wohnten an der Ecke des Münsterhofs, in einem teekannenförmigen Haus, mit einer mütterlichen, rundlichen Witwe als Haushälterin. Von den beiden war zweifellos Robin das ›Original‹. Jedenfalls sah er so aus. Er war genau die Art von altem Herrn, die man in einem englischen Münsterhof erwarten würde. Man war geneigt, beim Anblick von Robin Chandler auszurufen: »Ah! *Da* ist er ja!« und ihn mit den andern alten Herren und alten Jungfern in Verbindung zu bringen, denen man seinerzeit in Münsterstädten begegnet war. Robin sah älter aus als seine Jahre, weil er weißes Haar und eine füllige Figur hatte. Sein Gesicht war rund und freundlich und ein wenig töricht, und dieser törichte Ausdruck kam daher, daß er nie genau wußte, was er mit seinem Mund anfangen sollte. Er konnte, zum Beispiel, belustigt sein und herzlich zu lachen anfangen, aber selbst auf dem Höhepunkt dieses Lachens verschob sich sein Mund immer ein bißchen, und die Mundwinkel fingen zu zittern an. Er hatte ein Grübchen in jeder Wange und eine schöne, hohe Stirn, von der sein Haar, streng zurückgekämmt, in einer Art weißem Wasserfall den Hinterkopf hinunterwallte. Er war klein, korpulent und sehr gepflegt und trug meist graugesprenkelte Hosen, eine braune Samtjacke mit Messingknöpfen, einen schwarzen Mantel und schwarzen Schlips. Im Freien trug er einen weichen schwarzen, kühn auf ein Ohr gedrückten Hut und trottete so dahin, indem er einen Fuß leicht vor den andern setzte. Während er die Hauptstraße hinunterging, blieb er tausendmal stehen und begrüßte seine Freunde – er hatte keinen Feind auf der Welt – und hatte immer verschiedene, leicht seltsame Sachen zu sagen – Sachen, die niemand anderem eingefallen wären. Seine Interessen waren Naturgeschichte, Briefmarken, Kegelschieben und natürlich sein Bruder – und dieser letztere verschlang alle anderen, wie die Schlange der Bibel alle anderen Schlangen verschlungen hat.

Harry Chandler war von ganz anderer Art: mittelgroß, mit rotem Gesicht, kurzem, braunem Schnurrbart, braunem, eng am Kopf geschorenem Haar;

seine Augen blickten vertrauensvoll und unintelligent, und seine Haltung war die eines Menschen, der die Welt kennt, häufig badet und an nichts zweifelt. Er stand an der Spitze des Sportbetriebs von S. – er war Präsident des Golf- und Cricketklubs; auch interessierte er sich anscheinend für Politik, denn er war ein überaus wichtiges Mitglied des Klubs der Konservativen, der seine fürstlichen Gemächer auf halber Höhe der Hauptstraße hatte. Man konnte ihn an jedem Vormittag der Woche in einer Tweedjacke und weiten, ballonähnlichen Knickerbockers dahinschreiten sehen, mit sehr rotem Gesicht, sehr großen, glotzenden Augen und der Miene eines Menschen, der seine Macht kennt und zu schätzen weiß. »Ha, Benson!« sagte er dann etwa oder »Ha, Rawlings!« oder sogar »Einen schönen Tag, Bumpus!« und manchmal, wenn ein Kind der Stadt ihm in die Quere kam: »Mach Platz, Kleiner, geh aus dem Weg!«

Die Leute sagten, mit einem gewissen Recht, es sei seltsam, daß zwei Brüder, die so viel zusammen waren, so verschieden seien. Aber wenn man Robin Chandler genau kannte, entdeckte man, daß er sein ganzes Leben lang versucht hatte, einige der Gewohnheiten und Wesensmerkmale seines Bruders anzunehmen.

Er versuchte bisweilen, herrisch, draufgängerisch und wortkarg zu sein, und natürlich mißlang es ihm immer. Er hatte eine überaus angenehme Stimme, doch war es die Stimme eines reizenden Kanarienvogels, und er war außerstande, sich auszudrücken, ohne sehr viel Worte zu machen. Daß Robin seinen Bruder anbetete, war eine der von der Stadt S. hochgeschätzten Einzelheiten der Naturgeschichte.

Er betete ihn an, seit dem Tage vor so vielen Jahren, da man dem einsamen kleinen, zehnjährigen Jungen mitgeteilt hatte, daß er von nun an einen Gefährten im Leben haben werde.

Er war stets, von Anfang an, ein unterwürfiges Geschöpf gewesen, das sehr von der Zuneigung anderer Menschen abhing, um glücklich zu sein. Es war, wie die Damen von S. immer sagten, eine beschämend einseitige Angelegenheit.

Harry Chandler zeigte seinem Bruder gegenüber eine Haltung nachsichtiger Toleranz. »Guter alter Junge«, nannte er ihn gewöhnlich. »Er ist ein komischer Kerl, mein Bruder«, pflegte er aufhorchenden Freunden anzuvertrauen. »Ihr solltet ihn nur einmal sehen, wenn er versucht, Golf zu spielen. Dann steht er mit gespreizten Beinen da, den Oberkörper steif wie einen Stock, beißt sich – stellt euch vor – in tödlichem Ernst auf die Lippen und – schlägt daneben. Er ist ein guter alter Junge, aber, unter uns gesagt, er hat etwas von einem alten Weib.«

Robin kannte die Einstellung seines Bruders ganz genau, aber tatsächlich schien keine andere möglich.

Er hatte mit großäugigem Staunen dem Aufwachsen seines Bruders zugesehen. Was Harry nicht alles konnte! Gab es sonst irgend jemand, der so forsch Sport trieb, sich mit soviel Sicherheit und Erfolg in einer Versammlung von Männern zu behaupten wußte, so bezaubernd in einem Salon wirkte, irgend jemanden auf der Welt mit so hinreißendem *savoir faire*? Robin selbst hatte Angst vor Frauen, außer vor sehr alten und einsamen. Er war, vor langer Zeit, einmal ›furchtbar‹ verliebt gewesen, und sie hätte ihn, wenn er die Sache weiter verfolgt hätte, vielleicht wiedergeliebt; aber – was hätte Harry ohne ihn angefangen? Nein, bis Harry selbst heiratete, durfte Robin an das andere Geschlecht gar nicht denken. Und was für Aufregungen hatte es nicht in all den Jahren gegeben! Lange Zeit schien es ebenso sicher, daß Harry heiraten werde, wie die Nacht auf den Tag folgt. Daß sein Bruder den Frauen gefiel, davon war Robin ebenso fest überzeugt, wie davon, daß er selbst nicht den geringsten Reiz für sie hatte. Was für furchtbare Stunden hatte er nicht durchgemacht! Schöne junge Frauen waren aufgetaucht, denen Harry ihre ersten Golfstunden gab. Es hatte schreckliche Aufregungen und Erörterungen gegeben. »Oh! Wie wir hören, Mr. Chandler, darf man Ihrem Bruder gratulieren ...!« Schließlich ist S. nicht umsonst eine Münsterstadt.

Und doch wurde Robin jedesmal wieder erlöst. In

all diesen Jahren war Harry noch nicht einmal verlobt gewesen. Robin wunderte sich über die Frauen, war ihnen aber aus tiefstem Herzen dankbar, und seine Sicherheit wuchs mit jedem Jahr. Jetzt schob er den furchtbaren Gedanken stets von sich. Manchmal überfiel er ihn in der Nacht, aus dem Dunkel, mit grinsendem Mund und gespreizten Klauen. ›Und was wirst du machen, mein Lieber, wenn es *doch* geschieht? Es könnte doch sein, nicht wahr? Es ist noch viel Zeit ... Schöne Zeiten würdest du dann allein durchmachen ...‹ Nun, das waren schlimme Momente, aber schließlich wurde das grinsende Ungeheuer immer wieder zurück in seine Höhle gescheucht.

Alles, was Harry tat, interessierte Robin brennend, und das war, nach Meinung der Männer im Klub, nicht gut für Harry.

»Wirklich, Chandler entwickelt sich allmählich zu einem langweiligen Schwätzer! Er glaubt, seine geringsten Taten müßten gleich der *Times* gemeldet werden. Und schuld daran ist sein närrischer alter Bruder.«

Aber sie mochten den ›närrischen alten Bruder‹. Sie mochten ihn in Wirklichkeit lieber als Harry. Robin wäre höchst überrascht über seine Beliebtheit gewesen, wenn er davon erfahren hätte.

Und dann kam ein Nachmittag. Es war halb fünf an einem Tag Ende Oktober, und die Münsterglocken läuteten schläfrig zum Abendgottesdienst. Robin stand am Fenster des kleinen Rauchzimmers, wo sie immer Tee tranken, und wartete auf die Rückkehr seines Bruders vom Golf. Es dämmerte, und am anderen Ende der Einfriedung, über einer efeubewachsenen Mauer, sah man, tief zwischen zwei alten Häusern im georgianischen Stil, den blauen, in blassestes Gelb übergehenden Abendhimmel. Das Abendlicht lag auf den Pflastersteinen, und verschiedene Gestalten – zwei alte Damen, ein Domherr, ein alter Mann im Rollstuhl – bewegten sich, wie Töne in einem Musikstück, über das Rasenviereck zu den Münstertoren. Es war ein Anblick, den Robin Jahr für Jahr von dem gleichen Fenster aus gesehen hatte, und er war für ihn stets von so erregendem Geschehen erfüllt gewesen wie nur irgend etwas, das Napoleon oder Wellington auf dem Gipfel irgendeines rauchverhangenen Hügels empfunden haben mochten. »Da ist Miss Barton. Ich dachte, sie sei in London. Ob ihr Bruder ihr wohl etwas in seinem Testament vermacht hat? Da kommt Prendergast. Wie wütend er sein wird, daß er vom Golf zurückkommen mußte!«

Er war sich, während er die Glocken läuten hörte, des stillen, gemütlichen kleinen Zimmers in seinem Rücken bewußt, das mit staubigen alten Dingen aus jeder Zeit seines Lebens angefüllt war, mit alten Schulphotographien, alten Büchern und alten Mützen seines Bruders aus verschiedenen Mannschaften, denen seine

Anwesenheit zur Ehre gereicht hatte. Der Teekessel summte, der Kuchen war warm und die Uhr – die immer gleiche alte goldene Uhr – tickte die vergehenden Minuten. Er fuhr sich mit der Hand durchs Haar, bis er mehr denn je wie ein freundlicher, gutgenährter Vogel aussah. Das Glockengeläut war in ein langsames, eintöniges ›beeilt euch, beeilt euch ...‹ übergegangen. Man hörte Schritte auf dem Pflaster, einen Schlüssel im Schloß, jemand blieb in der Diele stehen, und dann trat sein Bruder ein.

»Denk mal, Harry«, sagte Robin und ging zum Teetisch, »Miss Brandon ist zurück. Ich bin neugierig, ob ...«

»Hör mal, alter Junge« – Harrys Stimme klang, vielleicht zum ersten Mal in seinem Leben, nervös und unsicher – »Robin, alter Junge, hm! Du mußt mir gratulieren – hm, ja, ha! Ich habe mich mit Miss Pinsent verlobt. Sie hat meinen Antrag heute, auf dem Golfplatz, angenommen.«

II

Dann folgten furchtbare Wochen für Robin Chandler, furchtbarer als alles, was er zu ertragen je für menschenmöglich gehalten hatte.

Von allen Seiten wurde Falschheit von ihm verlangt. Er mußte seinem Bruder gegenüber falsch sein:

er mußte so tun, als sei er froh und glücklich über das Geschehen; er mußte falsch zu all den alten Frauen in S. sein, die sich um ihn scharten und begierig auf das Bluten der Wunde warteten, die ihm, ihrer Meinung nach, die Verlobung seines Bruders geschlagen haben mußte: vor allem aber war er gezwungen, sich dem Mädchen Iris Pinsent gegenüber zu verstellen, das sofort seine Zuneigung und, gemäß ihrer ständigen Einstellung dem anderen Geschlecht gegenüber, Schutz vor der Roheit der Welt von ihm verlangte.

Iris Pinsent – goldhaarig und goldhäutig, zart und reizvoll – kam direkt von der Schulbank. Ihr Vater war ein halbes Jahr vorher als Gefängnisdirektor nach S. versetzt worden, und Iris hatte in diesen sechs Monaten ihr Haar hochgesteckt und ›debütiert‹. Sie war Robin so völlig schulmädchenhaft vorgekommen, daß er sie nie, auch in seinen schlimmsten Träumen nicht, als eventuelle Frau für irgend jemanden betrachtet hatte. Nun kam sie jeden Tag, lief in dem alten Teekannenhaus herum, als sei es ihr eigenes, zog sich den sofortigen und unsterblichen Haß von Mrs. Rumbold, der Haushälterin zu, saß auf Harrys Knie, zog Harry am Haar, band seine Krawatte auf und knüpfte sie wieder, lachte und sang und tanzte um die beiden ältlichen Männer herum, als seien sie junge, frisch auf die herrliche Welt gekommene Hunde.

Niemand, nicht einmal Robin selbst, hatte eine Ahnung von der Tiefe seines Leidens. »Mr. Robin Chandler *muß* doch die Verlobung seines Bruders unangenehm sein«, sagte eine alte Dame zu einer anderen alten Dame. »Aber man würde es wirklich nicht denken, wenn man ihn ansieht. Immerhin wird er es nach der Heirat merken, wenn er ganz allein bleibt.« Und die alten Damen leckten sich entweder die Lippen oder wischten sich die Augen, je nach ihrem Charakter.

Robin war's zumute, als stände er am Rande eines glitschigen und bodenlosen Abgrunds. Seine Füße rutschten auf diesen Abgrund zu, und bald, sehr bald, würde der unvermeidliche Augenblick des Abrutschens kommen. Aber bis dahin klammerte er sich fest, solange er konnte, indem er die Füße anstemmte und die Hände in den Schlamm grub ... die Welt sollte nichts erfahren, bevor es nicht sein mußte.

Er trottete durch die Stadt, ging an Teegesellschaften, spielte Kegel, war so gepflegt und sorgsam, so interessiert für die Angelegenheiten seiner Nachbarn, so freundlich und teilnahmsvoll wie immer. Harry Chandler, der natürlich kein sensibler Mensch war, fühlte sich von dieser Gleichgültigkeit verletzt.

»Wirklich, Robin«, sagte er eines Abends, als sie allein waren, »ich glaube, es ist dir ganz gleichgültig, daß ich weggehe.«

Robin blieb stumm und sagte dann: »Natürlich werde ich dich – entsetzlich – vermissen ...«, und das war alles.

In Wirklichkeit rannte Robin vor seiner Verzweiflung davon. Es gab furchtbare Momente, wenn sie ihn einholte; dann fühlte er knirschende Kälte am Herzen: aber er unterdrückte diese Augenblicke mit seiner ganzen Charakterstärke. Was sollte er nur tun? Was konnte er denn tun? Er hatte sein Leben, jeden Augenblick und Gedanken seines Lebens, den Interessen seines Bruders gewidmet. Er konnte nicht jetzt, in seinem Alter, andere Götter erfinden und seine Andacht vor andern Altären verrichten. Seine Kegel, seine Marken – er mußte laut lachen, wenn er daran dachte. Sein Leben hatte einfach darin bestanden, daß er den Siegen seines Bruders zusah, ihm seine Niederlagen erleichterte, den Gedanken seines Bruders lauschte und seinen Wünschen zuvorkam. Dies mag vielen als eine demütigende Rolle für einen Mann erscheinen. Robin Chandler empfand es nicht so, er war einfach dankbar, daß er die zweite Geige neben einer so hervorragenden Persönlichkeit spielen durfte. Er glaubte, daß viele Leute in der Stadt ihn für einen großen Glückspilz hielten.

Er wurde, sogar schon jetzt, als Zuhörer nicht mehr gebraucht, man bat ihn nicht mehr um seine Meinung, sein Lob wurde nicht mehr verlangt ... und doch schien es Robin, sogar schon in den ersten Wochen der Verlobung, Miss Pinsent sei kein ganz idealer Zuhörer. In der Tat fing er an, sich zu fragen, ob Miss

Pinsent überhaupt gern zuhörte. Sie hatte so viel zu sagen, über so viele eigene Großtaten und Triumphe zu berichten. Robin fragte sich zuerst, wenn er die beiden zusammen sah, wie es möglich sei, daß irgend jemand seinen Bruder so zwanglos wie seinesgleichen behandeln *konnte;* und dann, als die Tage vergingen und es ein gewohnter Anblick wurde, ob nicht seine eigene Einstellung etwas Absurdes habe.

Sehr widerwillig und nur nach beträchtlicher Zeit, mußte Robin sich selbst gegenüber zugeben, daß Harry als Liebhaber nicht gerade in bester Form war. Während Miss Pinsent um ihn herumhüpfte, ihn auslachte und verspottete, ihn imitierte und lächerlich machte, war er oft verwirrt und verlegen. Er hatte sofort gemerkt, daß Harrys schwerfällige, autoritäre Art auf Miss Pinsent nicht wirkte.

»Ha! – hum!« machte sie ihn nach. »Guten Tag, Rawlings.«

Robin, der erstaunt zuhörte, fragte sich, ob Miss Pinsent wirklich Liebe verspürte, aber anscheinend war dem so, eine katzenartige, verspielte Liebe. Außerdem war es sehr erstaunlich, daß Miss Pinsent anscheinend mehr Respekt vor Robin als vor Harry hatte. Sie war in den allerseltensten Fällen ›neckisch‹ Robin gegenüber, sondern stellte ihm ernste Fragen über das Leben, Kegeln und Vogeleier, und Robin fuhr sich durchs Haar und antwortete nach bestem

Wissen. Tatsächlich mußte Robin sich selbst gegenüber zugeben, daß der arme Harry oft geradezu töricht, ja albern wirkte. ›Warum erlaubt er ihr bloß, sich so zu benehmen?‹ dachte er. ›Ich hoffe nur, daß die andern Leute es nicht merken.‹

Es war ihm angenehm bewußt – wenn in dieser furchtbaren Zeit überhaupt irgend etwas angenehm sein konnte –, daß er jetzt anfing, in den Augen vieler Leute eine eigene Existenz anzunehmen. Natürlich hatte er den Leuten zuerst leid getan, aber das wollte der stolze kleine Mann einfach nicht zulassen. Er hatte viele, viele Jahre im Schatten seines Bruders gestanden; aber jetzt, da sein Bruder vergeben und untergebracht war, behauptete Robin Chandler sich allein. »Der arme kleine Mr. Chandler!« sagten die Damen. »Wir müssen jetzt ein bißchen nett zu ihm sein.« Und Robin mußte zugeben, daß es ihm gefiel. Trotzdem fühlte er sich die ganze Zeit überaus elend.

Und während die Wochen vergingen, wurde ihm immer unbehaglicher zumute. Er wünschte glühend, sein Bruder möge in würdigerer und befriedigenderer Form mit dem Mädchen verkehren. ›Tatsächlich habe sogar ich‹, dachte Robin im stillen, ›mehr Einfluß auf sie als er. Sie spielt nie so mit mir herum. Wirklich, Harry ...‹

Das Tragische an der Sache aber war, daß Harry kein glücklicher Liebender zu sein schien. Und warum war er es dann überhaupt, wenn er nicht glücklich dabei war? Harrys ganze Fröhlichkeit war dahin. Seine wackere Stirn zeigte einen nachdenklichen Ausdruck, wie nie zuvor in fünfundvierzig Jahren. Er begann einen Satz mit: »Ich frage mich, ob ...« oder »Glaubst du, Robin ...« und beendete ihn dann nicht. Er vernachlässigte den Klub der Konservativen, und obwohl er fast jeden Nachmittag der Woche Golf mit Miss Pinsent spielte, schien der geliebte Sport für ihn fast allen Reiz verloren zu haben.

Er erzählte seinem Bruder bei seiner Rückkehr nicht mehr, daß er seinen speziellen Feind, den alten Major Waggett, beim Golf geschlagen hatte. Nein, er kam zurück und trank schweigend seinen Tee. Und er tat Robin von ganzer Seele leid.

Einmal hatten die beiden in Robins Anwesenheit einen furchtbaren Streit. Sie hatten alle zusammen Tee in dem staubigen kleinen Rauchzimmer getrunken. Miss Pinsent hatte ihren Liebsten unverhofft vor die Brust gestoßen, wie es eine ihrer liebevoll neckischen Gewohnheiten war, und seine Teetasse umgeworfen. Daraufhin hatte Harry zu fluchen angefangen, mit einer entfesselten Geläufigkeit, die von vielen Wochen mühsamer Selbstbeherrschung zeugte. Miss Pinsent weinte, rannte aus Zimmer und Haus und schwor, sie werde nie wiederkommen.

Natürlich kam sie zurück, und zwar sehr bald darauf. Es gab eine Versöhnung – aber Robin fand, zu seiner eigenen Überraschung, daß er sich eigentlich für beide schämte. ›Ich wünschte – ich wünschte‹, dachte er, ›ich müßte Harry nicht so sehen. Die Liebe hat eine sehr seltsame Wirkung auf die Menschen.‹

Und dann eilte Robin Chandler eines Nachmittags, an dem es heftig goß, die Hauptstraße hinunter, voller Sehnsucht nach häuslicher Wärme und Tee. Er hielt einen riesigen Schirm über sich, der ihm das Aussehen eines wandelnden Pilzes verlieh. Jemand berührte seinen Arm, und er erblickte Miss Pinsent, die durchnäßt und unglücklich aussah und überhaupt keinen Schirm hatte.

»Ich dachte nicht, daß es regnen würde. Es sah so schön aus...« Ihre Stimme bebte, und sie schien den Tränen nah. Sie nahm seinen Arm, und sie gingen zusammen weiter. Dann wurde ihm plötzlich bewußt, daß sie von Harry sprach und zwar so, als erbitte sie seinetwegen Robins Rat. Robins Herz fing an, schneller zu schlagen. Glaubte er, daß Harry sie wirklich liebe? ... Würde Harry wirklich gut zu ihr sein? Natürlich hatte sie ihn sehr gern, aber ... Glaubte er, daß ein Altersunterschied später *wirklich* große Schwierigkeiten verursachen könnte? ... Natürlich hatte sie ihn sehr gern ...

Dieser Augenblick kann entschieden als der kritischste in Mr. Robin Chandlers langem Leben bezeichnet werden. Der Versucher überfiel den armen kleinen Mann in der tropfenden Hauptstraße von S. mit jener verblüffenden Geschwindigkeit und unter völliger Mißachtung der Opportunität eines warnenden Vorspiels, wie er sie stets zu zeigen pflegt.

Robin sah mit furchtbarer Klarheit, daß ihm die Macht gegeben war, Miss Pinsent zu beeinflussen. Ein kleines Zögern seinerseits, eine nicht ausdrückliche, aber nichtsdestoweniger deutliche Übereinstimmung mit ihr, was die Gefahr von Altersunterschieden in der Ehe betraf, eine kleine Andeutung, was mögliche Härten und gewalttätige Anlagen in Harrys Charakter anbetraf: er sah mit erstaunlicher und furchtbarer Klarheit, daß es völlig genügte. Und morgen nachmittag wäre Mr. Harry Chandler nicht mehr mit Miss Iris Pinsent verlobt.

Sie blieben einen Augenblick am Ende der Hauptstraße stehen. Der Wind pfiff um die Ecke, und der Regen peitschte auf den Schirm. Robin konnte die Mauer des Münsters sehen, die sehr grau und grimmig wirkte, und eine Ecke des Hofs, wo der Regen in kleinen Rinnsalen über das Pflaster floß.

»Du wirst deinen Bruder zurückbekommen ... du wirst kein einsamer, verlassener alter Mann sein ...«

Und dann schüttelte er die Versuchung ab und begann ihr, während sie in den Hof traten, eifrig, ausführlich und fast atemlos zu beweisen, daß sein Bruder der beste aller Menschen war.

III

Es wurde ausgemacht, daß Harry eine Woche bei den Pinsents in einem Haus, das sie auf dem Land, ein paar Kilometer von S. besaßen, verbringen werde und in dieser Zeit das Datum der Hochzeit festgesetzt werden sollte. Robin beobachtete die Abreise seines Bruders mit gemischten Gefühlen; es war das erste Mal seit vielen Jahren, daß sie getrennt wurden, was schon an sich traurig war – andererseits aber mußte er zugeben, daß es ihm eine Erleichterung bedeutete, zumindest eine Woche lang seinen Bruder unter den obwaltenden Umständen nicht mehr sehen zu müssen. Er stellte sogar fest, daß er auf eine resignierte, eher trübselige Art ganz zufrieden war. Mrs. Rumbold, die Haushälterin, konnte gar nicht genug Aufhebens von ihm machen. Harry war stets so betont der Herr im Haus gewesen, daß sie sich um Mr. Robin nie gekümmert hatte. Es war stets Harry gewesen, der die Essenszeiten festgesetzt hatte, und wenn er im Sommer sehr spät nach Hause kam, hatte Mr. Robin eben gewartet.

Aber jetzt ...! Nein, Mr. Harry hatte wie ein egoistischer, rücksichtsloser Mensch gehandelt, als er mir nichts, dir nichts Mr. Robin allein gelassen hatte. Was mußte ein alter Knacker in seinen Jahren heiraten, noch dazu ein so junges Mädchen – es war geradezu unanständig. Wäre Miss Pinsent Mrs. Rumbold aufmerksam und respektvoll begegnet, hätte man vielleicht eine ganz andere Ansicht gehabt. Aber so: »Man kann ihr ins Gesicht spucken, sage ich Ihnen«, erklärte Mrs. Rumbold ihren auserwählten Freunden. »Aber sie macht sich nichts draus und kommt wieder. So ist *sie*. Ihr könnt mir glauben.«

Darum wurde Robin nun mit einer Aufmerksamkeit und einem Respekt behandelt wie nie zuvor. Und nicht nur von Mrs. Rumbold, die ganze Stadt behandelte ihn so. Die Leute hatten ihn immer gern gemocht, aber er war so bescheiden und geduckt gewesen, daß es immer geheißen hatte: »Mr. Robin Chandler? ... Oh, ja! ... Ein so netter kleiner Mann. Man sieht ihn nicht viel – man *kennt* ihn sozusagen nicht, aber man muß ihn einfach gernhaben!«

Aber auf welche erstaunliche Weise blühte er nun in dieser Woche auf. Zuerst schien es ihm unglaublich, daß die Leute sich um seiner selbst willen für ihn interessieren sollten, und fünfundfünfzig Jahre Ansichten über das Leben sind schwer zu erschüttern. Doch man bedenke! Früher hatte es geheißen: »Oh, Mr. Chandler, Ihr Bruder hat netterweise versprochen, Donnerstagabend bei uns zu essen, wollen Sie nicht auch kommen?« Aber jetzt hieß es: »Kommen Sie doch zum Abendessen, Mr. Chandler, an irgendeinem Abend, es genügt, wenn Sie es einen oder zwei

Tage vorher sagen.« Die Leute fanden ihn in der Tat sehr viel unterhaltender allein, als er es vorher, in Gesellschaft seines Bruders, gewesen war. Damals hatte er immer unruhig nach seinem Bruder geschielt, um zu sehen, ob er alles recht mache, immer bescheiden gezögert, überhaupt irgendeine Meinung zu äußern, solange sein Bruder dabei war. Jetzt dagegen saß er auf dem Sofarand, die Hände auf den fetten kleinen Knien, mit tanzenden Grübchen in den Wangen, gesträubtem Haar und einem Kichern – einem ganz persönlichen Kichern – über einen Witz, an den er gerade dachte und den er gleich darauf seinen Zuhörern erzählen würde. Gegen Ende der Woche hatte er entschieden, daß er:

1. Frauen eigentlich doch gern mochte;

2. allein furchtbar unglücklich sein werde, aber versuchen würde, es so gut wie möglich zu ertragen;

3. wirklich nicht gewußt hatte, daß er so viel zu sagen hatte;

4. sich jünger fühlte als je.

›Und doch‹, sagte er sich, ›wird Harrys Heirat furchtbar sein, ich weiß einfach nicht, was ich mit mir anfangen soll.‹

Der Nachmittag von Harrys Rückkehr kam heran. Robin stand am Fenster, wie an jenem anderen furchtbaren Tag, da er zum ersten Mal von der Verlobung erfahren hatte.

Er wurde unweigerlich an jenen Tag erinnert, denn auch heute ging über der niederen Mauer Blaßblau in zartes Gelb über, auch heute schritten Gestalten über den Rasen, und das Glockengeläute verfiel in sein: ›Beeilt euch, beeilt euch, beeilt euch.‹

Robin betrachtete das alles, und dann ging ihm plötzlich wie ein Blitz die Wahrheit auf. Er wußte, ja er wußte, wie große Mühe er sich auch gab, es zu leugnen, daß er in seinen ganzen fünfundfünfzig Jahren keine Woche so sehr wie diese genossen hatte. Er hatte Freuden gekostet, Extravaganzen und Aufregungen kennengelernt, wie er sie nie zuvor erfahren hatte. Er war frei gewesen.

Er sah verwundert vor sich hin. Welch ein Verrat an Harry! Welche Ironie, daß er so rasch von Verzweiflung zu etwas gelangt war, was wie Triumph aussah. Er erinnerte sich an die bittere Bangnis, die ihn vor so kurzer Zeit in diesem gleichen Zimmer überkommen hatte.

Aber jetzt war er ein freier Mann. Niemandes Schatten und von niemand in der Welt abhängig für sein Glück. Sein Blick fiel auf ein Bild über dem Kamin, ein Aquarell mit einem grauen Hügel und blauen See in der Abenddämmerung. Er liebte dieses Bild, aber Harry hatte es als ›langweiliges Zeug‹ bezeichnet, und es hing erst seit einer Woche an diesem Ehrenplatz. Schließlich würde es Harry jetzt, da er so bald ein eigenes Haus haben würde, nichts ausmachen.

Die Tür wurde aufgerissen und Harry war da, bei ihm, im Zimmer.

»Stell dir vor ...«, er schloß die Tür und trat näher. »Stell dir vor, Robin, sie hat mir den Laufpaß gegeben.«

»Nicht möglich!«

»Jawohl – gestern abend, als wir allein waren, hat sie es mir gesagt. Sie hätte sich geirrt ... ihre Gefühle verkannt ... sie sei zu jung ... und so weiter.«

»Oh, Harry ... es tut mir so leid.«

Harry ging einige Male im Zimmer auf und ab. »Jawohl, sie hat mich abblitzen lassen. Zuerst hat es mich völlig umgeworfen ... Aber jetzt, verdammt noch mal, ich glaube fast, Robin, ich bin ganz froh. Sie sagte, es sei vor allem wegen eines Gesprächs, das sie mit dir gehabt habe – du hättest mich so sehr gerühmt und da habe sie erkannt, daß sie mir gegenüber nicht ebenso empfinde, mich aber nur heiraten könne, wenn das der Fall wäre. Der Gegensatz hat ihr Eindruck gemacht, weißt du ...«

Er verstummte und fuhr dann fort: »Aber ich bin froh, verdammt noch mal, ich bin richtig froh. Es ist furchtbar, verlobt zu sein. Im Grunde habe ich es die ganze Zeit gefunden. Sie hat nie Sachen über mich gesagt, wie du es immer getan hast – sie hat mich nie im geringsten gekannt, wie du mich kennst. Es ist eine Erleichterung, frei zu sein – wirklich, du hast mir furchtbar gefehlt. Du bist immer so mitfühlend und verständnisvoll gewesen. Es wird schön sein, dich wieder zu haben und dir alles erzählen zu können ... Ja, verdammt noch mal – hum – ha. Na, die Jungens im Klub werden was zu lachen haben ... Ich muß gehen, mir die Hände waschen. Sag der alten Mutter Rumbold, sie soll sich mit dem Tee beeilen.«

Er ging hinaus.

Robin wartete ein wenig und trat dann mit der Andeutung eines Seufzers ans Fenster. Er sah einen Augenblick hinaus in die sinkende Dämmerung, holte einen Stuhl, kletterte hinauf und nahm behutsam das Aquarell von der Wand.

Mammi eilt zu Hilfe

von Angus Wilson

In dem reizenden kleinen Zimmer ihrer Freundin Marjorie fiel Schwester Ramsay völlig aus dem Rahmen. Ihre kräftigen, fast männlichen Arme und Beine schienen ungelenk aus dem bequemen, mit Chintz überzogenen Sessel herauszuragen, und die breiten Hände mit den dicken Fingern bewegten sich plump zwischen Schwänen aus venezianischem Glas und gehäkelten Seidendeckchen. Heute abend glich sie mehr denn je einer rastenden Amazone. Nach einem anstrengenden und schwierigen Tag mit ihrem Schützling schlief sie schon halb, doch das Bewußtsein, sich von dem freundlichen Kaminplatz trennen zu müssen, um im strömenden Regen und gegen einen scharfen Wind auf der verlassenen Dorfstraße nach Hause zu gehen, zwang sie, schlechtgelaunt und gereizt wachzubleiben. Die hohe Stirn war von unzufriedenen Falten zerfurcht, und die Lippen hatte sie vor Neid auf die Unabhängigkeit der Freundin fest zusammengepreßt. Es war eine Kleinigkeit, reizend und liebenswürdig zu sein, wenn man ein eigenes Heim hatte, doch die Stellung einer Schwester, die weder als Dienstbote noch als Gesellschafterin galt, war etwas ganz anderes. Sie biß beinah wütend in die Schokoladen-Kekse, die Marjorie so nett auf der kleinen Silberschale angerichtet hatte, und durch die heiße Zitronenlimonade wurde ihre Stimmung nur noch säuerlicher.

»Wenn sie nicht so wohlhabend wären«, sagte sie, »dann müßten sie sie natürlich wegschicken, einerlei, ob es sich um die Enkelin handelt oder nicht. Sie ist kaum noch zu bändigen.«

»Wahrscheinlich wollen die alten Leute sie gern bei sich haben«, sagte Marjorie mit ihrer angenehmen, kultivierten Stimme. Sie leckte sich die Schokolade von den Fingerspitzen, immer hübsch eine nach der andern, indem sie jeden Finger auf bezaubernd babyhafte Art vorstreckte, doch Schwester Ramsay war zu verdrießlich, um es überhaupt zu beachten. »Aber sie scheint tatsächlich ein Schreckgespenst zu sein. Arme alte Joey« (so nannte sie Schwester Ramsay stets), »du hast's bestimmt nicht leicht mit ihr! Sie haben sie zu sehr verwöhnt, das ist das Schlimme!«

Schwester Ramsay spreizte die Beine, daß ihr der schwere Wollrock über die Knie hinaufrutschte; das dicke graue Zeug ihres Winterschlüpfers war zu sehen, und im Flammenschein blitzte der eine Strumpfhalter auf.

»Verwöhnt!« rief sie mit ihrer tiefen Stimme, die einen Anflug von australischem Akzent hatte. »Das wollt' ich meinen – falls man eine übergeschnappte Trulle überhaupt verwöhnen kann. Ich habe so manche Schwierige gehabt, aber unsre liebe Celia schießt den Vogel ab! Die Launen – und das Geschmolle – du kannst dir's gar nicht vorstellen – und manchmal auch richtig gewalttätig; natürlich ist sie sich ihrer eigenen Kraft nicht bewußt. Und so selbstsüchtig mit den Spielsachen – aber daran ist Mrs. Hartley schuld. ›Einerlei, was sie haben will, Schwester‹, sagt sie zu mir, ›wir müssen's ihr alles geben, das ist das mindeste, was wir für sie tun können.‹ Was sagst du bloß dazu? Natürlich wird die alte Dame schon selber 'n bißchen wunderlich, das ist das Dumme, und der alte Herr ist nicht viel besser dran. ›Das kann schlimm ausgehen‹, hab' ich ihr erwidert, aber man könnte ja ebensogut zur Wand reden. Du hättest nur mal das Theater miterleben sollen, bloß, weil ich 'ne alte Puppe nicht finden konnte. ›Als ob andere kleine Mädchen auch gleich bissen und kratzten, wenn sie mal ihre Puppe verlieren‹, hab' ich gesagt.«

Marjorie mußte laut lachen. Schwester Ramsay zog finster die Brauen zusammen; sie argwöhnte immer, daß man sich über sie lustig machte.

»Was ist'n da so Komisches dran?« fragte sie.

»Ach, gar nichts«, entgegnete Marjorie, »wenn man

daran gewöhnt ist – aber du kannst's eben besser als ich.«

»Wollt' ich meinen«, sagte Schwester Ramsay. »Doktor Lardner hat gerade neulich erst zu mir gesagt: ›Keiner wie Sie kann sowas aushalten, Schwester! Sie müssen Nerven wie Stricke haben!‹ Ich glaube selber, daß ich ungewöhnlich ...«

Aber Marjorie hörte nicht mehr auf die nur zu bekannte Geschichte. Sie war emsig damit beschäftigt, einen Schokoladefleck aus ihrem hübschen blauen Crêpe-de-Chine-Kleid zu reiben, und befeuchtete ihr kleines Spitzentuch immer wieder fleißig mit Spucke. Joey war in der letzten Zeit wirklich eine alte Jammerliese.

*

Es war so dunkel in dem schmalen Bett, und wenn man sich auf die eine Seite drehte, konnte man rausfallen, und wenn man sich auf die andre Seite drehte, dann war da die Wand, und man war gefangen. Celia drückte ihre Puppe sehr fest an sich. Vor Angst zitterte sie am ganzen Leibe: Schwester hatte so gestoßen und gekratzt, weil sie Mammi bei sich im Bett haben wollte. Schwester versuchte immer wieder, ihr Mammi wegzunehmen, denn sie war neidisch. Aber man mußte vorsichtig sein, man mußte abwarten, denn so sehr man auch in den Arm biß und ihn quetschte und die

Zähne hineingrub und die Knochen knacken ließ, konnten sie einen doch immer festbinden, und dann konnte nicht mal Großmutter einem helfen. Deshalb hatte sie sich vor der Schwester verstellt und getan, als gäbe sie nach und ginge ohne Mammi ins Bett. Schwester wußte eben nicht, daß Mammi doch im Bett war. Celia schob die Bettdecke zurück und blickte im Schimmer des Mondlichts, das durch den Fensterladen fiel, auf das vertraute blaue Wollbündel. »Alles ist gut, wenn Mammi bei dir ist, Liebling« – vor so langer Zeit hatte sie das gesagt, ehe sie aufs Schiff ging und sie bei Großmutter ließ. »Paß nur auf, ich bin im Nu wieder bei dir«, hatte sie gesagt, während Celia auf der Kante des Kabinenkoffers saß und ihre Puppe in die alte blaue Strickjacke eingewickelt hatte. Aber sie kam nicht und sie kam nicht, und dann war sie da, die ganze Zeit, immer in der blauen Strickjacke, und alles war gut, wenn sie bei einem war. Doch man mußte gut aufpassen, daß sie einen nicht von Mammi und ihrem Schutz trennten; sie konnten's mit Gewalt tun, aber nur kurze Zeit, denn Großmutter duldete es nicht; das Schlimmste war aber, wenn sie einem weismachen wollten, man hätte sie verloren: das hatte die Schwester mal getan, und sie hatten gesucht und gesucht, alle, nur die Schwester ausgenommen, die hatte bloß so getan, aber die ganze Zeit hatte man's ihr von den Augen ablesen können, daß sie wünschte, man würde sie nie wiederfinden. Der Ausdruck in den Augen der Schwester hatte Celia rasend gemacht, und sie hatte sie gekratzt, bis das Blut floß. Das hatte natürlich schlimme Folgen gehabt, Großmutter war böse geworden, und Großpapas Stimme klang laut und streng, und man mußte im Bett bleiben und kleine weiße Pillen schlucken. Und doch war es so wichtig, sich nie von Mammi trennen zu lassen, deshalb nahm Celia sie jetzt, schlang sich Mammis Arme sehr sorgfältig um den Hals und verknotete sie hinter sich am Bettpfosten. Es war sehr mühsam, aber zu guter Letzt war sie befriedigt, weil Schwester sie nun nicht trennen konnte. Dann schmiegte sie sich ins Kissen und beobachtete den gelben Mondstrahl. Gelb war das Mittellicht, und wenn sie hinter Goddard saßen und im Wagen fuhren – hinter Goddard, der einem immer Bonbons gab – mit Großmutter, die nach Blumen roch, dann sagten sie stets, Gelb ist das Mittellicht, und bei Grün fahren wir, und bei Rot halten wir, und bei Grün fahren wir, und Gelb ist das Mittellicht, und bei Rot halten wir …

*

»Es handelt sich einfach darum, daß kein Geld da ist«, sagte der alte Mr. Hartley, und seine Stimme klang brüchig und gereizt. Ihm behagte die Sache genausowenig wie seiner Frau, und doch wurde er durch ihre Weigerung, Geldprobleme zu begreifen – vor fünfunddreißig Jahren hätte er es echt weiblich und charmant gefunden –, in die Rolle des Advokaten gedrängt, des grausamen Realisten. Vor lauter Erregung war er schon einem Glas Portwein erlegen, und der Gedanke an die Gicht, die morgen folgen würde, verstimmte ihn noch mehr.

»Du weißt es natürlich am besten, Liebster«, antwortete seine Frau mit ihrer ruhigen, besänftigenden Stimme, über die er sich nun schon so viele Jahre geärgert hatte, »aber du hast selbst oft gesagt, wir sollten einen andern Anwalt nehmen, Mr. Cartwright sei ein schreckliches altes Weib ...«

»Ja, ja, ich weiß«, wurde sie von Mr. Hartley unterbrochen, »Cartwright ist ein alter Schafskopf, aber er ist nicht schuld an den neuen Steuern und der verdammten Regierung. Es ist nun mal so, Liebste, daß unser Kapital sehr zusammengeschrumpft ist und daß wir's uns nicht leisten können, so wie bisher zu leben.«

»Ich gebe mir die größte Mühe zu sparen«, entgegnete Mrs. Hartley, »aber die Preise ...«

»Ich weiß, ich weiß«, wurde sie wieder von Mr. Hartley unterbrochen, »es handelt sich jedoch nicht darum, überall ein bißchen abzuknappsen. Wir müssen unsre ganze Lebensweise ändern. Vor allem müssen wir etwas finden, wo wir billiger wohnen können.«

»Ich begreife aber nicht, wie du dir vorstellst, wir könnten alle in ein kleineres Haus passen«, entgegnete seine Frau.

»Das ist es ja gerade«, erwiderte er. »Ich kann's mir nicht vorstellen!« Er zog die Oberlippe über die untere und starrte ins Feuer, dann blickte er zu seiner Frau auf, als nähme er an, sie erwarte von ihm, daß er weiterspräche. Aber sie hatte mit keinem Gedanken daran gedacht, daß er fortführe, sondern nur an ihren großen Abscheu vor dem Vorschlag, den er angedeutet hatte, und an ihre Ablehnung. Sie legte ihre Handarbeit zusammen, stand auf und nahm das Alpenveilchen von dem kleinen Tisch am Fenster. »Du hast dich von Schwester Ramsay einwickeln lassen«, sagte sie.

»Von Schwester Ramsay einwickeln lassen?« wiederholte der alte Mann zornig. »Was für Unsinn du redest! Man könnte meinen, ich wäre ein Kind, das nicht selbst denken kann!«

»Wir sind beide nicht mehr jung, Liebster«, bemerkte Mrs. Hartley trocken, »und alte Leute sind leicht etwas kindisch.«

Solche realistischen Geistesblitze im sonst so eintönig abgestumpften Denken seiner Frau erbitterten Mr. Hartley nur noch mehr.

»Eins ist mir völlig klar«, entgegnete er scharf, »nämlich, daß du in dieser Frage nie Vernunft annehmen wirst. Celias Verhalten wird immer schlimmer. Schwester Ramsay kann es nicht viel länger ertragen, und heutzutage finden wir keine andere Schwester.«

Mrs. Hartley legte die Patiencekarten auf den kleinen Tisch. »Celia ist immer sehr lieb zu mir«, erwiderte sie, »und ich verstehe nicht, was die Schwester stets zu murren hat.«

»Aber Liebste«, sagte Mr. Hartley, und seine Stimme klang zärtlich und beruhigend, »sei doch vernünftig! Du weißt ja, daß es nicht sehr angenehm sein kann: die ewigen Wutanfälle und die Schwierigkeit, sie zu füttern, und so sauber wie vor zwei Jahren kann sie sich auch nicht mehr halten.«

Mrs. Hartleys Hand zitterte, weil ihr Mann eine so derbe Anspielung machte. Sie sagte jedoch nichts weiter als »Rot auf schwarz!« Ihr Schweigen ermutigte ihren Mann.

»Ich brauche deine Mithilfe, Alice, begreifst du das nicht? Zwinge mich nicht dazu, allein zu handeln! Komm mit und sieh dir das Haus in Dagmere an! Solche Dinge kannst du viel besser beurteilen als ich.«

Mrs. Hartley schwieg ein paar Minuten, dann sagte sie: »Also gut, fahren wir morgen hin!« Doch die Stimme ihrer Tochter klang ihr im Ohr: ›Ich lasse sie bei dir, Mutter, da weiß ich, sie ist in guten Händen!‹

Celia war auf dem Schiff, an Deck, und die Sonne schien hell, und die Gongs dröhnten, und die Sirenen ertönten, und ihre roten Haarschleifen flatterten im Wind. Alle Treppengeländer waren knallrot gestrichen, briefkastenrot, blutrot, und das war Celias Lieblingsfarbe. Rot bedeutete, wir müssen halten, daher hielt Celia. Der Herr in der Briefträger-Uniform kam auf sie zu: »Geh weiter!« sagte er. »Steh nicht da und gaffe wie ein Dummkopf!« Sie wollte ihm sagen, daß es Rot sei und daß sie deshalb nicht gehen könne, aber die Sirenen und die Gongs machten solchen Lärm, daß er sie nicht hörte. »Geh weiter!« rief er und klatschte über ihrem Kopf in die Hände. Als er in die Hände klatschte, entstand so ein Wind, daß ihre Haarbänder fortflogen. Celia fing an zu weinen. »Das wär ja noch schöner, wenn jedes kleine Mädchen gleich weinen wollte, weil ihm die Haarbänder fortfliegen«, sagte Schwester Ramsay. Sie hoffte, Celia würde ihnen nachlaufen, obwohl es Rot war, und das bedeutete, man muß stehenbleiben. Aber Großmutter winkte ihr, und die Haarbänder tanzten ein Stückchen voraus in der Sonne – zwei kleine rote Puppen. Celia rannte also, obwohl es Rot war. Und nun war die Bordwand vom Schiff verschwunden, und große Wellen stiegen auf, grüne und graue, und wollten sie hinunterziehen. »Mammi, Mammi!« schrie sie, aber die Wellen schlugen über ihr zusammen. Mammi kam und kam nicht, und plötzlich war Mammi da und streckte die Arme aus, um sie zu retten – Mammi, ganz in Blau. Celia rannte ihrer Mutter in die Arme, und sie weinte an der Brust ihrer Mutter: jetzt war sie nicht mehr verlassen, jetzt war sie gerettet! Aber die Arme von Celias Mammi schlangen sich fest um ihren Hals, eng und immer enger. »Nicht, Mammi, nicht! Du tust mir weh!« rief Celia, und sie blickte auf und sah, daß die Augen ihrer Mammi grausam und hart wie die Augen von Schwester Ramsay waren. Celia begann zu schreien und zu toben, aber die Hände ihrer Mammi schlossen sich fest und immer fester um ihren Hals und würgten und quetschten.

*

Schwester Ramsay hörte die Schreie, als sie die dunkle Einfahrt heraufkam. Die Batterie ihrer Taschenlampe war ausgebrannt, daher mußte sie sich zwischen nassen Sträuchern einen Weg suchen. Die Schreie drangen langsam bis in ihr Bewußtsein vor, da sie mit ihren Gedanken noch bedrückt bei der beschämenden Szene im Flannel Hop weilte, als Ivy sie vor Ronnie Armitage so lächerlich gemacht hatte. ›Nein, wirklich, es wird immer schlimmer‹, dachte sie zuerst. ›Man kann sie jetzt keine halbe Stunde alleinlassen, ohne Ärger zu bekommen!‹ Dann klang etwas aus den Schreien, das sie veranlaßte, schneller zu laufen, und nun rannte sie in panischer Angst, und die Zweige der Rhododendron- und Lorbeer-Büsche griffen wie lange, stachlige Arme nach ihr.

Als sie Celias Schlafzimmer erreichte, war es schon zu spät. Weder die Bemühungen des armen alten Mr. Hartley noch die Hilfe Goddards vermochten das Leben in die gedunsenen blauroten Wangen und den geblähten schwarzen Hals zurückzuholen. Doktor Lardner, der kurz danach kam, erklärte ihnen, der Tod sei ebensosehr auf ein Versagen des Herzens wie auf das Erwürgen zurückzuführen. »Sie muß wachgeworden sein, als sie sich abmühte, den Hals aus den Schlingen der Wolljacke zu befreien«, sagte er, »und die Angst wirkte auf das bereits schwache Herz ein.« Man glaubte es gern, wenn man den Körper betrachtete: das Wrack einer großen blonden Britannia, fast zwei Zentner schwer – seit ihrem fünfundzwanzigsten Lebensjahr hatte sie ständig zugenommen –, die runden blauen Augen hätten bezaubern können, wenn sie nicht so idiotisch gestarrt hätten, und die Flut goldener Haare hätte Bewunderung erregt, wenn sie nicht auch in Büscheln auf den dicken, rosigen Wangen gesproßt und die arme Irre dem Tierreich zugeordnet hätten – sie von normalen Männern und Frauen absondernd.

Schwester Ramsay sagte, die ganze Sache sei eine

gerechte Strafe. Wenn sie nicht so starrköpfig gewesen wären, sondern eingewilligt hätten, sie in ein richtiges Heim zu schicken, dann wäre sie heute noch am Leben, fügte sie hinzu. Aber Mrs. Hartley, die eine fromme Frau war, betete am Abend zu Gott und dankte ihm, daß der Tod rechtzeitig gekommen war und verhindert hatte, daß sie eingesperrt wurde. ›Es ist fast so, als wäre ihre Mutter ihr zu Hilfe gekommen, als sie in Not war‹, dachte sie.

Das Leben der Mutter Parker

VON KATHERINE MANSFIELD

Als der literarische Herr, dessen Wohnung die alte Mutter Parker jeden Dienstag reinigte, ihr an diesem Morgen die Tür öffnete, fragte er sie nach ihrem kleinen Enkel. Mutter Parker stand auf der Fußmatte in dem dunkeln kleinen Vorraum, und bevor sie antwortete, streckte sie die Hand aus, um »ihrem Herrn« die Mühe des Türschließens abzunehmen. »Wir haben ihn gestern begraben, Sir«, sagte sie ruhig.

»O du mein Gott, das tut mir aber leid!« sagte der literarische Herr in entsetztem Ton. Er war mitten in seinem Frühstück; er trug einen sehr abgenützten Schlafrock und hielt eine zerknitterte Zeitung in der Hand. Aber er fühlte sich verlegen. Er konnte wohl kaum ins warme Wohnzimmer zurückgehn, ohne etwas – etwas mehr zu sagen. Und dann sagte er, weil diese Sorte von Leuten so viel auf Begräbnisse hielt, freundlich: »Hoffentlich ging das Begräbnis ohne Zwischenfall vonstatten?«

»Padong, Sir?« fragte die alte Mutter Parker heiser.

Armes altes Tier! Sie sah wirklich niedergebrochen aus. »Ich hoffe, das Begräbnis war – war ein Erfolg«, sagte er. Mutter Parker gab keine Antwort. Sie senkte den Kopf und humpelte in die Küche, die alte Wachstuchtasche umklammernd, die ihr Putzzeug und eine Schürze und ein Paar Filzschuhe enthielt. Der literarische Herr zog die Augenbrauen hoch und kehrte zu seinem Frühstück zurück.

»Ganz überwältigt, vermutlich«, sagte er laut vor sich hin und verhalf sich zu Orangenmarmelade.

Mutter Parker zog die zwei Spieße an den Jettkugeln aus ihrem Kapotthut und hängte ihn an die Tür. Sie hakte ihre abgetragene Jacke auf und hängte sie darunter. Dann band sie die Schürze um und setzte sich, um ihre Schuhe auszuziehn. Die Schuhe auszuziehn oder sie anzuziehn, war eine Qual für sie, aber war es schon seit Jahren. Tatsächlich war sie so an den Schmerz gewöhnt, daß sich ihr Gesicht, auf dieses Reißen gefaßt, verzerrte, bevor sie auch nur die Schnürriemen gelöst hatte. Als es vorbei war, lehnte sie sich mit einem Seufzer zurück und rieb sich sacht die Knie ...

»Grossi, Grossi!« Ihr kleiner Enkel stand in seinen Knopfstiefelchen auf ihrem Schoß. Er war soeben vom Spielen draußen auf der Straße hereingekommen.

»Schau nur, wie du deiner Grossi ihren Rock zugericht' hast, – du schlimmer Bub!«

Er aber schlang die Arme um ihren Hals und rieb seine Wange an der ihren.

»Grossi, gib mir 'n Penny!« schmeichelte er.

»Mach, daß du weiterkommst! Die Grossi hat kein' nicht.«

»Ja, du hast ein'n!«

»Nein, ich hab' kein'n.«

»Ja, du hast. Gib mir 'n!«

Und schon tastete sie nach der alten, verbeulten Geldbörse. »Na, und was wirst *du* deiner Grossi geben?«

Er stieß ein scheues kleines Lachen aus und schmiegte sich enger an sie. Sie fühlte seine Wimpern an ihrer Wange beben. »Ich hab' gar nix«, flüsterte er ...

Die alte Frau sprang auf, nahm den Blechkessel vom Gasherd und trug ihn hinüber zum Ausguß. Das Geräusch des Wassers, das in den Kessel trommelte, betäubte, so schien es, ihren Schmerz. Sie füllte auch den Eimer und das Abwaschbecken.

Es wäre ein ganzes Buch nötig, um den Zustand der Küche zu beschreiben. Während der Woche behalf sich der literarische Herr allein, das heißt, er leerte die Teeblätter dann und wann in ein für diesen

Zweck bestimmtes Einmachglas, und wenn es ihm an reinen Gabeln fehlte, wischte er die eine oder andre an dem Rollhandtuch ab. Im übrigen war, wie er seinen Freunden erklärte, sein »System« höchst einfach, und er konnte nicht verstehn, warum die Leute soviel Aufhebens vom Führen eines Haushalts machten.

»Man macht einfach alles, soviel man hat, schmutzig, läßt einmal die Woche eine Hexe kommen, damit sie's reinigt, und das Problem ist gelöst.«

Das Ergebnis sah wie ein riesiger Mülleimer aus. Sogar der Fußboden war übersät mit Brotkrusten, Briefumschlägen und Zigarettenenden. Aber Mutter Parker nahm ihm das nicht übel. Sie bedauerte den armen jungen Herrn, weil er niemand hatte, der sich um ihn kümmerte. Aus dem verschmierten kleinen Fenster konnte man eine ungeheure Weite traurig aussehenden Himmels erblicken, und wenn Wolken da waren, sahen sie wie sehr abgenutzte alte Wolken aus, an den Rändern zerfranst, mit Löchern oder mit dunkeln Flecken wie von Tee.

Während das Wasser heiß wurde, begann Mutter Parker den Fußboden zu fegen. ›Ja‹, dachte sie, als der Besen aufklopfte, ›alles miteinander genommen, hab' ich mein Teil abbekommen. Es war ein hartes Leben.‹

Sogar die Nachbarinnen sagten das von ihr. Oftmals, wenn sie mit ihrer Wachstuchtasche heimhumpelte, hörte sie sie, die an der Ecke beisammenstanden oder über die Lichtschachtgitter lehnten, zueinander sagen: »Sie hat ein hartes Leben gehabt, die Mutter Parker, das hat sie.« Und es war so wahr, daß sie sich nicht im geringsten stolz darauf fühlte. Es war genau so, als sagte man, daß sie im hintern Tiefgeschoß von Nummer 27 wohnte. Ein hartes Leben! ...

Mit sechzehn hatte sie Stratford verlassen und war als Küchenmädchen nach London gekommen. Ja, sie war in Stratford am Avon geboren. Shakespeare, Sir? Nein. Die Leute fragten sie immer nach ihm. Aber sie hatte seinen Namen nie gehört, bis sie ihn auf den Zetteln an den Theatern sah.

Nichts war von Stratford geblieben, nur »wenn man abends im Kaminwinkel gesessen ist, hat man die Stern' durch'n Rauchfang sehn können« und »die Mutter hat immer eine Speckseite von der Decke hängen gehabt«. Und irgendwas – ein Strauch war's – war an der Vordertür gewachsen, der hatte gar so schön gerochen. Aber der Strauch war sehr undeutlich. Sie hatte sich nur ein oder zweimal an ihn erinnert, im Krankenhaus, als es sie sehr schlimm hatte.

Das war ein gräßlicher Platz gewesen, ihr erster Platz. Sie durfte nie ausgehn. Sie ging nie nach oben, außer zum Beten, morgens und abends. Es war gradezu wie in einem Keller. Die Köchin war eine grausame

Person. Sie pflegte ihr die Briefe von Zuhause aus der Hand zu reißen, bevor sie sie gelesen hatte, und warf sie ins Herdfeuer, weil sie sie verträumt machten ... Und die Schaben! War es zu glauben? – Bis sie nach London kam, hatte sie noch nie eine Küchenschabe gesehn. Hier stieß Mutter Parker immer ein kleines Lachen aus, als wäre – keine Küchenschabe gesehn zu haben! So was! Es war, als hätte man gesagt, man habe nie seine eignen Füße gesehn.

Als diese Familie ihr Geld verlor und alles verkauft wurde, ging sie als »Hilfe« in das Haus eines Arztes, und nach zwei Jahren dort, wo sie von frühmorgens bis spätabends herumgehetzt wurde, heiratete sie ihren Mann. Er war Bäcker gewesen.

»Ein Bäcker, Mrs. Parker?« sagte der literarische Herr. Denn gelegentlich schob er seine Folianten beiseite und lieh wenigstens das eine Ohr diesem Gebilde, genannt Leben. »Es muß doch sehr nett sein, einen Bäcker zum Mann zu haben.«

Mutter Parker machte keine sehr überzeugte Miene.

»So ein reinliches Gewerbe«, sagte der Herr.

Mutter Parkers Miene sah nicht danach aus, als fände sie das auch.

»Und machte es Ihnen keine Freude, den Kunden die frischen Brotlaibe zu reichen?«

»Nu, Sir«, erwiderte Mutter Parker, »ich war nicht sehr viel im Laden. Wir haben dreizehn Kinder gehabt und siebene davon begraben. Wenn's nicht das Krankenhaus war, war's das Hospital, möcht' man sagen.«

»Das möchte man wirklich, Mrs. Parker«, sagte der literarische Herr schaudernd und griff wieder zur Feder.

Ja, sieben waren gestorben, und während sechs noch klein waren, hatte ihr armer Mann die Auszehrung bekommen. Es sei das Mehl in den Lungen, hatte ihr damals der Doktor gesagt ... Ihr Mann saß aufrecht im Bett, das Hemd über den Kopf gezogen, und der Finger des Arztes zeichnete einen Kreis auf seinen Rücken.

»Also wenn wir ihn hier aufschneiden würden, Mrs. Parker«, sagte der Arzt, »da fänden Sie seine Lunge dick voll von weißem Staub. Atmen Sie, mein lieber Mann!« Und Mutter Parker wußte nie ganz gewiß, ob sie es sah oder es sich nur einbildete, daß ein großer Fächer von weißem Staub aus dem Mund ihres armen guten Mannes kam ...

Aber die Plackerei, die sie hatte, ihre sechse aufzuziehn und sich's nicht anmerken zu lassen! Schrecklich war das gewesen. Dann, grade als alle alt genug waren, um zur Schule zu gehn, kam die Schwester ihres Mannes für eine Weile zu ihnen, um mitzuhelfen, und sie war kaum mehr als zwei Monate bei ihnen, da fiel sie die Treppe hinunter und verletzte sich das Rückgrat. Und fünf Jahre lang hatte Mutter Parker noch ein kleines Kind mehr – und eins, das nicht wenig schrie! – für das sie sorgen mußte. Dann wurde aus der jungen Maudie ein schlechtes Ding, und sie nahm ihre Schwester Alice mit; die zwei ältern Buben wanderten aus, und der junge Jim ging mit den Soldaten nach Hindien, und Ethel, die Jüngste, heiratete einen nichtsnutzigen kleinen Kellner, der an Magengeschwüren starb, in dem Jahr, wo der kleine Lennie geboren wurde. Und nun war der kleine Lennie – ihr Enkelkind ...

Die Stapel schmutziger Tassen und schmutziger Teller waren gewaschen und getrocknet. Die tintenschwarzen Messer waren mit einem Stück Kartoffel gereinigt und mit einem Stück Kork blankgeputzt. Der Tisch war gescheuert und auch die Anrichte und der Ausguß, in dem Sardinenschwänzchen geschwommen hatten ...

Er war nie ein kräftiges Kind gewesen – von Anfang an nicht. Er war eins von diesen zarten gewesen, die jedermann für ein Mädel hält. Silberblonde Locken hatte er, blaue Augen und eine kleine Sommersprosse wie ein Karo-As auf der einen Seite der Nase. Die Plage, die sie und Ethel hatten, um dieses Kind aufzuziehn! Alle die Sachen aus den Zeitungen, die sie mit ihm versuchten. Jeden Sonntagmorgen las Ethel laut vor, während Mutter Parker die Wäsche wusch.

»Werter Herr – nur eine Zeile, um Ihnen mitzuteilen, daß meine kleine Myrtil schon aufgegeben war … nach vier Flaschen … nahm sie in neun Wochen acht Pfund zu *und nimmt noch immer weiter zu.*«

Und dann wurde der Eierbecher mit der Tinte vom Aufsatz der Anrichte herabgeholt, und der Brief wurde geschrieben, und Mutter Parker kaufte am nächsten Morgen auf dem Weg zur Arbeit eine Geldanweisung. Aber es half nichts. Nichts brachte den kleinen Lennie zum Zunehmen. Nicht einmal, ihn auf den Friedhof mitzunehmen, gab seinen Wangen einige Farbe; und ein gutes, tüchtiges Durchgerütteltwerden im Omnibus machte ihm auch keinen größern Appetit.

Aber von Anfang an war er Grossis Bub …

»Wem sein Bub bist du?« fragte die alte Mutter Parker, sich vom Herd aufrichtend, und ging zu dem verschmierten Fenster hinüber. Und ein kleines Stimmchen, so warm, so nahe, es erstickte sie fast – es schien in ihrer eignen Brust zu sein, unter ihrem Herzen – lachte auf und sagte: »Ich bin Grossis Bub!«

In diesem Augenblick erklangen Schritte, und der literarische Herr erschien, zum Ausgehen gekleidet.

»Oh, Mrs. Parker, ich gehe jetzt weg.«

»Sehr wohl, Sir.«

»Und die zweieinhalb Schilling für Sie liegen im Untersatz des Tintenfasses.«

»Danke sehr, Sir.«

»Ja, und was ich sagen wollte, Mrs. Parker«, fügte der literarische Herr hastig hinzu, »Sie haben doch wohl kein Kakaopulver weggeschüttet, als Sie letztesmal hier waren, – nicht wahr nein?«

»Nein, Sir.«

»*Sehr* merkwürdig. Ich hätte schwören können, ich ließ einen Teelöffelvoll Kakao in der Büchse.« Er unterbrach sich. Dann sagte er leise aber fest: »Sie werden es mir immer sagen, wenn Sie etwas wegwerfen, – nicht wahr, Mrs. Parker?« Und er ging ab, sehr zufrieden mit sich selbst und tatsächlich überzeugt, Mrs. Parker gezeigt zu haben, daß er unter seiner scheinbaren Sorglosigkeit so wachsam wie eine Hausfrau war.

Die Tür fiel ins Schloß. Sie trug ihre Bürsten und Wischtücher ins Schlafzimmer. Aber als sie das Bett zu machen begann und es glättete und zurechttätschelte, wurde der Gedanke an den kleinen Lennie unerträglich. Warum hatte er so leiden müssen? Das konnte sie nicht verstehn. Warum sollte ein kleines Engelskind um seinen Atem betteln und kämpfen müssen? Es lag kein Sinn darin, ein Kind so leiden zu machen!

... Aus Lennies kleinem Brustkasten kam ein Geräusch, als kochte etwas darin. Ein großer Klumpen von irgend etwas brodelte in seiner Brust, und er konnte ihn nicht loswerden. Wenn er hustete, trat ihm der Schweiß auf die Stirn; seine Augen quollen hervor, seine Hände zuckten, und der große Klumpen brodelte, wie eine Kartoffel im Kochtopf pumpert. Aber was noch entsetzlicher war als alles andre, das war, wenn er nicht hustete. Da saß er in die Kissen gelehnt und sprach nicht und antwortete nicht und tat, als hörte er nicht einmal. Er sah nur gekränkt drein.

»Es ist nicht deine alte Grossi, die dir das antut, mein Schäfchen«, sagte die alte Mutter Parker und strich das feuchte Haar von seinen kleinen dunkelroten Ohren zurück. Aber Lennie bewegte den Kopf und rückte von ihr ab und wich ihr aus. Schrecklich gekränkt sah er drein – und feierlich. Er senkte den Kopf und sah sie von der Seite an, als hätte er das nicht von seiner Grossi geglaubt.

Und dann zuletzt ... Mutter Parker schlug den Überwurf über das Bett. Nein, sie konnte einfach nicht dran denken. Es war zuviel – sie hatte schon zuviel in ihrem Leben ertragen müssen. Sie hatte es bis jetzt ertragen, sie hatte sich nie was anmerken lassen, und nicht ein einziges Mal hatte man sie weinen gesehn; keine Menschenseele, nicht einmal ihre eignen Kinder hatten Mutter je zusammenbrechen gesehn. Sie hatte immer ihren Stolz gehabt. Aber jetzt! Jetzt, wo Lennie nicht mehr war, – was hatte sie noch? Sie hatte nichts. Er war alles, was sie vom Leben gehabt hatte, und nun war auch er ihr genommen. »Warum muß mir das alles geschehn?« fragte sie sich. »Was hab' ich getan?« fragte sich die alte Mutter Parker. »Was hab' ich denn getan?«

Als sie die Worte aussprach, ließ sie plötzlich ihre Bürste fallen. Sie war auf einmal in der Küche. Ihr Elend war so schrecklich, daß sie den Hut festnadelte, ihre Jacke anzog und aus der Wohnung hinausging wie ein Mensch in einem Traum. Sie wußte nicht, was sie tat. Sie war wie jemand, der so betäubt ist von der Gräßlichkeit des Geschehnen, daß er weggeht – irgendwohin, als könnte er durch Weggehn entfliehn...

Es war kalt auf der Straße. Es wehte ein Wind wie Eis. Die Leute hasteten vorbei, hatten es sehr eilig; die Männer schritten wie Scheren; die Frauen traten wie Katzen auf; und niemand wußte – niemand kümmerte sich. Selbst wenn sie zusammenbräche, wenn sie endlich, nach all diesen Jahren, weinen würde – sähe sie sich höchstwahrscheinlich im Arrest.

Aber bei dem Gedanken ans Weinen war es, als spränge der kleine Lennie in die Arme seiner Großmutter. Ah, das ist's, was sie tun möcht', mein Herzchen! Grossi möcht' weinen. Wenn sie nur jetzt weinen könnte! Lange, lange weinen, über alles, von ihrem ersten Platz angefangen und der grausamen Köchin, und über den nächsten bei dem Arzt und dann über die sieben Kleinen und den Tod ihres Mannes und, wie die Kinder sie verließen, und alle die Jahre voll Elend, die endlich zu Lennie führten. Aber sich über das alles ordentlich auszuweinen, würde eine lange Zeit brauchen. Ganz gleich, die Zeit dafür war gekommen! Sie mußte es tun. Sie konnte es nicht länger aufschieben; sie konnte nicht länger warten… Wohin könnte sie gehn?

»Sie hat ein hartes Leben gehabt, die Mutter Parker, das hat sie.« Ja, ein hartes Leben, wahrhaftig! Ihr Kinn begann zu zittern; es war höchste Zeit. Aber wohin? Wohin?

Sie konnte nicht nach Hause gehn; dort war Ethel. Es würde Ethel zu Tod erschrecken. Sie konnte sich nicht irgendwo auf eine Bank setzen; die Leute würden kommen und sie ausfragen. Sie konnte unmöglich in die Wohnung des Herrn zurückgehn; sie hatte kein Recht, in fremden Häusern zu weinen. Wenn sie sich auf irgendwelche Stufen setzte, würde ein Polizist sie anschnauzen.

Gab es denn kein Plätzchen, wo sie hingehn und sich verkriechen und ganz für sich sein und bleiben könnte, solange sie wollte, ohne jemand zu stören und ohne daß jemand sie störte? Gab es denn nirgends auf der Welt ein Plätzchen, wo sie sich ausweinen konnte – endlich?

Mutter Parker stand und sah die Straße hinauf und hinab. Der eisige Wind blies ihre Schürze zu einem Ballon auf, und nun begann es zu regnen.

Nein, nirgendswo.

Mr. Sampson

von Charles Lee

An einem Weg in der Heide standen zwei kleine Häuser; sie waren aneinandergebaut, unter einem Dach. Das eine Haus hatte vier Zimmer, das andere nur zwei – unten eine Küche und darüber ein Schlafzimmer. Es war eine einsame Gegend, das nächste Haus eine Meile weit weg und das nächste Dorf doppelt so weit. Catherine und Caroline Stevens wohnten in dem größeren Haus; das andere stand schon seit vielen Jahren leer. Beide Häuser gehörten den Schwestern. Außerdem hatten sie ein bescheidenes kleines Einkommen, das sie durch den Verkauf von Erzeugnissen ihres Hühnerhofs vergrößerten. Catherine war fünfundfünfzig Jahre alt, Caroline dreiundfünfzig, und beide hatten ihr ganzes Leben lang in dieser Einsamkeit gewohnt. Catherine, die ältere und auch etwas temperamentvollere, war die tonangebende. Sie war die energischere, und sie konnte, wie sie selbst voll Bescheidenheit zugab, manchmal in Wut geraten. Wenn man es mit einem Gleichnis ausdrücken will, so wäre es dies: sie trank schwachen Tee, und die sanfte Caroline war mit Milch und Wasser zufrieden. Catherine war die Geschäftsfrau. Jeden Donnerstagmorgen um acht Uhr konnte man sie die Straße hinunterziehen sehen auf ihrem Weg zum nahen Marktstädtchen. In dem Korb an ihrem Arm waren Eier, manchmal auch ein paar Hühner. Caroline ging selten aus. Sie stand am Gartentor und sah ihrer Schwester nach, bis sie verschwunden war. Um fünf Uhr abends hielt Caroline wieder Ausschau nach ihr, um sie zu begrüßen, wenn sie zurückkam mit dem Wochenbedarf an Lebensmitteln und Dorfklatsch.

An diesem Donnerstag kam sie eine volle halbe Stunde früher zurück als sonst. Sie war ganz außer Atem, als sie sich hinsetzte, und ihre Augen glänzten richtig vor Aufregung. Carolines Herz begann unruhig zu klopfen.

»Schwester«, sagte sie leise, »was gibt's?«

Catherine deutete auf den Kamin.

»Jemand will's mieten«, sagte sie.

»Das Haus? Unmöglich!«

»Jawohl, das Haus. Ein Mann.«

»Schwester! Ein lediger Mann!«

»Jawohl. Und nicht einmal einer von hier.«

»Ach, du liebe Zeit, Cath'rine, du hast doch nicht –«

»Jawohl, ich hab. Warum denn nicht? Auf mich

kann man sich verlassen, ich kann schon schlecht von recht unterscheiden. Ein gesetzter Mensch, Isaak Sampson heißt er, und das ist ein guter ehrbarer Name – sogar aus der Bibel, beide Teile. Er soll Straßenarbeiter sein, Steinklopfer, und da gibt's doch sicher kein solideres Handwerk als so was, sollt ich meinen. Einen Schilling pro Woche wird er zahlen, und den Mietzins für die erste Woche hab ich schon, und er und seine Sachen kommen morgen. So, jetzt weißt du's!«

Caroline atmete hörbar.

»Cath'rine! Ein lediger Mann, und dazu noch ein Auswärtiger! Und wir ganz allein!«

»Du schwätzt wie du's verstehst, Schwester. Ein ordentlicher, ehrbarer Mann, sag ich dir, und dabei ist er bestimmt sechzig. Du hast ihn auch schon gesehen und mit ihm gesprochen. Am Dienstag ist er hier vorbeigekommen und hat uns gegrüßt.«

»Am Dienstag sind zwei hier vorbeigekommen.«

»Der da ist morgens vorbeigegangen.«

Caroline dachte nach.

»Einer mit grauem Backenbart, mit schwarzem Filzhut, und ging er etwas gebückt und sagte ziemlich breit ›Morgen‹?«

»Der ist's. Ich hab ihn gleich erkannt, als er mich ansprach. Ich könnt mir keinen höflicheren Menschen vorstellen. Außerdem hat ihn der Metzger empfohlen.

Jawohl, ich hab Mr. Pearse gefragt, und der hat gesagt, er gelte als ehrlich, soweit er was von ihm wisse. Und das will was heißen, wenn ein Mann so sagt, der selbst schlachtet. Ich will dir alles ganz genau erzählen.«

Mit dem Drum und Dran der Einzelheiten und Erläuterungen dauerte das Erzählen, wie sich die fünf Minuten auf dem Marktplatz abgespielt hatten, mindestens eine halbe Stunde. Die Zeit, die auf diese Weise verstrich, trug das ihrige dazu bei, Caroline den Gedanken, der sie zuerst so verängstigt hatte, vertraut und annehmbar zu machen.

»Vielleicht«, sagte sie, »würde er, wenn wir ihn bitten, die Hühner für uns totmachen. Ich kann mich ja doch nie dran gewöhnen, den armen lieben Dingern den Hals umzudrehen, und wenn ich hundert Jahr alt werd.«

Spät am nächsten Abend brachte Mr. Sampson seine Sachen in einem Leiterwagen. Die Schwestern beobachteten verstohlen durch die Geranien, wie die Möbel in der regnerischen Aprildämmerung abgeladen wurden. Offensichtlich war Mr. Sampson kein Sybarit: ein Stuhl, ein Tisch, ein Bett, eine Kiste und ein Bündel mit verschiedenerlei Krimskrams wurden hineingetragen; dann fuhr der leere Wagen ab, und der neue Mieter ging ins Haus und machte die Türe hinter sich zu.

»Du meine Güte! Hast du's gesehen?« wunderte sich Catherine. »Kein Teppich, keine Läufer, keine Nippsachen, nicht einmal ein kleines Bild. Nicht gerade sehr vornehm. Fast wollt ich, ich hätt seinen Schilling nicht genommen.«

»Der Ärmste!« murmelte Caroline. »So alt und hat niemand, der nach ihm schaut. Ich bin froh, daß wir das Feuer für ihn gerichtet haben. Er möchte doch sicher etwas Bequemlichkeit in der neuen Wohnung haben. Mit einem Feuer ist man nie allein; ein kalter Ofen ist was richtig Trostloses bei so wüstem, traurigem Wetter. Hoffentlich zündet er ihn an.«

»Er wird 's Wasser für seinen Tee heiß machen, glaub ich«, sagte Catherine, »da muß er ja Feuer machen.«

»Cath'rine! Ich hab nichts von einem Teekessel gesehen, den man hineingetragen hätt!«

»Ich auch nicht, wenn ich mir's überleg. Aber vielleicht war er in der Kiste.«

»Was, mit seinem Sonntagsanzug! Ein schmutziger schwarzer Kessel! Ach, geh, Cath'rine!«

»Aber irgendwo muß er doch sein, der Kessel. Der Mensch muß doch Tee trinken können. 's liegt nicht in der menschlichen Natur, ohne Tee zu leben.«

»Hoffentlich hat er sich 's Feuer angemacht. Die Küch da drüben ist das reinste Vogelbauer, was Zug angeht ... Ach, du meine Güte! Was war denn das?«

Sie saßen vor ihrem Feuer, und aus dem hinteren Teil des Kamins hörte man plötzlich ein lautes Klopfen, zweimal hintereinander. Sie sahen sich ängstlich an, denn es schien fast, als ob das Klopfen bei ihnen im Zimmer wäre. Dann klärten sich Catherines Züge auf.

»Ich hab's«, sagte sie beruhigt, »er klopft seine Pfeife am Kamingitter aus. Er sitzt da drüben, ganz dicht bei uns, und raucht seine Pfeife am Feuer.«

»Genau wie's Vater getan hat«, sagte Caroline. »Nett und gemütlich; sicher hat er seine Schuh ausgezogen. 's würd mich nicht wundern. Hörst du? Jetzt stochert er in den Kohlen. 's ist wahrhaftig, als ob er bei uns im Zimmer wär.«

Sie waren eine Weile still und versuchten, sich ihren neuen Nachbarn vorzustellen, wie er so nah auf der anderen Seite der Wand war. Ach, wenn sie nur etwas von ihm sehen könnten! Plötzlich hatte Catherine eine gute Idee.

»Wie wär's, wenn wir etwas Lärm mit der Feuerzange machen täten?« schlug sie vor. »'s würd sozusagen mehr nach Geselligkeit aussehen, dünkt's mich.«

Caroline streckte ihre Hand aus, zog sie aber gleich wieder zurück, ganz rot im Gesicht.

»Irgendwie mag ich's doch nicht tun. 's kommt einem so – so frech vor, so – so ganz ordinär.«

»Ach, dummes Zeug! Wie soll er denn wissen, daß wir's absichtlich tun? Unser Feuer muß doch auch ab und zu gestochert werden. Da, gib's mir.«

Sie fegte die Asche absichtlich geräuschvoll zusammen und ließ dann die Schaufel mit viel Lärm fallen.

»So, jetzt kannst du deine Schwester eine freche Straßendirne schimpfen, soviel du willst!«

Caroline lächelte und hielt dabei den Finger in die Höhe. Aber selbst wenn Mr. Sampson das Signal gehört hatte, fehlte es ihm an Phantasie, und er verstand die freundliche Absicht nicht, die dahinter steckte. Darum gab er keine Antwort. Und erst nach weiteren zehn Minuten hörte man wieder etwas, wieder das zweimalige Klopfen.

»Jetzt noch eine Pfeife und dann ins Bett«, bemerkte Catherine. »So hat's Vater auch immer gemacht.«

Sie blieben am Feuer sitzen, sagten ab und zu etwas mit leiser Stimme, bereit, das kleinste Geräusch von jenseits der Wand zu erhaschen; dabei beschäftigten sich ihre Gedanken mit dem Mann, der ahnungslos wenige Meter von ihnen entfernt saß. Einmal hustete er, und schon spekulierten sie über dieses Geräusch. War es ein gewöhnliches Räuspern, wie Catherine meinte, oder hatte Caroline recht, die einen hohlen Ton gehört haben wollte und daraus eine Brustschwäche ableitete? Einmal pfiff er ein paar langsame Töne; sie erkannten es als etwas aus einem Heilsarmeelied und zogen daraus vorteilhafte Schlüsse. Wenn es nun ein gemeines Wirtshauslied gewesen wäre –! Schließlich hörten sie noch einmal das Klopf-Klopf des Pfeifenkopfes, und unmittelbar darauf das Hin- und Hergeschiebe des Stuhls auf dem nackten Fußboden.

»Genau wie ich's gesagt hab«, rief Catherine. »Jetzt geht er ins Bett. Wahrhaftig! 's ist neun Uhr! Wie schnell ist die Zeit 'rumgegangen! Wahrhaftiger Gott!«

»Ich bin froh, daß wir ihn genommen haben, den guten Menschen«, sagte Caroline. »'s ist doch ein bißchen Gesellschaft für uns, was?«

Spät erst schliefen sie ein nach all den Aufregungen des Abends. So wachten sie auch erst später als sonst am nächsten Morgen auf und waren gerade rechtzeitig unten, um Mr. Sampson zur Arbeit gehen zu sehen. Sie liefen schleunigst ans Gartentor.

»Er geht nicht halb so gebückt, wie ich gedacht hab«, sagte Caroline. »Mir scheint's, er ist gut beieinander für sein Alter. Meinst nicht, seine linke Rocktasche steht etwas raus?«

»Ja, 's stimmt. Wahrscheinlich hat er sein Mittagessen drin. Möcht wissen, was.«

»Cath'rine! Wie macht der's bloß mit dem Essen?«

»Weiß nicht. Wahrscheinlich kocht er's selber, so wie wir auch. Und sicher macht er's sehr, sehr schlecht.«

»Armer Kerl! Wir – könnten wir nicht anbieten, für ihn zu kochen, was meinst du?«

»Das würd sich nicht schicken – nicht eh wir ihn besser kennen. Schön dumm würden wir dastehen, wenn er ›nein, danke‹ sagen würd.«

»Vielleicht wird er uns sogar darum bitten«, sagte Caroline, als sie hineingingen.

»Ach, Cath'rine! Schau, der hat seine Tür offen gelassen!«

»Wahrhaftig, der schlampige Kerl! Ich möcht wirklich –«

Sie drehte sich um, sah vorsichtig die Straße hinunter und marschierte resolut aus dem einen Gartentor hinaus und zu dem anderen hinein.

»Was um alles in der Welt tust du, Schwester? Cath'rine, was machst du denn?«

Catherines Gesicht war fest entschlossen.

»Ich will hineinspicken«, sagte sie und ging geradewegs bis an die Haustür. Caroline fühlte sich unwiderstehlich und doch voll Angst mitgezogen. Zusammen blickten sie verstohlen ins Zimmer.

»Da steht seine Tasse und seine Teekanne auf dem Tisch«, flüsterte Catherine. »Einen Teller seh ich nicht.«

»Einen richtigen Teekessel auch nicht«, murmelte Caroline. »Ich hätt mir's denken können, daß er keinen Kessel hat. Schau, er hat's Wasser für seinen Tee in dem schäbigen Topf gekocht.«

»Ich geh hinein«, kündigte Catherine an und ging

mutig voran. Caroline schaute sich ängstlich um und folgte.

»Da ist eine Bratpfanne, ganz mit Fett verdreckt. Sicher ist sie nie sauber gemacht worden seit dem Tag, wo er sie gekauft hat. So sieht's grad aus. Speck zum Frühstück hat er gehabt.«

»Da ist das Stück im Schrank, ein halb Pfund durchwachsener und sonst nichts, nur ein Kanten Brot.«

»Gestern hab ich den Boden sauber gemacht und jetzt, da schau! So einen Dreck hast du noch nie gesehen.«

»Cath'rine! So können wir's nicht lassen! 's bricht mir das Herz, wenn ich das mit ansehen muß.«

»Nein, wir lassen's nicht so, auf keinen Fall. Nach dem Frühstück kommen wir her und räumen auf.«

»Aber er wird's merken. 's kann sein, daß er sich ärgert.«

»Macht nichts«, sagte Catherine unerschrocken. »Wenn's ihn ärgert, kann er ja wieder gehen. Das Zimmer muß wieder sauber sein zum Sonntag, und sauber und anständig werden wir's machen.«

Eins führte zum andern; und als Mr. Sampson heimkam, fand er das Haus sauber gekehrt und versorgt. Das Kamingitter war poliert, das Feuer zum Anzünden bereit; ein alter Läufer lag vor dem Herd, ein anderer vor der Eingangstür. Ein Stück Musselin war am Fensterrahmen angenagelt, und auf dem Fenstersims standen zwei Geranienstöcke, deren rote Blüten lustig leuchteten. Der Tisch war zum Essen gedeckt, mit Messer, Gabel, Tasse und Teller, und auf dem Teller lag eine appetitliche braune Pastete. Er ging hinauf und fand sein Bett ordentlich aufgebettet und einen buntfarbigen Bibelspruch an der Wand, und zwar so, daß er ihn beim Aufwachen sehen würde. Mr. Sampson dachte über alles sorgfältig nach, während er die Pastete bis auf den letzten Krümel verzehrte. Dann ging er hinaus und klopfte bei seinen Nachbarinnen an. Catherine machte die Türe auf, die andere Mitverschworene zitterte im Hintergrund.

»Dank schön, Fräulein«, sagte Mr. Sampson.

»Wir haben's gern getan, Mr. Sampson. Alles, was wir für Sie tun können ...«

Mr. Sampson trat von einem Fuß auf den anderen, spuckte respektvoll hinter seiner Hand aus und sagte gar nichts. Catherine wurde mutig.

»Wollen Sie nicht reinkommen?« fragte sie und machte, indem sie rückwärts ging, eine einladende Verbeugung. Dabei schrie sie leise auf, als die aufgeregte Caroline sie von hinten am Rock zog. Mr. Sampson starrte sie etwas verwundert an.

»Nein, dank Ihnen, 's ist gut genug für mich drüben«, sagte er. Und nach einer Pause fügte er hinzu: »Die Pastete war großartig.«

»Die Schwester hat sie gebacken. Alle sagen von ihr, daß sie gut backen kann.«

»Dank Ihnen, Fräulein«, sagte Mr. Sampson mit leicht erhobener Stimme und richtete seinen Dank an den dunklen Raum hinter Catherines Schulter. Die kaum sichtbare Gestalt antwortete mit einem leisen Flattern und unverständlichem Gemurmel. »Wenn Sie mir sagen wollen, was zu zahlen wär –«

»Darüber wollen wir keine Worte verlieren, Mr. Sampson. Aber ich wollt noch etwas anderes sagen – die Schwester und ich, wir haben darüber gesprochen, und jetzt wollt ich Sie fragen, ob –«

Mit viel Zögern erklärte Catherine, was sie sich ausgedacht hatten, und wie sie alle davon profitieren würden. Sie und Caroline würden sein Essen kochen und sein Zimmer aufräumen. Dafür sollte er die schwere Arbeit im Freien übernehmen, den Garten umgraben, Torf aus dem Moor holen und dergleichen mehr. Als besondere Aufgabe wurde ihm noch das Hälseumdrehen der Hühner überantwortet. Mr. Sampson ging bereitwilligst auf alles ein und fing plötzlich krampfhaft an zu erzählen. Er habe bei einer verwitweten Schwester gelebt, bis letztes Jahr. Die Schwester habe sich wieder verheiratet und sei in eine andere Gegend gezogen. Seither wohne er wieder allein, und es wär immer ein schlechtes Wirtschaften gewesen. Er verstünde vom Kochen nicht mehr als eine Kuh vom Schießen. Er könne zur Not ein Stück Speck braten, aber das wäre auch alles. Es käme ihm so vor, als ob es ihm von jetzt an gut gehen werde, und er sei den Damen zu Dank verpflichtet für ihren Vorschlag.

»Ja, ja, wir tun's gern, Mr. Sampson!« Diesmal war es Caroline, die das sagte, dicht an der Seite ihrer Schwester.

»Dank Ihnen, Fräulein«, antwortete er, wobei Caroline schon wieder im Hintergrund verschwand.

Der Plan funktionierte tadellos. Jeden Abend fand Mr. Sampson bei seiner Rückkehr von der Arbeit seine Wohnung aufgeräumt, den Tisch gedeckt, und etwas Gutes auf dem Herd warmgestellt – vielleicht eine Lauch- und Rübensuppe, oder einen Kartoffelauflauf. Die Pastete für das Mittagessen des nächsten Tages stand fix und fertig im Schrank. Nachdem er gegessen und verdaut hatte, ging er hinaus und arbeitete im Garten, bis es dunkel wurde. Dann begab er sich an die Türe und tauschte ein paar Gute-Nacht-Worte mit den Schwestern aus. Ganz allmählich verlor Caroline ihr jungfräuliches Zittern und Zagen. Sie gewann ein gewisses Selbstvertrauen in der Gegenwart dieses sanftmütigen, langsamsprechenden alten Mannes; als er am Ende der zweiten Woche kam, um seine Miete zu bezahlen, und als er wieder von Catherine aufgefordert wurde, doch hereinzukommen, war sie es, die jüngere Schwester, die mit ihrem leisen

»Ach, kommen Sie schon« ihn dazu bewegte, hereinzukommen.

Als er gegangen war, waren sich die Schwestern einig, daß seine gesellschaftlichen Manieren einwandfrei seien. Dreimal hatten sie ihn auffordern müssen, sich eine Pfeife anzuzünden, ehe er's tat. Was sie am meisten rührte, war, wie er alle paar Minuten seine steifen Gelenke in Bewegung setzte, zur Tür ging, seinen Kopf hinaussteckte wie ein richtiger Gentleman und nicht ihren blitzsauberen Kamin als Spucknapf benützte. Ohne Bedenken luden sie ihn wieder ein. Bald aber war keine Einladung mehr nötig. Es wurde zur Gewohnheit, daß er sie jeden Abend zur gleichen Zeit besuchte, daß er immer gleich lang auf seinem angestammten Stuhl saß, und daß er den ihm zukommenden Teil zur gewohnten Unterhaltung beisteuerte. Caroline wunderte sich geradezu, daß sie sich je vor ihm geängstigt hatte, wo er doch jetzt ebensosehr zu ihnen gehörte wie die Standuhr aus Großvaters Zeiten, die in der Ecke neben der Stiege tickte. Tatsächlich war er auch mit seinem runden Vollmondgesicht, seiner langsam gewichtigen Art zu sprechen und seinen absolut festen Gewohnheiten diesem ehrwürdigen Chronometer sehr ähnlich. Der Vergleich war ehrenvoll für ihn; der Chronometer – ›Großvater‹ nannten ihn die Schwestern liebevoll – war bei ihnen mit Recht geschätzt. Die, die in belebten Marktstädten wohnen, mögen ihre Uhren und Wecker als bloße mechanische Hilfsmittel ansehen. Aber für zwei Frauen, die allein in einer einsamen Gegend wohnen, bedeutet so eine alte Familienuhr – besonders wenn es so eine ist wie ›Großvater‹ – sieben Fuß hoch und mit einem feierlich glänzenden Zifferblatt aus Messing – für die bedeutet so eine Uhr mehr als nur eine Ansammlung von Zahnrädern und Gewichten. So ein Chronometer ist dann der wahre Herrscher im Haus, er ordnet das Leben seiner Untertanen, sagt ihnen, wann sie aufstehen, wann sie zu Bett gehen müssen; sein lautes Ticken kann man im ganzen Haus hören; wenn er sich räuspert, sind alle still und bleiben ehrfurchtsvoll still, bis sein Stundenschlag verklungen ist, der den Menschen sagt, daß sie sterblich sind. Das Geschäft des Aufziehens ist eine feierliche Angelegenheit. Bald schon wurde Mr. Sampson eingeweiht in die Geschichte der zwei bemerkenswertesten Ereignisse aus ›Großvaters‹ Leben, das sonst so reibungslos verlief: einmal hatte ein armer irregeleiteter Fremder versucht – natürlich vergebens – die Uhr für schäbige zwanzig Goldstücke von ihnen zu erstehen; und das zweite war, als die Uhr plötzlich einen Anfall von Geistesgestörtheit zeigte. Sie mußte nämlich plötzlich mitten in der Nacht gedacht haben, die Ewigkeit wäre angebrochen, und schlug hintereinanderweg einhundertsiebzehnmal, während die Schwestern, aus ihrem Schlaf aufgeschreckt, in ihren weißen Nachthemden weinend und ratlos vor der Uhr standen.

So bildeten die Vier nun ein gemütliches, ausgeglichenes Quartett. Catherine führte meistens in der Unterhaltung, Mr. Sampson unterstützte sie nach besten Kräften, Caroline war eine ausgezeichnete Zuhörerin, und ›Großvater‹ füllte die etwaigen Pausen mit seiner wohleinstudierten Predigt, die man sich gerne und mit gutem Gewissen am Ende eines wohlgenützten Tages anhörte. In der ganzen Gegend gab es sicher keine harmonischeren und zufriedeneren Leute, die so zusammen vor einem Feuer saßen.

Dann geschah das Unglück. An einem Donnerstagabend – ungefähr drei Monate nach seinem Einzug – klopfte Mr. Sampson wie immer an. Aber die Türe blieb zu. Er probierte, die Klinke herunterzudrücken. Es ging nicht. Er rief, und Catherine war's, die ihm antwortete.

»Tut uns leid, Mr. Sampson, Sie können nicht herein.«

»Wieso? Was ist los bei Ihnen?«

»Das kann ich Ihnen nicht sagen, aber Sie können nicht herein. Bitte schön, gehen Sie wieder, Mr. Sampson.«

Er überlegte langsam. »Nein«, sagte er schließlich, »erst, wenn ich weiß, was los ist.«

»Ach, du meine Güte«, sagte sie unter Tränen, »Bitte, bitte, gehen Sie!«

»Nicht eh' ich weiß, was los ist«, wiederholte er.

Ein aufgeregtes Tuscheln drang zu ihm.

»Wenn Sie mir aufmachen«, sagte er, »dann können Sie mir in Ruh' alles erklären. Ich komm nicht hinein, wenn Sie's nicht erlauben; aber wissen muß ich, was los ist.«

Mehr Tuscheln. Dann hörte man, wie ein Riegel zurückgezogen wurde, und die Türe wurde ein oder zwei Zoll weit geöffnet.

»Also«, sagte er und drückte sachte gegen die Türe. Aber die Türe gab nicht nach.

»Ich kann Ihnen nicht ins Gesicht sehen. Wenn ich muß, sag ich's Ihnen, aber wenn ich Sie dabei auch noch ansehen muß, komm ich vor Schande um.«

»So schlimm?«

»Schlimmer. Schlimmer als alles, was Sie sich je ausdenken können. Ach, du meine Güte! Wie soll ich's Ihnen bloß sagen?«

Schon wollte die Türe wieder zugehen. Mr. Sampson sagte gar nichts, sondern stellte nur seinen Fuß in den Türspalt. Er hatte einen großen Fuß, der in einem großen Schuh steckte. Schon allein die Zehenspitze, außer der man drinnen nichts sah, deutete auf mannhafte Entschlossenheit. Catherine gab sich einen Ruck.

»Mr. Sampson, die Leut reden über uns.«

»Was soll das heißen, ›über uns‹?«

»Über Sie und über uns. Straßauf, straßab klatschen sie. Ach, daß ich das erleben muß!«

»Bitte, Fräulein, was sagen denn die Leute?« fragte er geduldig nach einer Pause.

»Wir haben ja an nichts Böses gedacht«, brachte sie weinend hervor, »'s war ja doch bloß, weil wir Nachbarn sind und weil Sie so allein sind und nicht wissen wie und was, darum haben wir's Ihnen angeboten, das Saubermachen. Ganz sicher haben wir nie an so etwas gedacht. 's ist Sünd und Schand, solche gräßlichen Sachen zu sagen.«

»Aber was denn?«

»Zu – zu sagen, daß wir hinter Ihnen her sind.«

Jetzt war es heraus, die schreckliche Verleumdung. Die zwei im Haus warteten zitternd. Und nun hörten sie es: zuerst einen leisen langgezogenen Pfiff, dann – es war nicht zu glauben – ein unverkennbares Lachen. Catherine wich erschrocken zurück, wie von der Tarantel gestochen. Die Tür ging auf, und Mr. Sampson stand vor ihnen; seine Augen zwinkerten vor lauter harmloser Freude.

»Ha, das ist ein altes Märchen«, sagte er. »Hab's schon vor Wochen gehört. Nur mir hat man's andersherum erzählt. Ich muß schon gestehen, sonst wär ich nie auf die Idee gekommen.«

»Auf was für eine Idee, Mr. Sampson?«

»Ha, was, Ihnen einen Antrag zu machen, natürlich«, sagte unser Gentleman gelassen.

Die Damen schnappten im Einklang nach Luft.

»Sie, Sie wollen doch nicht sagen –« brachte Catherine schließlich stammelnd heraus.

»Jawohl, genau das. Am Sonntag in zwei Wochen, wenn's Ihnen recht wär. Und nichts für ungut.«

»Aber, aber, wir haben ja gar nichts gemerkt.«

»Nein, das glaub ich schon. 's geht wie mit dem Kochen – ich kann's halt nicht. Aber jetzt ist's gesagt und ich hoff, ich hab Sie nicht verärgert.«

»Ach, ja nein, das nicht. Aber trotzdem –«

»Also«, machte er weiter. »Überlegen Sie sich's, bitte. Man muß auch bedenken, daß es eine Ersparnis bedeutet, nicht nur an Geld, sondern auch an Mühe. Und ich hab auch das eine oder andere Pfund auf der Sparkasse. Natürlich bin ich nicht mehr ganz jung, aber das sind wir doch alle nicht mehr. Aber auch schließlich nicht zu alt, oder? Natürlich würden wir alle drei zusammen bleiben; ich mein, wir müßten ganz gemütlich zusammenleben können, wir drei, aber ich kann ja bloß eine von Ihnen heiraten, drum müssen Sie sich's überlegen, bitte! Ich komm morgen abend wieder. Gute Nacht.«

Er war schon an der Gartentür, ehe Catherine wieder sprechen konnte.

»Mr. Sampson, Mr. Sampson, bitte, bitte!«

»Ja, Fräulein?« sagte er und kam langsam zurück.

»Vielmals pardon, aber darf man fragen, *welcher* von uns beiden Sie – Sie einen Antrag machen wollen?«

Mr. Sampson kratzte sich am Hinterkopf.

»Jetzt werden Sie mich sicher auslachen«, sagte er. »Ja, wem? Bei Gott, ich weiß es nicht. Aber 's macht nichts«, fügte er vergnügt hinzu. »Machen Sie's untereinander ab. Mir kommt's nicht so drauf an.«

»Du lieber Gott, Mr. Sampson! Hat man schon je so etwas gehört?« rief Catherine aus und konnte sich das Lachen nicht verbeißen.

»So ist's recht!« lachte auch er, »lachen Sie nur, soviel Sie wollen. Lacht die Schwester auch?«

Auch Carolines ängstliches Kichern ließ er gelten.

»So, jetzt ist alles wieder in Ordnung«, sagte er, »jetzt kann ich zu Ihnen kommen, und jetzt gibt's keinen Skandal mehr.«

Das tat er, und niemand hinderte ihn daran. Er setzte sich auf seinen angestammten Stuhl, spreizte seine Hände auf den Knien und sah die Schwestern strahlend an.

»Jawohl«, fuhr er fort, »ich bin wie die alte Katze beim Feuerwerk; die wußte auch nicht, wohin sie springen sollte. So was war noch nie da, kommt mir vor. Ich hab's mir selber schon hin und her überlegt, aber ich kann zu keinem Entschluß kommen. Wahrscheinlich, weil ich Sie zwei immer zusammen gesehen hab, kann ich Sie jetzt nicht auseinanderhalten, genau so wenig, wie Milch von Wasser. Aber 's macht nichts, ich hab's ja schon gesagt. Bloß seien Sie so gut und machen's unter sich aus.«

»Das können wir nicht«, sagte Catherine mit großem Nachdruck. »Ach was, können Sie's nicht doch?« Er drehte sich fragend zu Caroline um. Aber Caroline schüttelte den Kopf.

»'s würd sich nicht schicken«, sagte sie leise.

»Na ja, Sie müssen's am besten wissen«, sagte Mr. Sampson, ein wenig niedergeschlagen und dachte mit gesenktem Blick angestrengt nach. Die Schwestern sahen ihn von der Seite an. Einander anzuschaun, vermieden sie. Er hob den Kopf, und sein Blick traf den Carolines.

»Cath'rine ist die bessere Hausfrau«, beeilte sich Caroline zu sagen.

Nun sah er Catherine erwartungsvoll an.

»Car'line kocht besser, bei weitem«, beeilte sie sich zu bemerken.

Mr. Sampson schlug sich aufs Knie.

»Potztausend!« rief er aus, »wenn man *eine* aus euch machen könnt, so wär's das vollkommenste Wesen der ganzen Schöpfung. Ein Mann könnt sich keine bessere Frau wünschen, als ihr zusammen abgeben tätet. So steht's also, und ich seh keinen Ausweg, zum mindesten nicht in einem Christenland. Ach je«, fügte er nachdenklich hinzu, »ja die Heidentürken, die wissen, warum sie's so halten, gelt?«

»Mr. Sampson, ich muß mich sehr über Sie wundern!« rief Catherine aus, die über seine freigeistige Anschauung schockiert war.

»Ich weiß, unsereiner kann nicht dran denken«, sagte er entschuldigend. »Und trotzdem seh ich keinen andern Ausweg. Außer«, und da strahlte er übers ganze Gesicht, »außer, wenn wir einen Penny werfen und Kopf oder Zahl wetten.«

»Niemals! Niemals in diesem Haus!« rief Catherine noch schockierter, als zuvor.

»Seh nicht ein, warum nicht«, hielt er bei seiner Ansicht fest. »'s ist doch das gleiche wie ein Los ziehen, und das gab's schon in der Bibel. Die alten Patriarchen haben es immer so gemacht, hab ich mir sagen lassen. Nur ging's bei ihnen um Sekel, nehm ich an. Doch Sekel oder Penny, das ist doch einerlei.«

»Ja, wenn Sie bestimmt wissen, daß es in der Heiligen Schrift vorkommt«, sagte Catherine, höchst beeindruckt und schon halb überzeugt.

»Bestimmt eine sehr vernünftige Bibelregel, mein Ehrenwort. Nicht wahr, Fräulein?« wandte er sich an Caroline.

»Ja, ich erinnere mich so halb und halb an einen Vers in den Sprüchen«, sagte Caroline schüchtern.

»Da heißt's ›das Los stillt den Hader und scheidet zwischen den Mächtigen‹.«

»Seht ihr!« rief Mr. Sampson. »Das ist's. Das Los stillt den Hader. Das ist für uns gemacht. Ein Vers aus den Sprüchen auch noch! Der alte Salomon ist unser Mann. Wissen Sie noch, wie er den Streit um das Baby geschlichtet hat? Da waren auch zwei Damen drin verwickelt. Also?«

Catherine schüttelte voll Zweifel den Kopf, machte aber keinen weiteren Einwand. Mr. Sampson holte eine Handvoll Münzen aus seiner Tasche, suchte eine mit Vorbedacht aus, so wie sich's gehörte, und hielt sie zur allgemeinen Begutachtung in die Höhe.

»Also los«, kündigte er an. »Wenn die alte Königin oben ist, dann ist's Catherine. Ist der junge Mann mit dem Dreizack oben, dann ist's Caroline. Achtung, jetzt geht's los.«

Man konnte sehen, er war kein Fachmann im Münzenwerfen, und er fing darum auch die Münze nicht im Flug. Sie fiel auf den Boden in der dunklen Ecke beim ›Großvater‹. Mr. Sampson kniete nieder und suchte sie. Die Schwestern hielten den Atem an.

»Verflixt und zugenäht!«

Die Damen zuckten zusammen. Mr. Sampson stand langsam auf und hielt den Penny mit ausgestrecktem Arm vor sich hin; er lächelte und wußte nicht, was er sagen sollte.

»Ja, wenn's wenigstens ein Zementfußboden gewesen wär«, sagte er.

»Warum, was ist verkehrt mit dem Boden?« brachte Catherine mühsam heraus.

»Die Münz ist in einen Spalt zwischen die Bretter gefallen, meine Liebe. Hab sie in der Ecke aufrecht stecken gefunden, und so gab's weder oben noch unten. Selbst der alte Salomon hätte damit nichts anfangen können. Aber woher kommt's denn, daß ihr einen Holzfußboden in eurer Küche habt, und in meiner ist er aus Zement?«

»Vater hat's gewollt, wie das Haus gebaut wurde«, sagte Caroline. »Er zog immer gern abends seine Schuhe aus, und Zement ist von Natur so kalt; man kann leicht Frostbeulen durch die Socken hindurch kriegen.«

»Da sieh einer an, was zu was führen kann«, meditierte Mr. Sampson.

»'s war vorherbestimmt, dünkt's mich«, sagte Caroline ernst.

»Ein himmlisches Zeichen ist's bestimmt«, gab Catherine zu. »Und wenn Vater in dieser Minute auf uns herunterschaut, so würd mich's nicht wundern. Mr. Sampson, ich glaub, wir sind sehr töricht gewesen, und wir sprechen lieber nicht mehr davon.«

»Ha, das seh ich jetzt nicht ein«, sagte er. »Grad bloß weil Ihr Vater ohne Hausschuh herumsaß, ist kein stichhaltiger Grund, warum ich mich nicht verheiraten soll, wenn ich Lust dazu verspür. Wir müssen's halt anders probieren.«

Wieder dachte er angestrengt nach, bis schließlich Caroline die Stille unterbrach und zögernd mit einem Vorschlag herausrückte.

»Wenn wir«, sagte sie stockend und wurde rot bis an die Haarwurzeln, »wenn wir es etwas aufschieben, und wenn Mr. Sampson uns solang nicht besucht, vielleicht würd ihm dann sein Herz den rechten Weg zeigen.«

»Ja, vielleicht«, sagte unser Gentleman, allerdings etwas zweifelnd, »vielleicht aber auch nicht ... 's ist ein verrückt kompliziertes Organ, das Herz, mein ich.«

»Man sagt ›Abwesenheit macht die Liebe größer‹«, bemerkte Catherine.

»Ja, schon gut«, erwiderte er. »Ich bezweifel's ja nicht. Aber was geschieht, wenn ich nun euch beide lieber gewinne? Wo wären wir dann? Sicher, wir wollen's ausprobieren, wenn Sie's so wollen. Daß es viel Sinn hat, glaub ich nicht.«

Er sagte ›Gute Nacht‹ und blieb dann noch an der Türe stehen. »Und trotzdem«, sagte er, »ich kann mir nicht helfen, ich wollt, ich wär als Heidentürke geboren.«

Nach seinem Weggehen gab's für die Schwestern viel zu bedenken. Sie saßen stumm da, und je länger sie so saßen, desto schwieriger fanden sie es, etwas zu sagen. Zum ersten Mal in ihrem Leben hing zwischen ihnen ein trennender Schleier, der von Minute zu Minute dichter und dunkler wurde. Schließlich wechselten sie der Form halber ein paar Worte, zündeten ihre Kerzen an und gingen zu Bett. Am nächsten Morgen saßen sich zwei unausgeschlafene Frauen am Frühstückstisch gegenüber und beobachteten sich mißtrauisch. Der Tag zog sich in die Länge, denn gesprochen wurde so wenig wie möglich, jedenfalls fiel kein Wort über ihren Nachbarn. Am nächsten Morgen sprachen sie gar nichts mehr miteinander, und es war, als ob ein herannahendes Gewitter in der Luft sei. Am Nachmittag fing Caroline wie gewöhnlich an, die Samstagsbäckerei vorzubereiten, und hatte schon alle nötigen Zutaten auf dem Küchentisch ausgebreitet, als Catherine vom Garten herein kam. Sie warf einen Blick auf den Tisch, und ihre Augen nahmen einen stahlharten Ausdruck an.

»Ich hab mir's gedacht«, stieß sie leise hervor, »du hast die Wyandotte-Eier genommen!«

Caroline wurde bleich. »Und wenn schon?« antwortete sie schließlich.

Catherine wurde heftig.

»Du hast gewußt, daß ich Toppy die Eier ausbrüten lassen will.«

Caroline hielt sich zitternd an der Tischkante fest.

»Und wenn ich's gewußt hätt?« sagte sie leise.

»Warum nimmst du dann diese Eier?«

»Ich, ich nehm alle Eier, die ich will – kannst mir's glauben.«

»'s ist eine Gemeinheit. Meine Eier zu nehmen, die ich für Toppy aufgespart hab. Und sie sitzt in diesem Augenblick so brütig, wie sie nur kann, auf ihrem Nest. Das weißt du sehr gut. Sie verzehrt sich vor Sehnsucht, weil ihr Nest leer ist, das arme kleine Tierchen. Meine Eier zu nehmen, das ist doch das Allergemeinste.«

»Ach du meine Güte, du und deine blöden Eier!«

Selbst wenn man in Betracht zieht, daß dies ein allererster Versuch war, spöttisch und beißend zu sein, so war er doch erbärmlich schwach ausgefallen, zumal seine Wirkung noch dadurch abgeschwächt wurde, daß die Sünderin sofort in einen reuevollen Tränenstrom ausbrach. Im nächsten Augenblick fielen sie einander um den Hals.

»Wenn ich bloß dran denk«, rief Catherine aus, als ihr beiderseitiges Weinen etwas nachließ. »In all diesen Jahren nie einen Streit, und jetzt – ach was, laß ihn sich zum Teufel scheren, diesen Mann!«

»Schwester!«

»Der Teufel mag ihn holen!« wiederholte sie und freute sich direkt über ihr Fluchen. »Ich wollt, wir hätten ihn nie gesehen. Soll ihm recht geschehen, wenn wir ihn jetzt abschieben.«

»Schwester! Wir haben's aber so gut wie versprochen! Außerdem würd er ja nicht gehen. Er ist ja so stur, auch wenn er ein stilles Wasser ist.«

»Eine Woche Kündigung kriegt er«, sagte Catherine erbost, »das wird ihn lehren.«

»Catherine, nein, das können wir nicht! So ein guter Mensch, soll an einem Tag von zwei Frauen verschmäht werden und von Haus und Hof vertrieben werden, ja nein, das können wir nicht.«

»Ich geb's zu, 's ist schwer«, sagte Catherine. »Aber so können wir nicht weitermachen, das ist sonnenklar.«

»Vielleicht hat er sich jetzt selber entschieden.«

»Ja, und wenn schon. Er kann doch bloß eine von uns heiraten. Was wird dann aus der andern? Sag mir das, bitte!«

»Schwester«, weinte Caroline, hielt inne und holte tief Atem. »Schwesterherz, ich, ich bin nicht so erpicht aufs Heiraten.«

»Caroline Stevens, auf dem Regal liegt die Bibel. Leg deine Hand drauf und wiederhol's, wenn du's kannst!«

Caroline vergrub das Gesicht in den Händen. »Ich kann's nicht«, stammelte sie.

»Ich auch nicht. So sind wir, wir zwei, schielen ums Eck herum nach dem gleichen Mannsbild. In unserem Alter! Es ist schandbar, sag ich. Ich werd ganz rot, wenn ich nur dran denk. Zwei dumme alte Gänse, das sind wir!«

Caroline zuckte zusammen: »Ach sag nicht so was!«

»Zwei dumme alte Gänse«, wiederholte sie mit erbarmungsloser Härte. »Aber 's soll nicht so sein. Gott sei Dank, ich hab noch etwas Sinn und Verstand, wenn auch mein Herz aus lauter Dummheit und Torheit besteht. Ich laß es nicht zu. Je länger er bei uns bleibt, um so schlimmer wird's. Und gehen muß er ja doch. Warum hat er sich bloß nicht entschieden, eh er anfing, mit uns zu sprechen? Dann wär alles nicht passiert.«

»Er hat keine Wahl gehabt, er mußte was sagen.«

»Ja, du hast recht. Ich darf nicht so ungerecht gegen ihn sein. 's ist Schicksal, nehm ich an. Aber 's wär schon besser, wenn das Schicksal sich um Kriege und um Mord und Totschlag kümmerte, als daß es plötzlich anständige, ruhige Leute verfolgt. Aber das sag ich dir, das Schicksal soll auch nicht nur seinen eigenen Kopf durchsetzen. Hier bei uns wird's kein eifersuchtgeplagtes Eheweib geben und auch keine Schwägerin, die sich sündigen Gedanken hingibt, nein, nicht hier bei uns.«

»Schwester, wie redest du nur!«

»'s ist meine Pflicht, gradheraus zu sprechen. Natürlich wird's schwer für uns sein, aber wir müssen's mit Anstand tragen. Ausziehen muß er jedenfalls.«

Man hörte das Gartentor.

»Cath'rine! Da kommt er! Und du lieber Gott! Ich glaub, er hat seinen Sonntagsanzug an!«

»Also hat er sich entschlossen. Und nun will er's uns sagen. Aber jetzt ist's zu spät. Jetzt darf er keinen Namen mehr nennen, jedenfalls soweit 's an mir liegt. 's wär dann bloß noch schwerer. Hör zu, Caroline, du bist zu gutmütig, laß du nur mich machen und sag nichts. Aber wenn du was tun mußt, fang wenigstens nicht an zu heulen. Verstanden? Wir müssen eisern sein, sonst werden wir ihn nie los.«

Schon ging die Tür auf, und Mr. Sampson trat ein. Es schien, als ob er in seinen steifgebügelten Sonntagsanzug hineingegossen wäre; die harten Falten hatten etwas von den steinernen Gewändern einer Statue an sich. Ein starres Lächeln verklärte seine Gesichtszüge. Eine große Rose steckte in seinem Knopfloch, und seine Hände waren gepanzert: sie steckten, 's war kaum zu glauben, in riesigen schwarzen Glacéhandschuhen. Alles in allem eine sehr stattliche, wenn auch etwas steife Figur, und sicher wert, von sämtlichen Frauen der Welt geliebt und geachtet zu werden. Catherine merkte, wie ihre Entschlußkraft dahinschmolz. Sie machte einen verzweifelten Schritt vorwärts und feuerte ihr Geschütz ab.

»Mr. Sampson, bitte, akzeptieren Sie unsere Kündigung, und zwar ab heute.«

Das breite Lächeln erlosch langsam, und unaussprechliches Erstaunen verzog seine Lippen zu einem runden O. Caroline weinte leise vor sich hin. Catherine faßte sie von hinten am Arm, Mr. Sampson blickte an die Decke, die Wände und auf den Fußboden, als ob er erwartete, daß alles auseinanderfallen werde.

»Ja, ich weiß, ich bin ein verblendeter alter Büffel«, fing er endlich an, »dieser vermaledeiten Sache kann ich nicht auf den Grund kommen.«

»Hier gibt's keinen Grund«, schrie Catherine. »(Hör auf zu heulen, Schwester!) Alles ist so falsch, wie's sein kann, und es ist an der Zeit, Schluß zu machen. Fragen ›warum‹ müssen Sie nicht, und wir können's nicht erklären. Es tut uns äußerst leid, daß wir Ihnen Ungelegenheiten machen, und es tut uns auch leid, daß wir uns trennen müssen; aber ausziehen müssen Sie, da gibt's nichts.«

Mr. Sampson sammelte seine Gedanken langsam: »Wenn mich nicht alles täuscht«, so sagte er, nicht ohne Würde, »fielen Worte zwischen uns zwecks Heirat ...«

»Törichte Worte, ja«, unterbrach ihn Catherine. »Dümmere Worte sind sicher noch nie gewechselt worden ... Und sie müssen zurückgenommen werden.«

»Wenn ich mich nicht täusche«, fuhr er unbeirrt

fort, »hat man mir gesagt, ich solle weggehen und mich entscheiden – ich solle mein Herz sprechen lassen, könnt man auch sagen – wenn's möglich wär.«

»'s ist zu spät. Wir wären zu Dank verpflichtet, wenn Sie weiter nichts mehr sagen.«

»Wenn ich mich nicht täusche«, fuhr er trotzdem fort und warf dabei einen Blick, der seine Aussage bestätigen sollte, auf seinen Feiertagsanzug, »wenn ich mich nicht täusche, so bin ich jetzt hier, um Ihnen zu sagen, daß ich mich durchgeackert hab, so wie wir's verabredet haben. Ich will also jetzt – mit gebührender Hochachtung versteht sich für die andere Dame, die ein anderer eines Tages zu schätzen wissen wird – ich will also jetzt sagen, daß ich die Dame auserwählt hab, die ich ehelichen will. Diese Dame heißt ...«

»Bitte, bitte, keinen Namen«, rief Catherine. »'s ist so schon schwer genug, machen Sie's, bitte, nicht noch schwerer. Wer's auch ist, die Antwort muß ›Nein‹ sein. Ist's nicht so, Car'line?«

Caroline nickte stumm.

»Trotzdem besten Dank«, fuhr Catherine etwas leiser fort, »und wir hoffen von Herzen, daß Sie's uns nicht übelnehmen. Wir werden immer mit freundlichen Gedanken an Sie denken. Und jede von uns hätte sich gefreut, wenn's das Schicksal nicht anders gewollt hätt. Ja, so hab ich schon gesagt, aber da blieb der Penny stecken und – ach, machen Sie, daß Sie fortkommen und stehen Sie doch nicht da und starren uns an wie ein abgestochenes Ferkel!«

Mr. Sampson richtete sich kerzengerade auf. »Sehr wohl, Fräulein«, sagte er und zog einen Handschuh aus. »Ich bin keiner, der sich anderen Leuten aufdrängt.« Er machte sich mit dem zweiten Handschuh zu schaffen. »Und klagen und jammern werd ich auch nicht, auch nichts fragen und keine Namen nennen.« Er ballte seine Handschuhe zu einem zerknitterten Klümpchen zusammen.

»Kaputt werden Sie sie noch machen«, sagte Catherine und schluchzte hörbar. »Geben Sie sie her.«

Sie nahm die Handschuhe, strich sie glatt, legte sie aufeinander und zog den einen über den andern von außen nach innen. Dann gab sie sie zurück.

»Besten Dank«, sagte er. »Hab sie mal für ein Begräbnis gekauft, zu dem ich nachher doch nicht gegangen bin; hab sie seither nie wieder angezogen. Komisch, wie's manchmal geht. Also, wenn ich schon ausziehen muß, dann heißt's je schneller, je besser.« Er nahm die Blume aus dem Knopfloch und legte sie auf den Tisch. »(Die war für die Dame meiner Wahl, aber ich will keinen Namen nennen.) 's wird wohl am besten sein, wenn ich jetzt gleich geh.« Er suchte etwas in seiner Tasche. »Ich kann in Churchtown drüben schlafen – 's soll gute Betten dort im Gasthof geben, hab ich gehört. Ich werd dann später meine

Sachen abholen lassen.« Er zählte etwas Silber auf den Tisch. »Da ist das Geld, das ich Ihnen schuldig bin, zwei Schillinge, für diese und die nächste Woche.«

»Mr. Sampson ...«, protestierte Catherine unter Tränen. Aber er hob abwehrend die Hand.

»Bitte sehr, Fräulein. So verlangt's das Gesetz. Ich will in niemandes Schuld sein. Ich glaub, das wär alles. Adieu.«

»Wir wollen einander die Hand geben, ehe Sie gehen«, bat Catherine.

»Nein, ich glaub nicht«, sagte der gekränkte alte Mann. »Ich weiß, 's wär Christenpflicht; aber 's ist schon so, ich hätt als Heidentürke geboren sein müssen.«

Das war sein letztes Wort. Dann drehte er sich um und ging hinaus. Man sah seine gebückte Gestalt am Fenster vorbeigehen. Dann war er verschwunden.

»Er wird uns sein ganzes Leben lang verachten«, jammerte Caroline.

»Wir haben getan, was recht war«, sagte Catherine, »also macht's nichts, wie er über uns denkt. Mir jedenfalls ist es einerlei.«

Ihr Blick fiel auf die Rose; sie hob sie auf und hielt sie vors Gesicht.

»Gib sie mir«, bat Caroline, und ihre Augen brannten sie plötzlich. »Ich werd sie ins Wasser stellen.«

Catherine versteckte sie hinter ihrem Rücken.

»Für die Dame seiner Wahl hat er gesagt. Vielleicht meinst du ...«

»Ich kann genau so gut denken wie du, daß er mich ...«

Sie starrten sich an, und Carolines sanfte Augen waren diesmal so hart wie die ihrer Schwester. Dann ging die Krise vorüber, so rasch wie sie entstanden war. Caroline brach von neuem in Tränen aus, Catherine stampfte resolut mit dem Fuß.

»Nein, so soll's nicht gehen!« entschied sie und ging zum Herd, öffnete die Klappe und ließ die Blume hineinfallen. Sie schrumpfte zusammen und fiel auseinander.

»So, das wär's«, sagte sie. »Staub und Asche. Und jetzt, Schwester, heulen wird uns nichts nützen, aber arbeiten wird, so sagt man zum mindesten. 's ist Zeit für's Backen. Marsch, hopp.«

Warum ich in der Post wohne

von Eudora Welty

Ich bin immer gut mit Mama, Papa-Daddy und Onkel Rondo ausgekommen, bis meine Schwester Stella-Rondo sich einfach von ihrem Mann trennte und wieder nach Hause kam. Mr. Whitaker hieß er! Natürlich bin zuerst ich mit Mr. Whitaker gegangen, als er hier in China Grove mit seinem Photo-Automaten auftauchte, und dann hat uns Stella-Rondo auseinandergebracht. Hat ihm erzählt, ich sei schief! Ich sei auf der einen Seite stärker als auf der andern, und das ist eine vorsätzliche, ausgeklügelte Lüge: ich bin genau gleich! Stella-Rondo ist haargenau zwölf Monate jünger als ich, auf den Tag, und das ist der Grund, weshalb sie so verwöhnt ist.

Sie hat immer alles und jedes bekommen, was sie haben wollte, und dann hat sie's verloren. Als sie acht war, hat ihr Papa-Daddy die prachtvolle Noch-ein-Perlchen-Halskette geschenkt, und als sie neun war, hat sie sie beim Baseballspielen verloren, mit erst zwei Perlen dran.

Und kaum war sie verheiratet und hatte ihr Elternhaus verlassen, dachte sie schon wieder an Trennung! Von Mr. Whitaker! Von dem Photographen mit den Glotzaugen, dem sie vertraut hatte, wie sie sagte. Kommt wieder nach Haus – von so 'ner Stadt da oben in Illinois – und bringt zu unsrer größten Überraschung 'n zweijähriges Kind mit.

Mama hat gesagt, 'ne Sekunde lang hätt' sie grade tot umfallen können. »Da hast du so ein wunderschönes blondes Kind und schreibst deiner Mutter nie ein Wort darüber!« sagte Mama. »Muß mich ja deinetwegen in Grund und Boden schämen!« Aber natürlich tat sie das nicht.

Stella-Rondo nimmt seelenruhig den Hut ab – einen Hut: ich wünschte, ihr könntet ihn sehen! Und sagt: »Aber Mama, Shirley-T. ist adoptiert, ich kann's beweisen!«

»Was?« sagt Mama, und ich sag weiter nichts als: »Hm!« wie ich da am heißen Herd stand und – ohne die kleinste vorherige Nachricht – versuchen mußte, zwei Hühner so zu strecken, daß sie für fünf Erwachsene und obendrein ein völlig unvorhergesehenes Kind reichten.

»Was meinst du eigentlich mit deinem ›Hm‹?« fragt Stella-Rondo, und Mama sagt: »Ich hab's auch gehört, Sister!«

Ich sagte, daß ich – ach – gar nichts weiter meinte, bloß daß Shirley-T., einerlei, wer sie eigentlich war,

Papa-Daddy wie aus dem Gesicht geschnitten sei, falls er sich den Bart abrasierte, was er natürlich nie im Leben tun würde. Papa-Daddy ist der Papa von Mama, und er ist dauernd schlechter Laune.

Stella-Rondo war wütend! Sie fuhr los: »Sister, ich brauch dir wohl nicht zu sagen, daß du reichlich frech bist und immer warst, und ich wäre dir dankbar, wenn du in Zukunft keinerlei Bemerkungen über mein adoptiertes Kind machen würdest!«

»Schön«, sagte ich. »Schön, schön! Mir ist's natürlich sofort aufgefallen, daß sie auch von Mr. Whitaker was mitbekommen hat. Das Stirnrunzeln. Sie sieht aus wie 'ne Kreuzung zwischen Mr. Whitaker und Papa-Daddy.«

»Da kann ich nur erwidern, daß sie das *nicht* ist!«

»Ich finde, sie sieht genau wie Shirley Temple aus«, sagt Mama. Aber Shirley-T. ist ihr einfach davongelaufen.

Und was war das erste, was Stella-Rondo bei Tisch tun mußte? Papa-Daddy gegen mich aufhetzen!

»Papa-Daddy«, sagt sie. Er wollte gerade sein Fleisch kleinschneiden. »Papa-Daddy!« Sie hat mich vollkommen überrumpelt. Papa-Daddy ist hunderttausend Jahre alt und hat einen ellenlangen Bart. »Papa-Daddy, Sister sagt, sie kann's nicht begreifen, weshalb du dir deinen Bart nicht abschneidest!«

Papa-Daddy l-e-g-t Messer und Gabel hin, aber

wie! Er ist steinreich. Mama sagt, daß er's ist, und er sagt, daß er's nicht ist. Und nun sagt er: »Habe ich richtig gehört? Du kannst nicht begreifen, weshalb ich mir meinen Bart nicht abschneide?«

»Oh, Papa-Daddy«, rief ich, »natürlich kann ich's begreifen, und überhaupt hab ich sowas gar nicht gesagt – ist ja unglaublich!«

Er sagt: »Freches Ding!«

Ich sage: »Papa-Daddy, nicht für 'ne Million würd ich mir wünschen, daß du dir den Bart abschneidest, das weißt du ganz genau! Sowas käme mir nie in den Sinn! Das hat sich Stella-Rondo in aller Stille ausgedacht, während sie Hühnerbrust aß!«

Aber er sagt: »Das Postfräulein kann also nicht begreifen, weshalb ich mir nicht meinen Bart abschneide! Durch meine Beziehungen zur Regierung hab ich ihr die Stelle verschafft. ›Vogelnest‹ – so nennst du's ja wohl?«

Als wär's nicht tatsächlich die zweitkleinste Poststelle im ganzen Staat Mississippi ...

Ich sag: »Oh, Papa-Daddy«, sag ich, »nie im Leben hab ich sowas gesagt, nicht im Traume hätt' ich gedacht, es wär ein Vogelnest, und ich bin dir immer dankbar gewesen, auch wenn's die zweitkleinste Poststelle im Staat Mississippi ist, und es paßt mir nicht, daß mein eigener Großvater mich als ›freches Ding‹ bezeichnet!«

Aber Stella-Rondo sagt: »Doch, du hast's bestimmt gesagt! Jeder, der Ohren hat, konnt's hören.«

»Sei jetzt still!« ruft Mama und blickt dabei *mich* an!

Daraufhin zog ich rasch meine Serviette durch den Serviettenring und stand vom Tisch auf.

Kaum war ich aus dem Zimmer, da sagt Mama: »Ruft sie wieder her, sie verhungert ja sonst!« Aber Papa-Daddy sagte: »Den Bart hier hab ich mir stehenlassen, als ich mit fünfzehn Jahren an der Westküste war.« Er hätte noch bis in die Nacht hinein weitergeredet, wenn Shirley-T. nicht die Schokoladenstangen von sich gegeben hätte, die sie in Kairo gegessen hatte.

Dann sagte Papa-Daddy: »Ich leg mich draußen in die Hängematte, und ihr könnt alle hier sitzenbleiben und über meine Worte nachdenken: solange ich lebe, werde ich mir meinen Bart nicht abschneiden, auch nicht einen Fingerbreit, und ich finde es sehr häßlich von euch!« Sprach's und ging im Flur dicht an mir vorbei und schnurstracks ins Freie und in die Hängematte.

Das konnte ja ein herrlicher Feiertag werden! Es dauerte keine fünf Minuten, da erschien plötzlich Onkel Rondo im Flur – in einem von Stella-Rondos fleischfarbenen Kimonos, ganz und gar anliegend und wahrscheinlich genau das, was Mr. Whitaker sich unter ›prachtvoll‹ vorstellt.

»Onkel Rondo!« ruf ich. »Ich hab dich gar nicht erkannt! Wo willst du hin?«

»Sister«, sagt er, »geh mir aus dem Weg, ich hab mich vergiftet!«

»Wenn du dich vergiftet hast, dann mußt du Papa-Daddy nicht zu nah kommen!« sag ich. »Und geh ja nicht in die Hängematte! Papa-Daddy haut dir bestimmt eins auf den Schädel, wenn du auch vierzig Meilen Abstand wahrst! Er glaubt, ich hätt aus Bosheit gesagt, er soll sich den Bart abschneiden, obwohl er mir die Poststelle verschafft hat, und ich erklär's ihm und erklär's ihm und erklär's ihm, und er tut so, als hörte er mich einfach nicht. Papa-Daddy ist anscheinend stocktaub geworden.«

»Dann hat er sich 'n schönen Tag dafür ausgesucht«, sagt Onkel Rondo und stürzt ins Freie, als wär einer hinter ihm her.

Keine Rede von Vergiftung – er hat noch 'ne Flasche von der ›Medizin‹ getrunken. Tut er immer am Vierten Juli, so sicher wie etwas, und dabei ist sie sündhaft teuer. Hinterher wirft er sich in die Hängematte und schnarcht. Er hört also nicht auf mich, sondern steuert im Zickzack-Kurs zur Hängematte und sieht aus wie so'n armer Irrer.

Papa-Daddy wacht unter furchtbarem Gebrüll auf, und sofort, ohne ein bißchen beiseitezurücken, versucht er, Onkel Rondo gegen mich aufzuhetzen. Ich hab jedes Wort gehört, das er gesagt hat. Hah – er hat Onkel Rondo gesagt, ich hätt erst mit acht Jahren lesen gelernt, und er könnte beim besten Willen nicht verstehen, wie ich jemals mit den Postsachen fertig würde, und erst recht nicht, wie ich alles lesen könnte, und er hat gesagt, Onkel Rondo könnt sich nicht vorstellen, was für unendliche Mühe er sich gegeben hätte, um mir die Stelle zu verschaffen. Und andrerseits glaube er, hat er gesagt, daß Stella-Rondo sehr intelligent sei, und man müsse es ihr hoch anrechnen, daß sie dem Städtchen den Rücken gekehrt hätte. Die ganze Zeit lag er einfach in der Hängematte und schaukelte wie wild und ließ seinen Bart herunterschlenkern, und der arme Onkel Rondo *flehte* ihn an, langsamer zu schaukeln, es würde ihm elend schwindlig, wenn er's mitansehen müßte. Aber das liebt Papa-Daddy eben an 'ner Hängematte! Onkel Rondo war's also schwindlig, und er konnte einstweilen nicht gegen mich aufgehetzt werden. Er ist Mamas einziger Bruder und ein Musterbeispiel für Dickköpfigkeit. Da könnt ihr fragen, wen ihr wollt! Gelernter Apotheker!

In dem Augenblick höre ich, wie Stella im oberen Stock das Fenster hochschiebt. Während sie verheiratet war, kam sie auf den sonderbaren Gedanken, es sei kühler im Haus, wenn alle Fenster geschlossen sind. Sie muß das Fenster immer hochschieben, wenn sie sich einer Menschenseele draußen verständlich machen will.

Sie schiebt also das Fenster hoch und sagt: »*Ooooh!*« Man hätte glauben können, jemand wollte sie umbringen.

Onkel Rondo und Papa-Daddy haben nicht mal aufgesehn, sondern so weitergemacht wie bisher. Ich mußte lachen.

Ich bin die Treppe raufgeflogen, hab die Tür aufgerissen und gerufen: »Was ist denn los, um Himmelswillen, Stella-Rondo? Will dich einer umbringen?«

»Nein«, sagt sie, »umbringen wollte mich keiner, aber ich wünschte, du würdest mir den Gefallen tun und aus dem Fenster schauen und mir sagen, was du da siehst!«

Ich lege also die Hand über die Augen und schau aus dem Fenster.

»Ich seh den Vordergarten«, sag ich.

»Siehst du keine Leute?« fragt sie.

»Ich seh Onkel Rondo, und er versucht, Papa-Daddy aus der Hängematte zu scheuchen«, sag ich. »Weiter nichts! Bei all den geschlossenen Fenstern ist's ja so erstickend heiß im Haus, daß natürlich jeder, der nicht den Verstand verlieren will, lieber nach draußen geht und in die Hängematte will, eh der Vierte Juli vorbei ist.«

»Fällt dir nicht auf, daß Onkel Rondo anders aussieht?« fragt Stella-Rondo.

»Hm – nein, höchstens, daß er sich 'n scheußliches fleischfarbenes Gebilde übergezogen hat, das ich nicht mal geschenkt haben möchte – mehr kann ich nicht sehen«, sag ich.

»Macht nichts – du wirst's schon nicht geschenkt bekommen, weil's nämlich zufällig ein Stück aus meinem Trousseau ist, und Mr. Whitaker hat mich ein paar dutzendmal darin photographiert«, sagt Stella-Rondo. »Was denkt sich Onkel Rondo ums Himmels willen eigentlich, daß er ein Stück aus meinem Trousseau am hellichten Tag im Freien trägt, ohne auch nur ein Wörtchen zu sagen? Und dabei weiß er ganz genau, daß ich mich getrennt habe und erst heute früh heimgekommen bin und mein Negligé – so nervös wie man nur sein kann – an die Badezimmertür gehängt habe!«

»Ja, das weiß ich wirklich nicht, und was fragst du überhaupt, und was willst du von mir?« sag ich. »Soll ich aus dem Fenster springen?«

»Nein, das erwarte ich gar nicht. Ich finde nur, daß Onkel Rondo in meinem Negligé wie ein Trottel aussieht, weiter nichts«, schloß sie.

»Ach, er sieht so gut aus, wie er kann«, sag ich. »So gut, wie man's verlangen kann!« Ich setzte mich also für Onkel Rondo ein, bedenkt das bitte! Und zu

Stella-Rondo sag ich: »Ich glaube, ich würde andere nicht so hemmungslos kritisieren, wenn ich du wäre und mit einem zweijährigen Kind nach Hause gekommen wäre, von dem ich nie ein Wort geschrieben hätte – und ohne jede Erklärung wegen der Trennung.«

»Im Augenblick, wo ich das Haus hier betrat, hab ich dich gleich gebeten, nicht mehr von meinem adoptierten Kind zu sprechen, und du hast mir dein Ehrenwort gegeben, daß du's nicht tun würdest« – das war alles, was Stella-Rondo erwiderte, und dann fing sie an, sich mit einer billigen Kreß-Pinzette die Augenbrauen auszuzupfen.

Ich ballerte also bloß die Tür hinter mir zu und ging nach unten, um grüne Tomaten in Essig einzukochen. Jemand mußte es ja tun. Mama hatte natürlich unsern beiden Niggern freigegeben; sie sagt immer, am Vierten Juli könnte ohnehin keine Macht der Welt sie im Haus halten, also wollt sie's gar nicht erst versuchen. Und dann kam's so, daß Jaypan in den See fiel und um ein Haar ertrunken wäre.

Mama kam also anmarschiert. Hebt den Deckel ab und sagt: »Hm! Nicht gerade gut für deinen Onkel Rondo in seinem jetzigen bedenklichen Zustand, muß ich schon sagen. Auch nicht für das arme kleine Adoptivkind Shirley-T. Du sollst dich was schämen!«

Das hat mich hochgebracht, und ich sag: »Jedenfalls kann Stella-Rondo ihrem Schöpfer danken, daß sie es war, die mit dem sehr sonderbaren Kind hereingeschneit kommt, und nicht ich! Wenn ich's gewesen wäre, die von Illinois hereingeschneit kommt und ein sonderbar aussehendes zweijähriges Kind mitbringt, dann graust mir beim bloßen Gedanken vor dem Empfang, der mir geblüht hätte.«

»Aber vergiß nicht, Sister, daß du erstens nie mit Mr. Whitaker verheiratet warst und auch nie in Illinois gewohnt hast«, sagt Mama und schwenkt einen Löffel vor meiner Nase herum. »Wenn du's getan hättest, wär ich vor Freude genauso außer mir gewesen, dich und dein kleines Adoptivkind zu sehen, nachdem du deine Trennung hinter dich gebracht hättest und wieder nach Haus gekommen wärst, genauso, wie ich mich gefreut hab, Stella zu sehen.«

»Das glaub ich nicht«, sagte ich.

»Doch – widersprich mir nicht!« sagte sie.

Aber ich hab ihr geantwortet, sie könnte mich nicht überzeugen, selbst wenn sie redete, bis sie blau im Gesicht würde. »Außerdem«, sagte ich, »weißt du genausogut wie ich, daß es kein adoptiertes Kind ist!«

»Ganz bestimmt ist es adoptiert«, entgegnete Mama und tat so steif wie ein Stock.

»Aber Mama«, sag ich, »es ist Stella-Rondos eigenes Kind, das ist so klar wie etwas, und sie ist bloß zu aufgeblasen, um's zuzugeben!«

»Also Sister«, sagt Mama, »da hab ich gedacht, wir könnten einen netten Vierten Juli verleben, und statt dessen fängst du gleich damit an, daß du kein Wort von dem glaubst, was dir dein eigenes kleines Schwesterchen erzählt!«

»'s ist genau wie mit Kusine Annie Flo! Die hat auch bis zum Tode abgestritten, was vom Kinderkriegen zu wissen«, erinnerte ich Mama.

»Ich habe dich gewarnt, wenn du jemals Annie Flos Namen in den Mund nimmst, hau ich dir eine runter«, sagt Mama und haut mir eine runter.

»Meinetwegen, wart's nur ab, dann wirst du schon sehen!«

»Ich ziehe es vor, mich, wenn's irgend menschenmöglich ist, auf die Aussagen meiner Kinder zu verlassen«, sagt Mama. Dabei hättet ihr sie sehen sollen: sie wiegt zweihundert Pfund und hat ganz winzige Füße.

Und im gleichen Augenblick fuhr mir was einfach Grauenhaftes durch den Kopf.

»Mama«, sag ich, »kann das Kind überhaupt sprechen?« Ich mußte unwillkürlich flüstern. »Mama, ich frage mich, ob das Kind etwa – du weißt schon was – sein kann? Ist's dir klar«, sag ich, »daß sie bis zu dieser Minute zu keiner Menschenseele auch nur ein Sterbenswörtchen gesprochen hat? Sie sieht nämlich auch ganz danach aus«, sag ich und mache ihren Ausdruck nach.

Und Mama und ich standen stumm da und starrten einander an. Es war grauenhaft.

»Ich kann mich gut erinnern, daß Joe Whitaker oft wie ein Fisch trank«, sagt Mama. »Ich glaube wahrhaftig, er trank chemische Präparate!« Und ohne ein weiteres Wort läuft sie an den Fuß der Treppe und ruft Stella-Rondo.

»Stella-Rondo? Huhuuu! Stella-Rondo!«

»Was?« ruft Stella-Rondo oben in ihrem Zimmer. Hat nicht mal soviel Anstand, sich von ihrem Bett zu erheben.

»Kann dein Kind sprechen?« fragt Mama.

Stella-Rondo fragt: »Ob sie was kann?«

»Sprechen! Sprechen!« ruft Mama. »Ist sie 'n Plappermäulchen?«

Stella-Rondo kreischt natürlich los: »Wer sagt, sie kann nicht sprechen?«

»Sister sagt's«, ruft Mama.

»Hätt ich mir denken können! Ich weiß ja, wessen Ehrenwort in dem Haus hier 'n Dreck wert ist«, sagt Stella-Rondo.

Und nach einer Minute quäkt die lauteste Yankee-Stimme, die ich je im Leben gehört habe: »Ich bin Glotz-Aug, der Ma-a-a-tro-o-o-se!« und gleichzeitig hopst jemand auf dem oberen Flur auf und ab. Noch 'ne Sekunde länger, und das Haus wäre eingefallen.

»Sie kann nicht bloß sprechen, sie kann auch Steppen!« ruft Stella-Rondo. »Und das ist mehr, als was gewisse Personen können, die ich nicht nennen will.«

»Oh, das reizende, süße Dingelchen!« ruft Mama und ist hingerissen. »Was-sie-nicht-alles-kann!« verfällt sie gleich in die Babysprache. Dann dreht sie sich zu mir um: »Sister, du solltest dich in Grund und Boden schämen! In dieser Minute läufst du mir nach oben und entschuldigst dich bei Stella-Rondo und Shirley-T.!«

»Für was soll ich mich entschuldigen?« sag ich. »Hab mich ja bloß gefragt, ob das Kind normal ist, und sonst nichts. Jetzt hat sie bewiesen, daß sie's ist – da hab ich nichts mehr zu sagen.«

Mama dreht sich einfach auf dem Absatz um und segelt wütend aus der Küche. Sie lief schnurstracks nach oben und drückte das Baby an ihr Herz. Sie glaubte wirklich, es sei adoptiert. Stella-Rondo hatte nichts weiter zu tun gehabt, als sie vom oberen Stock her gegen mich aufzuhetzen, während ich hilflos am heißen Küchenherd stand. Damit waren Mama, Papa-Daddy und das Baby allesamt auf Stella-Rondos Seite.

Dann kam Onkel Rondo dran.

Ich muß ehrlich zugeben, daß Onkel Rondo früher sehr oft wunderbar zu mir gewesen ist, und ich war durchaus nicht darauf gefaßt, daß ich mich so rasend würde aufregen müssen, wie es sich dann ergab. Stella-Rondo hatte ihm mal was unglaublich Scheußliches angetan – sie hatte einen Kettenbrief von Flanders Field unterbrochen –, und daraufhin nahm er ihr das Radio weg, das er ihr geschenkt hatte, und gab es mir. Stella-Rondo war wütend! Ein halbes Jahr lang mußten wir sie stets Stella anstatt Stella-Rondo nennen, sonst reagierte sie einfach nicht. Ich hab immer gedacht, Onkel Rondo sei der einzige gescheite Mensch in unsrer Familie. Und mal hat er mir eine Fahrt zur Mammut-Höhle spendiert und auch alle Auslagen bezahlt.

Aber heute war eben der Vierte Juli, der Tag, an dem er immer die ihm verschriebene Medizin trank.

Beim Abendbrot bemüht sich Stella-Rondo also um ihn und sagt, sie fände, Onkel Rondo sollte versuchen, eine Kleinigkeit zu essen. Schließlich sagt Onkel Rondo, er wolle ein paar Brötchen mit Ketchup probieren, aber das sei alles. *Sie* brachte es ihm!

»Hältst du es für vernünftig, dich in Stella-Rondos fleischfarbenem Kimono an Ketchup zu laben?« frag ich – aus purer Rücksicht. Einer muß sich doch um Stella-Rondos Trousseau kümmern, wenn sie's nicht selber tut.

»Hast du was dagegen?« fragt Onkel Rondo, der gerade im Begriff war, sich die ganze Ketchup-Flasche auf den Teller zu kippen.

»Mußt nicht drauf achten, was sie sagt, Onkel Rondo!« ruft Stella-Rondo. »Sister hat den ganzen

Nachmittag nichts Besseres zu tun gehabt, als an meinem Schlafzimmerfenster darüber zu spötteln, wie du aussiehst!«

»Was?« ruft Onkel Rondo. Kein Mensch in der ganzen Welt kann so jähzornig werden wie Onkel Rondo. Er kann sich über wer-weiß-was ganz irrsinnig aufregen, wenn's ihm gerade in die falsche Kehle kommt.

Stella-Rondo sagt also: »Sister hat gesagt: ›In dem rosa Kimono sieht Onkel Rondo wie ein kompletter Idiot aus!‹«

Erinnert ihr euch noch, wer das gesagt hat?

Onkel Rondo verschüttet den ganzen Ketchup und springt vom Stuhl auf und reißt sich den Kimono vom Leibe und wirft ihn auf den schmutzigen Fußboden und tritt wütend drauf herum. Er mußte bis nach Jackson geschickt werden, in die Reinigung und zum Plissieren.

»Das ist also die Ansicht, die du von deinem Onkel Rondo hast, ja?« sagt er. »Daß ich wie ein kompletter Idiot aussehe? Na, das ist der Gipfel! Bist den ganzen Tag hier im Haus und hast nichts zu tun, und dann muß ich erfahren, daß du hinter meinem Rücken so eine Bemerkung gemacht hast!«

»Ich hab sowas überhaupt nicht gesagt, Onkel Rondo«, sag ich, »aber ich sage auch nicht, wer's gesagt hat! Ich finde, du siehst tadellos aus. Du mußt nur achtgeben und nicht gleichzeitig sprechen und essen«, sag ich. »Du solltest dich lieber hinlegen, finde ich.«

»Kannst mich gernhaben!« sagt Onkel Rondo. Daran hätt ich merken sollen, daß er im Sinn hatte, mir was ganz Abscheuliches anzutun.

Aber an dem Abend – und in dem bedenklichen Zustand, in dem er war – hat er nichts getan. Er hat bloß mit Mama und Stella-Rondo und Shirley-T. Casino gespielt und Shirley-T. einen Fünfer geschenkt: mit einem Kopf auf beiden Seiten! Sie war wie verrückt vor Freude und hat ihn ›Papa‹ genannt. Aber am nächsten Morgen um sechs Uhr dreißig warf er mir eine Fünf-Cents-Packung von zolldicken Feuerwerkskörpern, die der Laden nicht verkauft hatte, mit aller Wucht in mein Schlafzimmer, und sie gingen samt und sonders los! Nicht eine Niete in dem ganzen Bündel! Bei jemand anders wär wenigstens einer dabeigewesen, der nicht losging!

Und dabei bin ich so furchtbar empfindlich gegen jede Art Lärm; der Doktor hat mir immer gesagt, ich sei der sensibelste Mensch, den er je im Leben gesehen habe, und ich war einfach erledigt! Ich konnte nicht mal was essen! Die Leute haben mir erzählt, sie hätten's bis zum Friedhof gehört, und das alte Tantchen Jep Patterson, die sich bisher so wacker gehalten hat, soll geglaubt haben, der Jüngste Tag sei gekommen und sie würde ihre ganze Familie wiedersehen. Für gewöhnlich ist es hier so ruhig.

Und ich versichere euch, ich habe nicht länger als eine Minute gebraucht, um mich zu entscheiden, was ich tun könnte. Da saß ich nun – und die ganze Familie war auf Stella-Rondos Seite, und gegen mich aufgehetzt. Eins aber kann man mir bestimmt nicht absprechen, und das ist mein Stolz.

Deshalb beschloß ich kurzerhand, umgehend in die Post zu ziehen. Auf der Rückseite ist massenhaft Platz, hab ich mir gesagt.

Huih, ich hab nicht die leisesten Bedenken gehabt, meine Familie merken zu lassen, was ich im Sinn hatte. Hab nicht dran gedacht, es zu verheimlichen. Daher bin ich gleich ins Wohnzimmer gegangen, wo sie alle *Old Maid* spielten, und hab den elektrischen Ventilator aus dem Steckkontakt gezogen, und nun wurde es ihnen so richtig warm. Dann hab ich das Kissen mit der Petit-Point-Stickerei, das ich selbst gemacht hatte, hinter Papa-Daddys Rücken vom Sofa gerissen. »Huh!« hat er gerufen. Danach bin ich rasch vor Stella-Rondo die Treppe raufgelaufen und hab endlich in ihrer Kommodenschublade unter einem Bild von Nelson Eddy mein Amulett-Armband gefunden.

»So liegen die Dinge also!« sagte Onkel Rondo. Er stand da und kaute auf dem stibitzten Schinken rum.

»Dann will ich dir gerne mein Militär-Feldbett stiften, Sister – falls du ein leeres Zimmer hast, in dem du's aufstellen kannst – vorausgesetzt, daß du noch in dieser Minute abziehst und mir endlich etwas Ruhe gönnst!« Onkel Rondo war nämlich in Frankreich gewesen.

»Danke bestens für das Feldbett, und ›Ruhe‹ ist nicht gerade das Wort, das ich wählen würde, wenn ich um sechs Uhr dreißig in der Frühe einem jungen Mädchen Feuerwerkskörper ins Schlafzimmer werfe«, entgegnete ich. »Und was das Zimmer betrifft, in das ich ziehen will, so hast du anscheinend meine Stellung als Postfräulein von China Grove in Mississippi vergessen«, sag ich. »Mir bleibt immer noch die Post!«

Da haben sie alle die Ohren gespitzt und aufgehorcht. Ich aber bin in den Vordergarten gegangen und hab mir ein paar Wolfsmilch-Stauden ausgebuddelt, die ich um die Post pflanzen wollte.

»A-a-ah!« ruft Mama und schiebt das Fenster in die Höhe. »Das sind zufällig meine Wolfsmilch-Stauden! Alles, was in dem Sternbeet wächst, gehört mir! Ich hab's noch nie beobachtet, daß du in deinem Leben irgendwas gepflanzt hättest!«

»Also schön«, sag' ich. »Aber ich nehme mir das Farnkraut. Sogar du, Mama, kannst es nicht abstreiten, daß ich das Farnkraut begossen habe. Und ich weiß zufällig, wo ich einen Schachtel-Deckel einschicken kann, um ein Paket Blumensamen zu bekommen, tausend gemischte, nicht zwei von der gleichen Sorte – und zwar umsonst!«

»Oh – wo?« wollte Mama gern wissen.

Aber ich sagte: »Zu spät! Kümmer du dich um dein Haus, und ich kümmer mich um meins! Wenn man weiß, welche Stationen am Radio man einschalten muß, kann man sowas dauernd hören. Einfach großartige Angebote! Was man nur haben will – und alles umsonst!«

Ihr könnt euch wohl denken, mit welcher Freude ich ins Zimmer ging und mir das Radio holte. Sie hätten mir am liebsten sämtliche Haare ausgerauft, vor allem Stella-Rondo, der es mal gehört hatte: sie wußte genau, daß sie's nicht wiederhaben konnte, denn ich hätte sie ohne weiteres verklagt. Und sehr höflich nahm ich mir die elektrische Nähmaschine, zu der ich am meisten beigetragen hatte, als wir sie Mama zu Weihnachten schenkten, damals im Jahr 1929, und einen großen, guten Kalender mit lauter Ratschlägen ›Erste Hilfe bei Notfällen‹ auf der Vorderseite. Das Thermometer und die Ukulele aus Hawaii waren bestimmt mein rechtmäßiges Eigentum, und ich stieg auch auf die Trittleiter und holte all meine Melonenschalen-Konfitüre und alle Obst- und Gemüse-Konserven, die ich selbst eingemacht hatte, jedes Glas! Dann fing ich an, die Nägel von den Blaukehlchen-

Wandvasen herauszuziehen, die im Durchgang zum Eßzimmer hängen.

»Wer hat dir gesagt, daß du die haben darfst, Fräulein Naseweis?« fragt Mama und fächert sich so schnell sie konnte.

»Ich hab sie gekauft, und ich laß sie nicht aus den Augen«, sag ich. »Ich werde sie in der Post ins Schalterfenster hängen, auf jede Seite eine, dann könnt ihr sie sehen, wenn ihr eure Post abholen kommt – falls ihr so versessen drauf seid, sie zu sehen!«

»Da kannst du lange warten! Und wenn ich hundert Jahre alt werde, in die Post geh ich nie wieder«, sagt Mama. »Du undankbares Kind! Wo wir all das Geld für die Normalschule für dich bezahlt haben!«

»Und ich komme auch nicht!« ruft Stella-Rondo. »Von mir aus kann all meine Post dort liegenbleiben und verschimmeln! Nie komm ich und nehm dir auch nur das kleinste Finzelchen ab!«

»Ist mir doch einerlei!« sag ich. »Aber was bildest du dir eigentlich ein, wer dir so viele dicke Briefe und Postkarten schicken könnte? Mr. Whitaker vielleicht? Bloß weil er der einzige Mann war, der jemals in China Grove abgestiegen ist und weil du ihn dir – unberechtigterweise – geangelt hast, soll er sich jetzt hinsetzen und dir 'ne lange Epistel schreiben, nachdem du ihm weggelaufen bist und hier zu Hause keinen Grund für eure Trennung abgeben kannst – und keine Erklärung für das Vorhandensein von dem Kind? Wahrscheinlich hab ich nicht deine hohe Intelligenz, denn ich kann's nicht einsehen.«

Aber Mama sagt: »Sister, ich hab dir tausendmal erklärt, daß Stella-Rondo einfach Heimweh hatte, und das Kind hier ist viel zu groß, um ihr eigenes zu sein«, sagt sie. »Warum wollt ihr euch jetzt nicht hinsetzen und Casino spielen?«

Und da streckt mir Shirley-T. wieder die Zunge raus und schneidet eine greuliche Fratze. Sie hat keine besseren Manieren als der Mann im Mond. Ich hab ihr gesagt, wenn sie solche Schielaugen macht, bleiben sie ihr eines Tages stehen.

»Jetzt ist's zu spät, mich noch aufzuhalten«, sag ich. »Da hättet ihr euch gestern bemühen sollen. Ich ziehe in die Post, und wenn ihr mich sehen wollt, gibt's keine andre Möglichkeit, als mich dort zu besuchen.«

Papa-Daddy sagt: »Mich kannst du nicht dazu bringen, daß ich einen Fuß in deine Post setze, auch wenn ich auf den Gedanken käme, irgendwohin zu schreiben.« Er sagt: »Ich möchte nicht, daß du mit 'ner Schere aus dem kleinen Schalterfenster langst und mir meinen Bart abschneidest. Ich bin zu smart für dich!«

»Das sind wir alle!« ruft Stella-Rondo.

Und ich sage: »Wenn du so smart bist, wo hast 'n dann Mr. Whitaker gelassen?«

Daraufhin sagt Onkel Rondo: »Und ich möchte

mir von jetzt an verbeten haben, daß du all die Bestellungen liest, die ich auf Postkarten bekomme, und daß du allen Leuten in China Grove erzählst, was sie deiner Meinung nach wert sind«, aber ich sage: »Ich kann mir mein Teil denken und werd's auch in Zukunft tun«, sag ich. »Wenn die Leute ihre größten Geheimnisse durchaus auf Penny-Postkarten schreiben wollen, dann gibt's in der weiten Welt kein Mittel, um sie dran zu hindern, Onkel Rondo!«

»Und wenn du glaubst, wir würden je wieder eine Postkarte schreiben, dann bist du auf dem Holzweg«, sagt Mama.

»Schneidet euch ruhig ins eigene Fleisch«, sag ich. »Aber wenn ihr alle durchaus nichts mehr mit der USA-Post zu tun haben wollt, dann bedenkt mal eins: was soll Stella-Rondo jetzt machen, wenn sie Mr. Whitaker mitteilen will, er soll sie holen kommen?«

»Hu-ah!« plärrt Stella-Rondo los. Ich wußte ja, daß sie heulen würde. Sie hatte den schönsten hysterischen Anfall, mitten in der Küche.

»Es wäre interessant zu beobachten, wie lange sie's durchhält«, sag ich. »Und jetzt – verabschiede ich mich!«

»Lebwohl«, sagte Onkel Rondo.

»Nein, sowas!« jammert Mama. »Wenn man sich vorstellt, daß meine Familie sich am Vierten Juli oder am Tag danach deswegen streitet, weil Stella-Rondo den alten Mr. Whitaker verlassen hat und das reizendste kleine Adoptivkind mitbringt! Man sollte meinen, wir müßten alle froh sein!«

»Hu-ah!« plärrt Stella-Rondo und kriegt noch einen hysterischen Anfall.

»*Er* hat *sie* verlassen, das könnt ihr mir glauben!« sag ich. »So ist Mr. Whitaker. Ich kenn ihn doch! Schließlich kannte ich ihn zuerst. Ich hab von Anfang an gesagt, daß er sie sitzenlassen wird. Ich hab alles, was passiert ist, genau vorausgesagt!«

»Wo ist er hin?« fragte Mama.

»Wahrscheinlich auf den Nordpol, wenn er weiß, was gut ist für ihn«, sag ich.

Stella-Rondo aber heulte einfach weiter und sagte kein Wort mehr. Sie rannte in ihr Zimmer und ballerte die Tür zu.

»Da kannst du mal sehn, was du ihr angetan hast, Sister«, sagte Mama. »Geh dich entschuldigen!«

»Ich hab keine Zeit, ich muß ausziehen«, sagte ich.

»Warum wartest du dann immer noch?« fragt Onkel Rondo.

Also nahm ich bloß noch die Küchenuhr und zog ab – ohne zu sagen, ihr könnt mich gernhaben oder sonstwas, und von Stella-Rondo hab ich mich nicht verabschiedet.

Draußen kam gerade ein Niggermädchen mit ihrem kleinen Handwagen vorbei.

»Niggermädchen«, rief ich, »hilf mir mal, meine Sachen bergabfahren, ich wohne jetzt in der Post!«

Mit ihrem Expreß-Wagen hat sie neun Touren machen müssen. Onkel Rondo kam auf die Veranda und hat ihr einen Fünfer zugeworfen.

Und das war das letzte, was ich von meiner Familie gesehen und gehört habe und was meine Familie von mir gesehen und gehört hat – fünf volle Tage und Nächte lang. Stella-Rondo verbreitet wahrscheinlich die greulichsten Geschichten über Mr. Whitaker, aber ich hab keine gehört. Ich sag bloß allen Leuten, daß ich mir mein Teil denken kann.

Und hier gefällt's mir also! Es ist ideal, sag ich immer wieder. Ich hab alles schön bei der Hand, gerade, wie ich's gern mag. Hört ihr das Radio? Die letzten Kriegsnachrichten! Radio, Nähmaschine, Bücherstützen, Bügelbrett und die große, wunderbare Klavierlampe: das ist Frieden, das gefällt mir! Und die ganze Front entlang, wo die Schnüre sind, hab ich Kletterbohnen gepflanzt.

Viel Posteingänge hab ich natürlich nicht. Meine Familienangehörigen sind selbstverständlich die wichtigsten Leute von China Grove, und wenn sie's vorziehen, von der Erdoberfläche zu verschwinden – pah! – bei dem bißchen Post, die sie schreiben oder bekommen, da mach ich gar nicht erst den Mund auf.

Manche Leute in dem Städtchen hierauf stellen sich meine Seite, und andre sind gegen mich. Ich weiß, was ich weiß. Es wird immer Leute geben, die aufhören, Briefmarken zu kaufen, wenn sie damit Papa-Daddy schmeicheln können.

Aber ich bin hier und bleibe hier. Die ganze Welt soll's wissen, daß ich glücklich bin.

Und wenn Stella-Rondo in dieser Minute auf den Knien zu mir käme und *versuchen* wollte, mir die Vorfälle ihrer Ehe mit Mr. Whitaker zu erklären, dann würd ich mir einfach die Finger in die Ohren stecken und mich weigern, ihr zuzuhören.

Anhang

Für die Herausgeberin stellt die folgende Geschichte *Ein Abend bei den Watkinsons* die Perle dieser Anthologie dar. Sie wurde 1846 von einer Schriftstellerin veröffentlicht, die weithin unbekannt geblieben ist. Die schreckliche Watkinson-Familie ist die Schöpfung eines echten Schriftstellers. Etwas mehr Fleisch und Blut, etwas mehr Gewöhnlichkeit, und wir wären bei Dickens. Was diese Watkinsons aber in Wirklichkeit ankündigen, sind die grauenerregenden Familien der Miss Ivy Compton Burnett, die in geschliffenem Englisch und mit wie angegossen sitzenden Glacéhandschuhen die Geschichte ihrer Sippe als ein Gewebe aus geplanten und ausgeführten Morden, aus Ehebruch und Blutschande oder aus allem zusammen ausbreiten.

Das heißt nun nicht, daß die Watkinsons auch nur eines dieser Dinge hätten ausführen wollen, aber dennoch liegt Mord in der Luft. Denn Mrs. Watkinson tut das Schlimmste, was ihr einfallen kann – sie will ihre Kinder zu ›ordentlichen Menschen‹ erziehen. Diese Geschichte will uns fast glauben machen, daß etwas faul an der Modellfamilie des neunzehnten Jahrhunderts war.

Die Geschichte weist jedoch köstliche Einzelheiten auf. Es entspricht den Tatsachen, daß nichts einen wütender machen kann, als wenn man sich auf eine gute Mahlzeit gefreut hat und statt dessen trockene Kekse und Wasser vorgesetzt bekommt.

Der großartige Schluß hingegen ist eine Sache der Technik. Viktorianische Geschichten dieser Art schlossen oft mit einer Moral, in die das erhebende Thema der Geschichte noch einmal als Gedächtnisstütze eingebettet war. Diese Erzählung jedoch hat zu unserem Ergötzen eine zweifache Moral – die eine, die von der Mutter der sich zurückziehenden Familie ausgesprochen wird, und die andere, von der Tochter verkündete, die der ersten sozusagen die Krone aufsetzt und sie dadurch aufhebt.

Unglücklicherweise wirft die Vorstellung von der Familie des neunzehnten Jahrhunderts ihren Schatten noch auf unsere Zeit. Diese wohltuend grausame Analyse möge nicht nur ergötzlich, sondern auch eine Mahnung sein.

Ein Abend bei den Watkinsons

von Eliza Leslie

Mrs. Morland, eine kultivierte, gesellschaftlich vollendete Dame, war die Witwe eines hervorragenden Senators in einem der westlichen Staaten, dessen Gouverneur er auch zweimal gewesen war. Als ihre Tochter im besten Internat von Philadelphia ihre Erziehung abgeschlossen hatte und ihr Sohn im Begriff stand, an der Universität Princeton zu promovieren, hatte die Mutter eine Reise mit beiden Kindern nach Niagara und zu den Seen geplant; über Boston wollten sie zurückkehren. Nachdem Mrs. Morland und die begeisterte Caroline von Philadelphia abgefahren waren, unterbrachen sie die Reise in Princeton, um der alljährlichen Universitätsfeier beizuwohnen, und waren glücklich, mitzuerleben, wie ihr geliebter Edward die Urkunde erhielt, die ihn zum ›Bachelor of Arts‹ ernannte; vorher hatten sie eine Rede von ihm auf ›Die Schönheiten des amerikanischen Charakters‹ gehört, die mit großem Beifall aufgenommen worden war. Studenten äußern sich sehr gerne über Dinge, zu deren Beurteilung große Welterfahrung nötig ist. Aber Edward Morland empfand Wohlwollen allem und allen gegenüber und hatte bisher das Leben immer durch eine rosige Brille betrachtet.

Mrs. Morland, die nicht völlig von der Berühmtheit ihres verstorbenen Mannes abhängig war, vielmehr wünschte, daß ihre Kinder Musterexemplare der besten Gesellschaft in den nördlichen Städten kennenlernen sollten, war mit zahlreichen Einführungsbriefen von zu Hause abgereist. Aber als sie in New York ankamen, stellte sie zu ihrem großen Kummer fest, daß, da sie während des kurzen Aufenthalts in Philadelphia ausgepackt und auch ihr kleines Reiseschreibpult herausgenommen hatte, sie dieses im Kabinett ihres Zimmers im Hotel merkwürdigerweise hatte stehenlassen. In diesem Pult waren alle ihre Briefe aufbewahrt außer den beiden, die ihr Freunde in Philadelphia mitgegeben hatten. Die jungen Leute, die eiligst die Wunder von Niagara sehen wollten, hatten sie angefleht, nicht länger als einen Tag oder zwei in New York zu bleiben, und meinten, diese beiden Briefe genügten im Augenblick vollauf. Inzwischen schrieb sie aber an das Hotel, man möge ihr das Pult sobald als möglich nach New York schicken.

Am Morgen nach ihrer Ankunft in der großen

Handelsmetropole Amerikas nahm die Familie Morland eine Kalesche, um durch die wichtigsten Stadtteile der City zu fahren und die beiden Briefe in den Häusern, an welche sie adressiert waren, abzugeben; beide lagen in der Gegend zwischen dem oberen Broadway und dem North River. In einer der vornehmsten Straßen fanden sie den eleganten Wohnsitz der Mrs. St. Leonard; aber als sie vor der Tür hielten, bekamen sie den Bescheid, daß die Herrin nicht zu Hause sei. Darauf gaben sie den Einführungsbrief (den sie für den Fall dieses Mißerfolgs vorsorglich mit ihrer eigenen Visitenkarte in einen Briefumschlag gesteckt hatten) ab und fuhren zu einer anderen Straße, die beträchtlich weiter oben lag. Hier kamen sie zum Hause der Familie Watkinson, an deren Herrin der andere Brief aus Philadelphia gerichtet war. Das Haus war eines in einem großen Block von Häusern, die alle gleich aussahen und in deren sämtlichen Stockwerken alle Fensterläden geschlossen waren, einer Sitte gemäß, die in New York mehr verbreitet war als in irgendeiner anderen Stadt.

Auch hier hatten sie keinen Erfolg; das Dienstmädchen sagte an der Tür, die Damen seien äußerst beschäftigt und könnten keinen Besuch empfangen. Sie hinterließen den zweiten Brief samt ihrer Karte und fuhren weiter, bis sie die Croton-Wasserwerke erreichten, wo sie ausstiegen, um die Werke zu besichtigen und zu bewundern. Als sie ins Hotel zurückkamen mit der Absicht, sich eine Stunde oder zwei auszuruhen und dann wieder auszugehen, fanden sie ein Briefchen von Mrs. Watkinson vor, die sehr bedauerte, daß sie sie nicht habe empfangen können, als sie ihr einen Besuch machen wollten; sie erklärte, daß Mutterpflichten ihr nie das Vergnügen erlaubten, am Vormittag Besuch zu empfangen, und daß ihre Dienstboten entsprechend instruiert seien. Sie erbat aber einen Besuch am Abend (um neun Uhr, schrieb sie) und wünsche dringend sofortige Antwort.

»Ich nehme an«, sagte Mrs. Morland, »daß sie ein paar Freunde einladen will, die wir kennenlernen sollen, im Falle wir die Einladung annehmen; und darum möchte sie natürlich möglichst bald Antwort haben. Selbstverständlich werden wir sie nicht warten lassen. Mrs. Denham, die mir unaufgefordert den Brief mitgab, hat mir versichert, Mrs. Watkinson gehöre zu den angesehensten Frauen in New York und sei in ihren Kreisen als geradezu vorbildlich bekannt. Es scheint, daß Mr. Denham und Mr. Watkinson geschäftlich miteinander zu tun haben. Sollen wir hingehen?«

Die jungen Leute waren dafür und sagten, das werde zweifellos ein genußreicher Abend werden.

Nachdem ein die Annahme der Einladung bestätigendes Billet geschrieben war, wurde es sofort abgesandt; man vertraute es einem Hotelboten an, damit es noch vor der nächsten Postlieferung ankommen sollte, und Edward Morland wünschte, daß der Bote mit dem Omnibus fahre, damit keine Zeit verloren ginge. »Es ist nur recht und billig«, sagte er zu seiner Mutter, »daß wir Mrs. Watkinson soviel Zeit wie möglich geben, damit sie ihre Vorbereitungen treffen und ihren Freunden die Einladung schicken kann.«

»Wie rücksichtsvoll du bist, lieber Edward«, sagte Caroline, »immer denkst du daran, wie es den anderen am besten paßt. Deine Freunde müssen dich vergöttert haben.«

»Nein«, sagte Edward, »sie sagten, ich sei ein eingebildeter Esel.« In diesem Augenblick fuhr ein besonders hübscher Wagen am Privateingang des Hotels vor. Eine sehr elegante Frau stieg aus und wurde gleich vom Oberkellner in den Salon geleitet. Als er auf Mrs. Morland und ihre Kinder wies, kam sie zu ihnen heran und stellte sich mit großer Anmut als Mrs. St. Leonard vor. Dies war die Dame, in deren Hause sie den ersten Einführungsbrief abgegeben hatten. Sie bedauerte sehr, daß sie nicht zu Hause gewesen war, als die Morlands vorbeikamen, und sagte, als sie ihren Brief vorgefunden habe, habe sie sich gleich auf den Weg gemacht, sie zu besuchen und für den Abend einzuladen. »Heute abend«, sagte Mrs. St. Leonard, »erwarte ich so viele Freunde, wie ich für ein Sommerfest nur auftreiben kann. Der Anlaß ist die

Heirat meiner Nichte, die unlängst stattgefunden hat. Jetzt ist sie gerade mit ihrem Mann von der Hochzeitsreise zurückgekommen, und bald werden sie nach ihrem Wohnsitz in Baltimore abreisen. Ich glaube, ich kann Ihnen einen angenehmen Abend versprechen, da ich ein paar reizende Leute erwarte, mit denen ich Sie gerne bekannt machen möchte.«

Edward und Caroline wechselten Blicke und konnten sich nicht enthalten, betrübt ihre Mutter anzusehen, auf deren Gesicht ein recht deutlicher Schatten des Bedauerns lag. Nach einer kurzen Pause antwortete sie Mrs. St. Leonard: »Es tut mir außerordentlich leid, aber wir haben gerade einer vorherigen Einladung für heute abend zugesagt.«

»Welche Enttäuschung für mich«, sagte Mrs. St. Leonard, die mit Wohlgefallen das einnehmende Aussehen der beiden jungen Leute betrachtet hatte. – »Können Sie sich denn nicht irgendwie der Verpflichtung dieser unglückseligen Einladung entziehen – ich meine, unglückselig für mich. Welch ärgerlicher *contretemps*, daß ich aus war, als Sie kamen, und daß mir so die Freude entging, Sie sofort kennenzulernen und mir das Vergnügen Ihrer Anwesenheit für heute abend zu sichern! Es handelte sich darum, daß ich mit ein paar Lieferungen, die heute morgen geschickt wurden, nicht zufrieden war und selbst gehen mußte, um alles richtigzustellen, und das hat mich länger aufgehalten, als ich dachte. Darf ich fragen, bei wem Sie heute eingeladen sind? Vielleicht kenne ich die Dame – wäre das der Fall, so wäre ich in großer Versuchung, hinzugehen und Sie ihr abzubetteln.«

»Die Dame heißt Mrs. Watkinson«, antwortete Mrs. Morland, »höchstwahrscheinlich lädt sie ein paar Freunde ein, die wir kennenlernen sollen.«

»Aber natürlich«, sagte Mrs. St. Leonard. »Es tut mir wirklich furchtbar leid – und leider muß ich gestehen, daß ich sie überhaupt nicht kenne.«

»Wir müssen bei unserer ersten Entscheidung bleiben«, sagte Mrs. Morland. »Soviel ich aus Mrs. Watkinsons Nachricht entnehme, muß ich, da sie neun Uhr erwähnt, annehmen, daß sie noch andere Leute dazu bitten will. Ich kann sie unmöglich enttäuschen. Ich kann den Ärger nur zu gut nachfühlen (ich kenne ihn aus eigener Erfahrung), den man empfindet, wenn man eine Anzahl Freunde eingeladen hat, damit sie fremde Leute kennenlernen, und die Fremden sagen dann unter irgendeinem Vorwand ganz kurz vorher ab. Ich glaube, nichts kann mich dazu verführen, daß ich es ebenso mache.«

»Ich muß sagen, Sie haben völlig recht«, sagte Mrs. St. Leonard. »Ich sehe ein, daß Sie zu Mrs. Watkinson gehen müssen. Aber können Sie den Abend nicht aufteilen, indem Sie einen Teil desselben bei ihr verbringen und dann zum Schluß zu mir kommen?«

Bei diesem Vorschlag leuchteten die Augen der jungen Leute auf, denn sie fanden Mrs. St. Leonard ganz reizend und stellten sich vor, daß eine Gesellschaft in ihrem Hause wunderschön sein müßte. Außerdem waren Gesellschaften etwas Neues für sie beide.

»Wenn es möglich ist, werden wir das tun«, antwortete Mrs. Morland, »und mit welchem Vergnügen, das brauche ich Ihnen nicht zu versichern. Wir verlassen New York morgen, aber wir kommen im September wieder hier durch, und dann werden wir uns besonders freuen, Mrs. St. Leonard wiederzusehen.«

Nach weiterer kurzer Unterhaltung verabschiedete sich Mrs. St. Leonard, sprach noch einmal die Hoffnung aus, ihre neuen Freunde am Abend noch zu sehen, und schärfte ihnen ein, ihr Bescheid zu geben, sobald sie auf dem Heimweg nach New York kämen.

Edward Morland begleitete sie zu ihrem Wagen und stimmte dann in das Lob ein, das seine Mutter und seine Schwester Mrs. St. Leonard zollten, aus deren außerordentlich schönem Antlitz auch große Klugheit strahlte und eine Liebenswürdigkeit, bei der sich jeder sofort behaglich fühlte.

»Sie ist ein Beweis dafür«, sagte Edward, »wie überlegen unsere großen Damen denen in Europa sind.«

»Warte, lieber Sohn«, sagte Mrs. Morland, »bis du in Europa warst und Gelegenheit gehabt hast, dir in diesem Punkt (wie in vielen anderen) auf Grund wirklicher Beobachtung ein Urteil zu bilden. Was mich betrifft, so glaube ich, daß die Angehörigen der oberen Klassen sich in allen zivilisierten Ländern sehr ähnlich sind, wenigstens in ihren Haupteigenschaften.«

»Aha, hier kommt der Bote, den wir zu Mrs. Watkinson geschickt haben«, sagte Caroline Morland. »Ich hoffe, er hat das Haus nicht gefunden und den Brief zurückgebracht. Dann können wir gleich zu Mrs. St. Leonard gehen und den ganzen Abend dableiben.«

Der Mann berichtete, daß er das Haus wirklich gefunden und den Brief Mrs. Watkinson selbst gegeben habe, die zufällig in der Eingangshalle vorüberging, als die Tür geöffnet wurde, und daß sie den Brief sofort gelesen und gesagt habe: »Sehr wohl.«

»Sind Sie sicher, daß Sie das Haus nicht verwechselten«, sagte Edward, »und daß Sie den Brief wirklich Mrs. Watkinson gegeben haben?«

»Aber ganz bestimmt, Sir«, antwortete der Bote. »Als ich gerade aus dem alten Lande hier herüber gekommen war, da war ich eine Zeitlang bei den Watkinsons, und obwohl sie sich heute, als sie mich sah, nichts anmerken lassen wollte, daß sie das noch wußte, sagte sie doch aus Versehen ›James‹ zu mir. Jawohl, das waren ihre Worte, als ich ihr das Billet gab: ›Sehr wohl, James.‹«

»Kommt«, sagte Edward, als sie wieder allein waren, »laßt uns die Sache von der guten Seite betrachten. Wenn wir bei Mrs. Watkinson keine große Gesellschaft antreffen, so lernen wir doch wahrscheinlich einige sehr nette Leute kennen und können uns an ›verständigen Reden und Seelenfreundschaft‹ ergötzen. Möglicherweise finden wir es bei den Watkinsons so vergnüglich, daß wir mit Bedauern fortgehen, und sei es Mrs. St. Leonards wegen.«

»Ich glaube nicht, daß Mrs. Watkinson zur vornehmen Gesellschaft gehört«, sagte Caroline, »sonst kennte Mrs. St. Leonard sie. Gestern abend hörte ich ein paar Damen hier über Mrs. St. Leonard reden, und aus dem, was sie sagten, hörte ich heraus, daß sie zur *élite* der *élite* gehört.«

»Und wenn auch«, bemerkte Mrs. Morland, »sind denn gute Manieren und Bildung ausschließlich den Menschen vorbehalten, die dieser Klasse angehören?«

»Gewiß nicht«, sagte Edward, »der begabteste und gebildetste junge Mann an unserer Universität, der, dessen Gesellschaft mir die meiste Freude machte, war der Sohn eines Maurers.«

Nach dem Essen hörten die Morlands im Damensalon eine Unterhaltung zwischen mehreren weiblichen Gästen mit an, die alle Mrs. St. Leonard dem Ruf nach sehr gut zu kennen schienen, und sie sprachen über ihre Gesellschaft, die diesen Abend stattfinden sollte.

»Ich habe gehört«, sagte eine Dame, »daß Mrs. St. Leonard eine ungewöhnlich große Anzahl ›Löwen‹ dahaben wird.«

Dann nannte sie einen vornehmen General samt seiner eleganten Frau und feingebildeten Tochter; einen berühmten Fregattenkapitän; zwei hervorragende Kongreßmitglieder und sogar einen ehemaligen Präsidenten. Auch einige der bedeutendsten amerikanischen *literati* und zwei erstklassige Künstler.

Edward Morland meinte, jetzt könnte er wohl sagen: »Hätte ich nur Ohren genug, alles dies zu hören!«

»Eine Frau wie Mrs. St. Leonard kann immer über die besten ›Löwen‹ verfügen, die es überhaupt gibt«, bemerkte eine andere Dame.

»Und dann«, sagte eine dritte, »hat man mir erzählt, daß sie in der Beleuchtung und im Schmücken ihrer an sich schon eleganten Räume einen so exquisiten Geschmack hat. Und ihr Tisch fürs Souper, sei es bei Sommer- oder Wintergesellschaften, ist so wunderbar arrangiert; alle Speisen sind köstlich, die Dienerschaft perfekt – und Mrs. St. Leonard macht die Honneurs so mühelos und so taktvoll.«

»Freunde von mir, die bei ihr verkehren«, sagte eine vierte Dame, »schildern ihre Gesellschaften als die Vollkommenheit selbst. Sie versteht es immer, die Leute zusammenzubringen, die sich am besten eignen, die gemeinsame Konversation zu genießen. Und doch wird niemand übersehen oder vernachlässigt. Und dann kommt alles im richtigen Maß an die Reihe – sie bietet genau genug Musik und genau genug andere Unterhaltungen, die zum Vergnügen ihrer Gäste beitragen können; und doch ist keinerlei Absicht oder Lenkung ihrerseits bemerkbar.«

»Und das Allerbeste«, sagte die Dame, die zuerst gesprochen hatte, »Mrs. St. Leonard ist eine der gütigsten, großzügigsten, wohlmeinendsten Frauen – auf alle nur mögliche Art tut sie Gutes.«

»Ich kann nicht mehr zuhören«, sagte Caroline und stand auf, um den Platz zu wechseln. »Wenn ich noch mehr höre, werde ich die Watkinsons ganz einfach hassen. Wie ärgerlich, daß sie uns zuerst eingeladen haben! Hätten wir nur daran gedacht zu warten, bis wir Nachricht von Mrs. St. Leonard hatten!«

»Schäme dich, Caroline«, sagte ihr Bruder, »wie kannst du so über Leute reden, die du noch nie gesehen hast und denen du für die freundliche Einladung dankbar sein solltest; selbst wenn sie einer anderen Gesellschaft in die Quere kommt, die – ich muß es zugestehen – ungewöhnliche Attraktionen zu bieten scheint. Jetzt habe ich ein Vorgefühl, daß wir den Watkinson-Teil des Abends sehr genießen werden.«

Gleich nach dem Tee begaben sich die Damen an ihre Toilette. Zum Glück haben Mode wie auch guter Geschmack entschieden, daß bei einer Sommergesellschaft die Kleidung der Damen nie über das elegant Einfache hinausgehen soll. Deshalb konnten unsere beiden Damen, während sie sich auf den beabsichtigten Besuch bei Mrs. St. Leonard vorbereiteten, sich so kleiden, daß sie auch bei der kleineren Gesellschaft, welche sie bei den Watkinsons anzutreffen erwarteten, nicht fehl am Platze scheinen würden. Über einem Unterkleid aus Batist zog Caroline ein Kleid aus weißem, spitzenverziertem Organdy an, das mit rosa Bandschleifen geschmückt war. Auf dem Hinterkopf trug sie einen Kranz aus frischen rosa Blüten, der von einem passenden Band gehalten wurde.

Mrs. Morland trug schwarzen Grenadine über Satin und eine mit Weiß verzierte Spitzenhaube.

Es war erst ein Viertel nach neun, als ihr Wagen vor der Tür der Watkinsons anhielt. Die Front des Hauses sah sehr dunkel aus. Nicht ein Lichtstrahl schimmerte durch die geschlossenen Blenden, und der Schein hinter dem Oberlicht der Haustür war kaum bemerkbar. Nachdem der Kutscher mehrere Male geläutet hatte, öffnete ein irisches Mädchen die

Tür, vorsichtig (wie irische Mädchen das immer tun), und ließ sie in die Eingangshalle hinein, wo auf einem Wandleuchter ein einziges Licht brannte. »Sollen wir hinaufgehen?« sagte Mrs. Morland. »Und wozu solltet ihr hinaufgehen?« sagte das Mädchen schnippisch. »Da ist es ganz dunkel, und nichts ist vorbereitet. Eure Sachen könnt ihr hier auf den Ständer hängen. Erwartet ihr eine Gesellschaft? Selig die, wo nix erwarten.«

Der optimistische Edward Morland hörte diese Weisheit ziemlich verständnislos an, und seine Schwester flüsterte: »Wir gehen sobald wie möglich zu Mrs. St. Leonard. Auf wann hast du den Kutscher zum Abholen bestellt?«

»Auf halb elf«, war des Bruders Erwiderung.

»Oh! Edward, Edward!« rief sie aus, »und ich wette, er wird nicht pünktlich sein. Er wird uns hier bis elf Uhr sitzenlassen.«

»*Courage, mes enfants*«, sagte die Mutter, »*et parlez plus doucement.*«

Das Mädchen führte sie ins hintere Wohnzimmer und sagte: »Hier kommt der Besuch.«

Das Zimmer war groß und düster. Ein buntkarierter Teppich bedeckte den Fußboden, alle Möbel waren mit gestreiften Kattunüberzügen versehen und Lampen, Spiegel und so weiter hinter grüner Gaze verborgen. Das vordere Wohnzimmer war völlig dunkel, und im hinteren gab es kein anderes Licht als eine Lampe mit Schirm auf einem großen Mitteltisch, um den herum ein Kreis von Kindern jeder Größe und jeden Alters versammelt war. Auf einem Sofa ohne Rücken und ohne Kissen saßen Mrs. Watkinson und eine junge Dame, die sie als ihre Tochter Jane vorstellte. Und Mrs. Morland hinwiederum stellte Edward und Caroline vor.

»Möchten Sie im Schaukelstuhl Platz nehmen, Madam?« fragte Mrs. Watkinson.

Da Mrs. Morland das Angebot ablehnte, setzte sich die Gastgeberin selbst hinein und schaukelte von da ab fast ununterbrochen. Es war ein unbequemer Schaukelstuhl mit langen Beinen und krummer Rükkenlehne, und schlimmerweise war er mit nichts versehen, worauf man die Füße hätte stellen können.

»Mein Mann ist geschäftlich in Boston«, sagte Mrs. Watkinson. »Zuerst meinte ich, Madam, es sei mir unmöglich, Sie heute abend hierher zu bitten, denn in seiner Abwesenheit pflegen wir keine Geselligkeit; aber meine Tochter Jane hat mich um- überredet, doch nach Ihnen zu schicken.«

›Wie schade‹, dachte Caroline.

»Sie müssen uns so nehmen, wie wir sind, Madam«, fuhr Mrs. Watkinson fort. »Wir machen wegen niemandem irgendwelche Umstände; unser Grundsatz ist, uns nicht stören zu lassen. Wir geben keine Gesellschaften (mit einem Blick auf die Toiletten der Damen). Unsere Kinder sind unsere oberste Pflicht, und wir können unsere Mittel nicht an Modeflitter und Narrheit verschwenden. Die Kinder werden Grund haben, uns dafür zu danken, wenn wir sterben.«

Etwas wie ein Aufschluchzen kam von dem großen Tisch her, wo die Kinder saßen, und man sah einen Knaben das Taschentuch vors Gesicht halten.

»Joseph, liebes Kind«, sagte die Mutter, »weine nicht. Sie glauben nicht, Madam, welch ungewöhnlicher Knabe das ist. Sie sehen, wie die bloße Erwähnung eines Ereignisses, zum Beispiel unseres Todes, ihn überwältigt hat.«

Hinter dem Taschentuch war wieder ein Aufschluchzen zu hören, und die Morlands fanden, daß es nun sehr nach unterdrücktem Lachen klang.

»Wie ich schon sagte, Madam«, fuhr Mrs. Watkinson fort, »wir geben niemals Gesellschaften. Alle sündigen Dinge überlassen wir den Eitlen und den Narren. Meine Tochter Jane hat mir heute morgen berichtet, daß heute abend bei der Witwe St. Leonard eine Gesellschaft gegeben wird. Und es ist erst fünfzehn Jahre her, daß ihr Mann gestorben ist. Er wurde nach dreitägiger Krankheit hinweggerafft, kaum zwei Monate nach der Heirat. Ich habe einen Dienstboten gehabt, der zu der Zeit bei ihnen war, daher weiß ich Bescheid. Und da ist sie nun, wohnt in einem eleganten Haus, fährt in ihrer Kalesche herum, zieht sich prächtig und herausfordernd an und gibt Gesellschaften und genießt das Leben, wie sie das nennt. Wie ich das arme Geschöpf bemitleide! Gott sei Dank gehen keine meiner Bekannten zu ihren Gesellschaften. Täten sie das, so würde ich sie nie wieder in meinem Hause sehen wollen. Das bringt einen nur auf närrische, dumme Gedanken – und Narrheiten und dummes Zeug sind Sünde. Meinen Sie nicht, Madam?«

»Wenn man es übertreibt, dann können sie sicherlich dazu werden«, antwortete Mrs. Morland.

»Wir haben gehört«, sagte Edward, »daß Mrs. St. Leonard, obwohl sie eine Zierde der frohen Weltlichkeit ist, ein gutes Herz, ein wohltätiges Gemüt und eine freigebige Hand hat.«

»Ich weiß nicht viel von ihr«, erwiderte Mrs. Watkinson und reckte den Kopf hoch, «und ich habe nicht den leisesten Wunsch, mehr zu wissen. Es ist gut, daß sie keine Kinder hat; das wären verlorene Schafe, die in ihrem Pferch aufgezogen würden. Ich meinerseits, Madam«, fuhr sie fort, sich an Mrs. Morland wendend, »bin ganz zufrieden mit den stillen Freuden eines glücklichen Heims. Und keine Mutter darf auch nur das Geringste mit anderen Vergnügungen zu tun haben. Meine unschuldigen Kinder wissen nichts vom Theater, von Bällen und Gesellschaften und sollen niemals etwas davon wissen. Sehen sie vielleicht aus, als ob sie an ein Leben voller Vergnügungen gewöhnt seien?«

So sahen sie gewiß nicht aus! Denn als die Morlands einen Blick auf sie warfen, dachten sie, daß sie noch nie Kindergesichter gesehen hatten, die weniger fröhlich und zudem weniger anziehend waren. Nicht ein einziges nettes Gesicht, keine erfreuliche Miene in der ganzen Schar. Edward Morland erinnerte sich, oft gelesen zu haben, daß »die Kindheit immer schön ist«. Aber er sah, daß die jungen Watkinsons eine Ausnahme von dieser Regel waren.

»Einer Mutter erste Pflicht, das sind ihre Kinder«, wiederholte Mrs. Watkinson. »Bis neun Uhr sind meine Tochter Jane und ich jeden Abend damit beschäftigt, die Hausaufgaben abzuhören, die sie zum nächsten Morgen für die Schule gemacht haben. Vorher können wir keinen Besuch empfangen, und wir bitten nie jemanden zum Tee, das würde uns in unseren Pflichten behindern. Wir waren gerade fertig mit den Schulaufgaben, als Sie kamen. Nachher dürfen die Kinder etwas Vernünftiges spielen, denn ich erlaube kein Vergnügen, das nicht zugleich belehrend ist. Meine Kinder sind so gut erzogen, daß sie selbst dann ernsthafte Spiele spielen, wenn sie allein sind.«

Zwei der Knaben sahen einander verstohlen an mit einem Blick, in dem Edward Morland die Listen des Murmelspiels erkannte.

»Jetzt spielen sie gerade das Astronomie-Spiel«, fuhr Mrs. Watkinson fort. »Sie haben auch ein geographisches und ein mathematisches Kartenspiel. Das ist eine segensreiche Entdeckung: die Erfindung dieser Lehrspiele; so daß man sogar die Spielzeit der Kinder erzieherisch verantworten kann. Und Sie können sich nicht vorstellen, Madam, wie sehr die Kinder diese Spiele genießen.«

In diesem Augenblick stand der Knabe namens Joseph vom Tisch auf und sagte, während er zu Mrs. Watkinson hinüberstolzierte: »Mama, bitte mich zu verhauen.«

Ob dieser ungewöhnlichen Aufforderung waren die Gäste sehr erstaunt, und Mrs. Watkinson antwortete: »Dich verhauen, mein bester Joseph – warum? Ich habe nicht gesehen, daß du heute abend irgend etwas Unrechtes getan hast, und du weißt, daß meine Fürsorglichkeit mich veranlaßt, meine Kinder immerfort zu überwachen.«

»Du konntest es nicht sehen«, antwortete Joseph, »denn ich habe nichts sehr Böses *getan*. Aber ich habe einen schlechten Gedanken gehabt, und du weißt doch, Mr. Ironrule sagt, daß ein Fehltritt in Gedanken genau so schlimm ist wie ein wirklich begangener Fehltritt.«

»Sie sehen, Madam, was für ein gutes Gedächtnis er hat«, sagte Mrs. Watkinson leise zu Mrs. Morland.

»Aber mein bester Joseph, du machst deine Mutter erbeben. Was für einen Fehltritt hast du dir vorgestellt? Was war dein böser Gedanke?«

»Ja«, sagte ein anderer Knabe, »was für ein Gedanke?«

»Mein Gedanke war«, sagte Joseph, »›zum Teufel mit der ganzen Astronomie, und ich möchte den Mann gehenkt sehen, der dieses Spiel erfunden hat‹.«

»Oh! mein Kind«, rief die Mutter aus und hielt sich die Ohren zu, »ich bin wirklich schockiert. Ich bin nur froh, daß du sofort bereut hast.«

»Ja«, gab Joseph zurück, »aber ich fürchte, die Reue wird nicht andauern. Wenn ich nicht Schläge bekomme, habe ich vielleicht diese bösen Gedanken jedesmal, wenn ich Astronomie spiele, und noch schlimmere beim Geographie-Spiel. Schlage mich, Mama, und strafe mich, wie ich es verdiene. Da in der Ecke ist das spanische Rohr: ich will es dir selber bringen.«

»Trefflicher Knabe!« sagte seine Mutter. »Du weißt doch, daß ich meinen Kindern immer verzeihe, wenn sie aufrichtig ihre Verfehlungen bekennen.«

»Ja, das tust du«, sagte Joseph, »aber eine Tracht Prügel wird mich gründlicher kurieren.«

»Ich kann mich nicht dazu entschließen, ein so gewissenhaftes Kind zu züchtigen«, sagte Mrs. Watkinson.

»Soll ich Ihnen die Mühe abnehmen?« fragte Edward, der vor Widerwillen über die salbungsvolle Heuchelei dieses jungen Schurken alle Geduld verloren hatte. »Es ist eine solche Seltenheit, daß ein Knabe Prügel verlangt, daß ein so erstaunlicher Wunsch unbedingt erfüllt werden sollte.«

Joseph drehte sich um und schnitt ihm eine Grimasse.

»Gib mir den Rohrstock«, sagte Edward halb lachend, bereit, ihn ihm aus der Hand zu nehmen. »Ich werde ihn so anwenden, daß du wirklich zufrieden bist.«

Der Knabe hielt es für das klügste, mit langen Schritten davon und zum Tisch zurückzugehen und sich zwischen seinen Brüdern und Schwestern zu verstecken, von denen einige töricht überrascht nur glotzten, während andere flüsterten und kicherten, in der Hoffnung, mit anzusehen, wie Joseph tüchtig verhauen wurde.

Mrs. Watkinson, die Edward mit einem bitterbösen Blick bedacht hatte, beeilte sich, die Aufmerksamkeit seiner Mutter auf etwas anderes zu lenken. »Mrs. Morland«, sagte sie, »erlauben Sie mir, Ihnen den jüngsten meiner hoffnungsvollen Sprößlinge vorzustellen.« Sie wies auf einen Knaben von etwa fünf Jahren, der mit zurückgeworfenem Kopf und weit offenem Munde in seinem Stuhle schlummerte.

Mrs. Watkinsons Kinder gehörten zu der lästigen Art von Kindern, die nie zu Bette gehen; wenigstens nicht ohne jeden nur möglichen Widerstand. All ihre selbstgerühmte Autorität reichte nicht aus, sie dazu zu zwingen; sie wollten nie zugeben, daß sie schläfrig waren; immer wollten sie ›aufbleiben‹, und allabendlich gab es eine Szene mit Schelten, Zureden, Drohen und Überlisten, um sie in Marsch zu setzen.

»Wahrhaftig«, sagte Mrs. Watkinson, »das liebe Kind schläft schon fast. Rüttle ihn wach, Christopher. Ich möchte, daß er eine Rede hält. Seine Lehrerin gibt sich große Mühe, ihre kleinen Schüler sprechen zu lehren, sie stellt sich selbst vor sie hin und macht es ihnen vor.«

Das Kind war gewaltsam aufgerüttelt worden (zwei oder drei andere hatten Christopher dabei geholfen), rieb sich die Augen und fing an zu greinen. Die Mutter ging zu ihm, nahm ihn auf den Schoß, beruhigte ihn und fing an, ihm zuzureden. Darnach stellte sie ihn vor Mrs. Morland auf die Füße und wollte, daß er für den Besuch eine Rede hielte. Das Kind steckte den Daumen in den Mund und blieb stumm.

»Mama«, sagte Jane Watkinson, »sag ihm lieber, welche Rede er aufsagen soll.«

»Sage Cato oder Plato auf«, sagte die Mutter, »oder wie er heißt. Los jetzt, Benny – wie fängt es an? ›Du bist im Recht und sehr verständig, Plato‹. So fängt es an.«

»Sag Lucius auf«, sagte die Schwester Jane. »Komm jetzt, Benny – sag ›Den Frieden meinen deine Gedanken‹.«

Der Kleine sah aus, als meinten die seinen *das* nicht, und als denke er sich vielmehr einen Wutausbruch aus.

»Nein, nein!« rief Christopher aus, »laßt ihn Hamlet sprechen. Los jetzt, Benny – ›Sein oder Nichtsein‹.«

»Gar nichts soll sein«, schrie Benny, »und ich will kein bißchen für irgend jemanden aufsagen. Ich hasse diese Reden!«

»Seht nur, wie eigensinnig er ist«, sagte Joseph salbungsvoll. »Und läßt man ihm das durchgehen?«

»Sag irgend etwas auf, Benny«, sagte Mrs. Watkinson, »irgend etwas, wenn es nur eine Rede ist.«

Alle Watkinson-Stimmen schrien nun stürmisch auf das eigensinnige Kind ein – »Rede halten! Rede halten! Rede halten!« Aber sie bewirkten nicht mehr als die ewig wiederholten Ermahnungen, mit denen die Bonnen die armen Köpfchen der Babies verwirren, wenn sie fordern: »Mach winke-winke – mach winke-winke!«

Nun griff Mrs. Morland ein und bat, man möge das müde Kind entschuldigen; worauf dieses brüllte, daß es überhaupt nicht müde sei und nie zu Bett gehen werde.

»Ich habe es noch nie erlebt, daß eines meiner Kinder sich so benommen hat«, sagte Mrs. Watkinson. »Sie sind immer beispiellos gehorsam, Madam. Ein Blick genügt. Und ich muß sagen, daß sie von der Erziehung, die wir ihnen zuteil werden lassen, in jeder Weise profitiert haben. Es ist nicht unsere Art, Madam, unser Geld an Gesellschaften und Narreteien, auf elegante Möbel und elegante Kleidung und üppiges Essen und lauter solche abscheulichen Dinge zu verschwenden. Unsere oberste Pflicht sind unsere Kinder – dafür zu sorgen, daß sie alles lernen, was in den Schulen gelehrt wird. Wenn sie nicht geraten, dann nicht aus Mangel an Bildung. Hester, liebes Kind, komm und sprich Französisch mit Miss Morland.«

Hester (anders als ihr kleiner Bruder, der keine Rede halten wollte) kam keck heran und sagte zu Caroline Morland: »*Parlez-vous français, mademoiselle? Comment se va madame votre mère? Aimez-vous la musique? Aimez-vous la danse? Bon jour – bon soir – bon repos. Comprenez-vous?*«

Auf diese Tirade, die mit großer Zungenfertigkeit heruntergerasselt wurde, antwortete Miss Morland nichts als: »*Oui, je comprends.*«

»Sehr gut, Hester – wirklich sehr gut«, sagte Mrs. Watkinson. »Sie sehen, Madam«, wandte sie sich an Mrs. Morland, »wie sehr geläufig sie das Französische spricht; und sie lernt es erst seit zwei Jahren.«

Nach längerem Geflüster zwischen Jane und ihrer Mutter ging die erstere hinaus und schickte das irische Mädchen mit einem Tablett hinein, auf dem ein Korb mit Sodakeksen, ein Krug Wasser und einige Gläser standen. Mrs. Watkinson forderte ihre Gäste auf, sich wie zu Hause zu fühlen und herzhaft zuzugreifen; sie sagte: »Bei uns gibt es nie Kuchen, Süßigkeiten, Gebäck und solche Dinge, die kommen uns nicht ins Haus, weil sie für die Kinder sehr ungesund wären und weil es unrecht wäre, sie damit in Versuchung zu führen. Sie werden mir sicherlich darin zustimmen, Madam, daß einfache Nahrung für jedermann am besten ist. Leute, die etwas Extrafeines wollen, mögen zu Gesellschaften gehen; aber bei mir werden sie es nie bekommen.«

Als der Imbiß eingenommen und jedes Kind mit einem Keks versorgt war, sagte Mrs. Watkinson zu Mrs. Morland: »Jetzt, Madam, sollen Sie etwas Musik von meiner Tochter Jane hören, sie gehört zu Mr. Bangwhangers besten Schülern.«

Jane Watkinson setzte sich ans Klavier und fing an, ein Stück zu spielen, das sechs endlose Seiten hatte, die sie ohne Rücksicht auf Takt und Tonart, aber mit gewaltiger Kraft der Hände spielte; trotzdem hatte es aber die gute Wirkung, daß die meisten der Kinder einschliefen.

Den Morlands schien der Abend schon fünf Stunden lang gedauert zu haben. Aber es war erst halb elf, als Jane in der Mitte ihres Stückes angekommen war. Stillschweigend waren alle Gäste übereingekommen, daß man am besten Mrs. Watkinson die Absicht nicht merken lassen sollte, direkt von ihrem Hause zu Mrs. St. Leonard zu fahren; und die Ankunft des Wagens hätte das Zeichen zum Aufbruch gegeben, selbst wenn Janes Stück noch nicht zu Ende gewesen wäre. Sie warfen verstohlene Blicke nach der Uhr auf dem Kaminsims. Es fehlte nur eine Viertelstunde an elf Uhr, als Jane vom Klavier aufstand und die Mutter ihr zu ihrem vorzüglichen Spiel gratulierte. Aber noch immer hörte man keinen Wagen halten, keine Hausglocke läuten. Mrs. Morland äußerte die Befürchtung, daß der Kutscher vergessen habe, sie abzuholen.

»Ist er bezahlt worden, als er Sie herbrachte?« fragte Mrs. Watkinson.

»Ich habe ihn bezahlt, als wir vor der Haustür ankamen«, sagte Edward. »Ich dachte, vielleicht brauchte er das Geld für irgend etwas, ehe er uns abholt.«

»Das war sehr nett von Ihnen, Sir«, sagte Mrs. Watkinson, »aber nicht sehr weise. Man kann sich auf keinen Kutscher verlassen, und da er in dieser regnerischen Nacht sicher sein kann, Geschäfte zu machen, kommt er vielleicht überhaupt nicht wieder – da er ja fürs Herbringen schon bezahlt ist.«

Nun *war* aber in Wirklichkeit der Kutscher zur abgemachten Zeit dagewesen, doch der Lärm von Janes Klavier hatte verhindert, daß man im hinteren Wohnzimmer seine Ankunft hörte.

Das irische Mädchen war zur Tür gegangen, als er läutete, und hatte in ihm jemanden erkannt, den sie zu ihren ›alten Freunden‹ zählte. In diesem Augenblick kamen eine Dame und ein Herr, die vom Regen überrascht worden waren, angelaufen, und als sie sahen, daß ein Wagen vor der Tür hielt, fragte der Herr den Kutscher, ob er sie nicht zum Rutger-Platz bringen könne. Der Kutscher erwiderte, daß er gerade gekommen sei, um zwei Damen und einen Herrn abzuholen, die er vom Astor-Haus hierher gefahren habe.

»Aber sicher doch, Patrick«, sagte das Mädchen, das in der Tür stand, »wenn ich du wär, tät ich mir heute nacht noch einen Extrapfennig dazuverdienen. Miss Jane, die hämmert noch eins von ihren langen Musikstücken herunter, und das ist nicht zu Ende, ehe du zum Rutger-Platz und wieder zurück bist. Und wenn du sie ein bißchen warten läßt, was schadet das? Die haben ein trockenes Dach überm Kopf, und ich wette, daß sie nicht zum ersten Mal in ihrem Leben warten, und nicht zum letzten Mal.«

»Stimmt genau«, sagte der Herr; ohne schicklicherweise erst die Leute fragen zu lassen, die den Wagen bestellt hatten, befahl er seiner Frau, einzusteigen, stieg selbst ein, und sie fuhren davon zum Rutger-Platz.

Lieber Leser, wenn du je in einem fremden Hause dadurch aufgehalten worden bist, daß dein Wagen nicht kam, dann wirst du leicht nachfühlen können, wie sehr man sich ärgert, wenn sich herausstellt, daß man eine Familie über die gewohnte Zeit hinaus daran hindert, zu Bett zu gehen. Und in diesem Falle gab es doppelten Ärger, da die Gäste voller Ungeduld waren, sich an einen besseren Ort zu begeben. Die Kinder, die alle weinten, als man sie aus dem Schlaf weckte, wurden schließlich von zwei Dienstmädchen und Jane Watkinson, die darnach nicht mehr zurückkam, zu Bett gebracht. Niemand blieb übrig als Hester, die hervorragende Studentin der französischen Sprache, die – da sie zu den kindlichen Kobolden gehörte, welche die Fähigkeit besitzen, ohne Schlaf zu leben – bolzengerade mit weit offenen Augen dasaß und die sich sehr unbehaglich fühlenden Besucher beobachtete.

Die Morlands konnten es nicht mehr aushalten, und Edward schlug vor, nach einem Wagen zum nächsten Mietstall zu schicken.

»Wir halten jetzt keinen Diener mehr«, sagte Mrs.

Watkinson, die fast einnickend im Schaukelstuhl saß, ab und zu krampfhaft etwas Konversation zu machen versuchte und noch öfter als zuvor ›Madam‹ sagte.

»Diener sind eine schreckliche Plage, und wir haben schon seit drei Jahren keinen mehr. Und ich weiß nicht, wie Mary oder Kate in dieser Sturmnacht ausgehen und den nächsten Mietstall suchen könnten.«

»In keinem Fall würde ich zulassen, daß die Frauen das tun«, erwiderte Edward. »Wenn Sie mir gütigst einen Schirm leihen wollen, gehe ich selber.«

Er machte sich also an dieses Unternehmen, hatte aber bei zwei Mietställen keinen Erfolg, da die Wagen alle fort waren. Schließlich fand er einen und wurde darin zu Mrs. Watkinsons Haus gefahren, wo Mutter und Schwester auf ihn warteten, fix und fertig in ihren seidenen Hauben und Umschlagetüchern. Sie verabschiedeten sich erleichtert, und Mrs. Watkinson ermunterte sich soweit, die Hoffnung auszusprechen, daß sie einen angenehmen Abend verbracht hätten und bei ihrer Rückkehr nach New York noch einen solchen mit ihr verbringen würden. Wie schwer ist es doch, in solchen Fällen zu antworten, selbst nur die sogenannte ›Form‹ zu wahren.

Mit einer Küchenlampe wurde ihnen zur Tür geleuchtet, da die Lampe in der Eingangshalle schon längst gelöscht worden war. Zum Glück hatte der

Regen aufgehört; die Sterne kamen allmählich wieder heraus, und als die Morlands sich im Wagen und auf dem Weg zu Mrs. St. Leonard befanden, hatten sie das Gefühl, sie könnten wieder atmen. Wie anzunehmen, besprachen sie ungehemmt alle ärgerlichen Ereignisse des Abends; aber da der Verdruß nun vorbei war, waren sie eher geneigt, sich darüber zu belustigen.

»Liebe Mutter«, sagte Edward, »du hast mir leid getan, daß du das fortwährende ›Madam, Madam‹ von Mrs. Watkinson ertragen mußtest; denn ich weiß, du kannst das Wort nicht leiden.«

»Ich wollte«, sagte Caroline, »mir fielen nicht immer so lächerliche Erinnerungen ein. Aber wirklich, heute abend konnte ich mir das dumme, alte Kinderspiel nicht aus dem Kopf schlagen:

Aus Spanien kommen drei Ritter fein,
frein um Euer Töchterlein.«

»*Ich* werde bestimmt nie einer dieser spanischen Ritter sein«, sagte Edward. »Töchterlein Jane läuft nicht Gefahr, durch meine ›Schmeichelzunge‹ beeinflußt zu werden. Aber es ist doch nicht recht, daß wir so über sie reden.«

Sie fuhren in der Hoffnung zu Mrs. St. Leonard, noch rechtzeitig zu kommen, um eine halbe Stunde dort verbringen zu können. Aber als sie zu der Straße kamen, wo sie wohnte, begegneten ihnen ein paar

Kutschen, die schon auf dem Heimweg waren, und als sie die Tür des hell erleuchteten Wohnsitzes erreichten, sahen sie die letzten Gäste in den letzten Wagen davonfahren, und mehrere Musikanten kamen mit ihren Instrumenten die Treppe herunter.

»Also war da *wirklich* eine Tanzerei!« seufzte Caroline. »Ach, was haben wir versäumt! Es ist zu ärgerlich.«

»Das ist es schon«, sagte Edward; »aber denke daran, daß wir morgen früh nach Niagara abreisen.«

»Ich werde Nachricht für Mrs. St. Leonard hinterlassen«, sagte seine Mutter, »und erklären, daß wir bei Mrs. Watkinson aufgehalten worden sind, weil der Kutscher uns im Stich gelassen hat. Wir wollen uns mit der Hoffnung trösten, daß wir diese Dame wiedersehen, wenn wir zurückkommen. Und nun, liebe Caroline, mußt du dir die heutigen ungünstigen Ereignisse zur Lehre dienen lassen. Wenn du Hausherrin bist und Freunden eine Artigkeit erweisen willst, so sage in deiner Einladung ganz offen, was sie zu erwarten haben. Und wenn es dir nicht möglich ist, andere Leute dazu einzuladen, die sie kennenlernen sollen, dann sage gleich dazu, daß du nicht darauf bestehst, daß sie die Verabredung mit *dir* einhalten, im Falle später sich etwas bietet, was sie vielleicht vorziehen; vorausgesetzt nur, daß sie dich rechtzeitig von der Änderung ihrer Pläne unterrichten.«

»O Mama«, sagte Caroline, »du kannst dich darauf verlassen, daß ich mich immer davor hüten werde, meine Gäste mit einer Einladung zu verlocken, deren Befolgung sie vielleicht bedauern könnten, besonders, wenn es Freunde sind, deren Zeit knapp bemessen ist. Ganz gewiß werde ich, wie du sagst, ihnen mitteilen, daß sie sich nicht an mich gebunden zu fühlen brauchen, wenn sie später eine Einladung erhalten, die ihnen mehr Vergnügen verspricht. Es wird noch lange dauern, bis ich den Watkinson-Abend vergesse.«

Hinweis

Herausgeberin und Verlag danken folgenden Autoren, Verlegern und Agenturen für die Erteilung der Rechte: Mohrbooks Literary Agency, Zürich, für *Der Drachen* von W. Somerset Maugham (aus dem Band *Entlegene Welten* im Diogenes Verlag), für *Reizende alte Dame* von D. H. Lawrence (aus dem Band *Der Mann, der Inseln liebte* im Diogenes Verlag) und für *Warum ich in der Post wohne* von Eudora Welty; Dr. Ruth Liepman, Zürich, für *Wiedersehen mit Babylon* von F. Scott Fitzgerald; Joan Daves, New York, für *Er* von Katherine Anne Porter (aus dem Band *Blühender Judasbaum* im Diogenes Verlag); Rupert Hart-Davis Ltd., London, für *Junggesellen* von Hugh Walpole; Messrs. Curtis Brown Ltd., London, und Hans Hermann Hagedorn, Hamburg, für *Mammi eilt zu Hilfe* von Angus Wilson; Verlag der Arche, Zürich, für *Das Leben der Mutter Parker* von Katherine Mansfield (aus: *Das Gartenfest*, erschienen im Verlag der Arche, Peter Schifferli, Zürich 1953). – Die Rechte an allen übrigen Erzählungen liegen beim Diogenes Verlag.

Mary Hottingers Anthologien im Diogenes Verlag

Mord
Kriminalgeschichten von Edgar Allan Poe bis Raymond Chandler. Mit Vignetten von Paul Flora. detebe 20030

Mehr Morde
Kriminalgeschichten von Cyril Hare bis Henry Slesar. Mit Vignetten von Paul Flora. detebe 20031

Noch mehr Morde
Kriminalgeschichten von Dorothy Sayers bis Peter Cheyney. Mit Vignetten von Paul Flora. detebe 20032

Wahre Morde
Die berühmt-berüchtigtsten Kriminalfälle aus England. detebe 20587

Gespenster
Geschichten aus England von Daniel Defoe bis Edward Bulwer-Lytton. detebe 20497

Mehr Gespenster
Geschichten aus England, Schottland und Irland von Rudyard Kipling bis H. G. Wells. detebe 21027

Noch mehr Gespenster
Geschichten aus aller Welt, von Balzac bis Čechov. In memoriam Mary Hottinger, herausgegeben von Dolly Dolittle. detebe 21310

Ehegeschichten
von Joseph Conrad bis Mary McCarthy, für den Literaturfreund ausgewählt von Mary Hottinger. detebe 21529

Familiengeschichten
von W. Somerset Maugham bis F. Scott Fitzgerald, für den Literaturfreund ausgewählt von Mary Hottinger. detebe 21530

Kindergeschichten
von Charles Dickens bis Doris Lessing, für den Literaturfreund ausgewählt von Mary Hottinger. detebe 21531

Ganz gemeine Geschichten
von Rudyard Kipling bis D.H. Lawrence, für den Literaturfreund ausgewählt von Mary Hottinger. detebe 21532

detebe-Anthologien

Chinesisches Novellenbuch
Herausgegeben von Jan Tschichold. Mit einer literarischen Notiz und Anmerkungen von Eduard Grisebach sowie einem Nachwort von Jan Tschichold. Deutsch von Eduard Grisebach. detebe 21177

Diogenes Anthologie russischer Erzähler
Von 1800 bis zur Gegenwart. Erzählungen von Alexander S. Puschkin, Wladimir Odojewskij, Nikolai Gogol, Iwan Gontscharow, Michail Lermontow, Iwan Turgenjew, Fjodor Dostojewskij, Leo Tolstoi, Nikolai Lesskow, Anton Čechov, Jewgenij Samjatin u.a. Herausgegeben und mit einem Nachwort von Johannes von Guenther. detebe 21534

Das Diogenes Lesebuch klassischer deutscher Erzähler
Erzählungen von den Brüdern Grimm, Georg Büchner, Wilhelm Busch, Joseph von Eichendorff, Friedrich de la Motte Fouqué, Johann Wolfgang von Goethe, Jeremias Gotthelf, Wilhelm Hauff, Friedrich Hebbel, Johann Peter Hebel, Heinrich Heine, E.T.A. Hoffmann, Gottfried Keller, Heinrich von Kleist, Conrad Ferdinand Meyer, Eduard Mörike, Jean Paul und Christoph Martin Wieland. 3 Bände. Herausgegeben von Christian Strich und Gerd Haffmans
detebe 20727, 20728, 20669

Das Diogenes Lesebuch moderner deutscher Erzähler
Erzählungen von Alfred Andersch, Gottfried Benn, Rainer Brambach, Bertolt Brecht, Heinrich Böll, Manfred von Conta, Hugo Dittberner, Friedrich Dürrenmatt, Herbert Eisenreich, Hans Jürgen Fröhlich, Heidi Frommann, Franz Fühmann, Hermann Hesse, Wolfgang Hildesheimer, Otto Jägersberg, Franz Kafka, Erich Kästner, Hermann Kinder, Jürgen Lodemann, Heinrich Mann, Thomas Mann, Fanny Morweiser, Robert Musil, Walter E. Richartz, Herbert Rosendorfer, Joseph Roth, Arno Schmidt, Hermann Harry Schmitz, Arthur Schnitzler, Ludwig Thoma, B. Traven, Kurt Tucholsky, Walter Vogt u.a. 2 Bände. Herausgegeben von Christian Strich und Gerd Haffmans. detebe 20782 und 20776

Das Diogenes Lesebuch amerikanischer Erzähler
Erzählungen von Sherwood Anderson Ambrose Bierce, Ray Bradbury, Harold Brodkey, Erskine Caldwell, Raymond Chandler, Stephen Crane, William Faulkner, F. Scott Fitzgerald, Dashiell Hammett, Bret Harte, Nathaniel Hawthorne, Ernest Hemingway, O. Henry, Patricia Highsmith, Washington Irving, Ring Lardner, Jack London, Carson McCullers, Herman Melville, Dorothy Parker, Edgar A. Poe, K. A. Porter und Mark Twain. Herausgegeben von Gerd Haffmans. detebe 20271

Das Diogenes Lesebuch englischer Erzähler
Erzählungen von John Buchan, G. K. Chesterton, Agatha Christie, Wilkie Collins, Joseph Conrad, Rudyard Kipling, D. H. Lawrence, Doris Lessing, Katherine Mansfield, Walter de la Mare, W. S. Maugham, George Orwell, William Plomer, Saki, Alan Sillitoe, Muriel Spark, R. L. Stevenson und H. G. Wells. Herausgegeben von Gerd Haffmans. detebe 20272

Das Diogenes Lesebuch irischer Erzähler
Erzählungen von Lord Dunsany, Brian Friel, James Joyce, J. S. Le Fanu, John Montague, George Moore, Edna O'Brien, Sean O'Casey, Frank O'Connor, Sean O'Faolain, Liam O'Flaherty und Oscar Wilde. Herausgegeben von Gerd Haffmans. detebe 20273

Das Diogenes Lesebuch französischer Erzähler
Erzählungen von Stendhal, Honoré de Balzac, Prosper Mérimée, Charles Baudelaire, Gustave Flaubert, Jules Verne, Villiers de l'Isle-Adam, Emile Zola, Guy de Maupassant, Charles Ferdinand Ramuz, Marcel Aymé und Georges Simenon. Herausgegeben von Anne Schmucke und Gerda Lheureux. detebe 20304

Ehegeschichten
von Thomas Deloney, Richard Steele, Charles Lamb, Joseph Conrad, Saki, O. Henry, Elizabeth Bowen, Katherine Mansfield, D.H. Lawrence, Mary McCarthy, Angus Wilson, W.S. Maugham, für den Literaturfreund ausgewählt von Mary Hottinger. detebe 21529

Familiengeschichten
von W.S. Maugham, James M'Govan, D.H. Lawrence, F. Scott Fitzgerald, K.A. Porter,

Hugh Walpole, Angus Wilson, Katherine Mansfield, Charles Lee, Eudora Welty, Eliza Leslie. Für den Literaturfreund ausgewählt von Mary Hottinger. detebe 21530

Kindergeschichten
von Charles Lamb, Charles Dickens, Conrad Aiken, William C. Williams, Mark Twain, Katherine Mansfield, Kenneth Grahame, Rudyard Kipling, Walter de la Mare, Doris Lessing, I.A.R. Wylie, Sean O'Faolain, Aldous Huxley, Jan Struther, Kenneth Grahame, für den Literaturfreund ausgewählt von Mary Hottinger. detebe 21531

Ganz gemeine Geschichten
von Rudyard Kipling, Herman Melville, W. Somerset Maugham, Hugh Walpole, James Thurber, Bret Harte, Alan Sillitoe, D.H. Lawrence, John Cheever, Clemence Dane, für den Literaturfreund ausgewählt von Mary Hottinger. detebe 21532

Der goldene Gelbe 86
Sonderausgabe. Enthält folgende Romane: Raymond Chandler, Der große Schlaf / Patricia Highsmith, Zwei Fremde im Zug / Eric Ambler, Die Maske des Dimitrios
detebe 21412

Der goldene Gelbe 87
Sonderausgabe. Enthält folgende Romane: Dashiell Hammett, Der dünne Mann/Margaret Millar, Liebe Mutter, es geht mir gut/Ross Macdonald, Unter Wasser stirbt man nicht
detebe 21524

Gespenster
Die besten Gespenstergeschichten aus England von Daniel Defoe, Edward Bulwer-Lytton, Wilkie Collins, W.W. Jacobs, E.F. Benson, Richard Middleton, W.F. Harvey, Enid Bagnold, A.J. Alan, Mary Hottinger, Elizabeth Bowen, Algernon Blackwood, Daphne du Maurier und M.R. James. Herausgegeben von Mary Hottinger
detebe 20497

Mehr Gespenster
Die besten Gespenstergeschichten aus England, Schottland und Irland von George Mackay Brown, H.G. Wells, Rudyard Kipling, William F. Harvey, Sheridan Le Fanu, Ambrose Bierce, Saki, Andrew Lang, Forbes Bramble, James Allan Ford, Angus Wolfe Murray, Iain Crichton Smith, Fred Urquhart, John McGahern, Brian Moore, Terence de-Vere White. Herausgegeben von Mary Hottinger. detebe 21027

Noch mehr Gespenster
Die besten Gespenstergeschichten aus aller Welt von Heinrich Heine, Washington Irving, Alexander Puschkin, Heinrich von Kleist, Honoré de Balzac, Edgar Allan Poe, Nikolai Gogol, Pu Ssung-Ling, Yakumo Koizumi, Gottfried Keller, Iwan Turgenjew, Ambrose Bierce, O. Henry, Guy de Maupassant, Amadou Hampate Ba, Anton Čechov, Tania Blixen und Walter De la Mare. Herausgegeben von Dolly Dolittle. detebe 21310

Die schönsten Hundegeschichten
von Anton Čechov, B.W. Chandler, Friedrich Dürrenmatt, Marie von Ebner-Eschenbach, Hans Fallada, John Galsworthy, Théophile Gautier, Jaroslav Hašek, Johann Peter Hebel, O. Henry, Wolfgang Hildesheimer, Richard Katz, Rudyard Kipling, Andreas Kissling, Jack London, Thomas Mann, Guy de Maupassant, C.F. Ramuz, Mary Roberts Rinehart, Joseph Roth, James Thurber, B. Traven, Kurt Tucholsky, Iwan Turgenjew, Mark Twain, Robert Walser, P.G. Wodehouse, Stefan Zweig. Mit Zeichnungen von Aubrey Beardsley, Pierre Bonnard, Bob van den Born, Bosc, Chaval, Max Ernst, Paul Flora, Gavarni, u.a.
detebe 21353

Die schönsten Katzengeschichten
von Alfred Andersch, Charles Baudelaire, Hilaire Belloc, Karel Čapek, Colette, Albert Ehrenstein, Johann Wolfgang Goethe, Maxim Gorki, Brüder Grimm, Ernest Hemingway, Patricia Highsmith, Johannes V. Jensen, James Joyce, Gottfried Keller, Rudyard Kipling, La Fontaine, Guy de Maupassant, Edgar Allan Poe, Alfred Polgar, Herbert Rosendorfer, Saki, Gustav Schwab, M. Mackenzie Scott, Bram Stoker, Kurt Tucholsky, Mark Twain, Roy Vickers, Robert Walser, P.G. Wodehouse, Emile Zola. Mit Illustrationen von Aubrey Beardsley, Pierre Bonnard, Gustave Doré, Hans Fischer, Paul Flora, Edward Gorey, Grandville, Olaf Gulbransson, Ernst Ludwig Kirchner, Paul Klee, Alfred Kubin, u.a.
detebe 21352

Die schönsten Pferdegeschichten
von Marcel Aymé, Isaak Babel, Ambrose Bierce, Gottfried August Bürger, Conan Doyle, Lord Dunsany, Brüder Grimm, Häuptling Büffelkind Lange Lanze, Rudyard Kipling, Klabund, D.H. Lawrence, Guy de Maupassant, Liam O'Flaherty, Edgar Allan Poe, Saki, William Saroyan, John Steinbeck, Robert Louis Stevenson, Leo Tolstoi, Iwan Turgenjew, Mark Twain, Robert Walser, Ernst

Weiss, Clement Wood. Mit Illustrationen von Aubrey Beardsley, Pierre Bonnard, Chaval, Gustave Doré, Raoul Dufy, Paul Flora, André François, Grandville, Ernst Ludwig Kirchner, Paul Klee, Oskar Kokoschka, Alfred Kubin, Loriot, Emil Nolde, Pablo Picasso, u.a. detebe 21354

Russische Kriminalgeschichten
von Michail Lermontow, Iwan Turgenjew, Pawel Melnikow, Fjodor Dostojewskij, Nikolaj Lesskow, Michail Saltykow-Stschedrin, Anton Tschechow, Michail Kusmin, Valerij Brjussow und Wenjamin Kawerin. Auswahl, Übersetzung und Nachwort von Johannes von Guenther. detebe 21127

Klassische Kriminalnovellen
von François de Pitaval, Friedrich Schiller, E.T.A. Hoffmann, Heinrich von Kleist, Stendhal, Franz Grillparzer, Anette von Droste-Hülshoff, Honoré de Balzac, Nathaniel Hawthorne, Edgar Allan Poe, Robert Louis Stevenson, Anton Čechov. detebe 21500

Deutsche Liebesgedichte
von Walther von der Vogelweide, Friedrich von Logau, Angelus Silesius, Gotthold Ephraim Lessing, Matthias Claudius, Johann Wolfgang Goethe, Friedrich von Schiller, Friedrich Hölderlin, Novalis, Heinrich von Kleist, Ludwig Tieck, Clemens Brentano, Achim von Arnim, Ludwig Uhland, Joseph von Eichendorff, Heinrich Heine, Eduard Mörike, Theodor Storm, Theodor Fontane u.a. Auswahl von Christian Strich detebe 21497

Moderne deutsche Liebesgedichte
von Alfred Andersch, Ingeborg Bachmann, Konrad Bayer, Hans Bender, Gottfried Benn, Rainer Brambach, Bertolt Brecht, Paul Celan, Hans Magnus Enzensberger, Stefan George, Günter Grass, Georg Heym, Walter Höllerer, Hugo von Hofmannsthal, Erich Kästner, Karl Krolow, Michael Krüger, Reiner Kunze, Else Lasker-Schüler, Christian Morgenstern, Heinz Piontek, Rainer Maria Rilke, Joachim Ringelnatz, Peter Rühmkorf, Georg Trakl, Robert Walser und vielen anderen Dichtern der Gegenwart. Herausgegeben von Rainer Brambach. detebe 20777

Liebesgeschichten aus Amerika
von Edgar Allan Poe, Mark Twain, Ambrose Bierce, O. Henry, Stephen Crane, Jack London, Sherwood Anderson, Ring Lardner, Raymond Chandler, Dorothy Parker, Katherine Anne Porter, F. Scott Fitzgerald, William Faulkner, Ernest Hemingway, Erskine Caldwell, Carson McCullers, Patricia Highsmith, Harold Brodkey. Ausgewählt von John Machaffy. detebe 21239

Liebesgeschichten aus Deutschland
von Christoph Martin Wieland, Goethe, Johann Peter Hebel, E. T. A. Hoffmann, Heinrich von Kleist, Joseph von Eichendorff, Heinrich Heine, Frank Wedekind, Heinrich Mann, Thomas Mann, Hermann Hesse, Bertolt Brecht, Arno Schmidt, Alfred Andersch, Heinrich Böll, W. E. Richartz, Otto Jägersberg u.v.a. Herausgegeben von Christian Strich und Fritz Eicken. detebe 21122

Liebesgeschichten aus England
von R.L. Stevenson, Oscar Wilde, Joseph Conrad, Rudyard Kipling, William Somerset Maugham, Virginia Woolf, D.H. Lawrence, Clemence Dane, Katherine Mansfield, Muriel Spark und Alan Silitoe. Herausgegeben von William Matheson. detebe 21204

Liebesgeschichten aus Frankreich
von Marquis de Sade, Stendhal, Honoré de Balzac, Prosper Mérimée, Jules-Amédée Barbey d'Aurevilly, Alfred de Musset, Charles Baudelaire, Gustave Flaubert, Jules Verne, Philippe-Auguste de Villiers de l'Isle-Adam, Emile Zola, Guy de Maupassant, Marcel Schwob, Marcel Aymé, Georges Simenon. Herausgegeben von Anne Schmucke und Gerda Lheureux. detebe 21251

Liebesgeschichten aus Irland
von G. B. Shaw, George Moore, Lord Dunsany, Liam O'Flaherty, Frank O'Connor, Sean O'Faolain, Elizabeth Bowen, Bryan MacMahon, Edna O'Brien, Brian Friel, John Montague u.v.a. Herausgegeben und übersetzt von Elisabeth Schnack. detebe 20629

Liebesgeschichten aus Italien
von Giovanni Boccaccio, Matteo Bandello, Francesco Maria Molza, Giustiniano Nelli, Liberale Motense, Pietro Fortini, Giovanni Battista Giraldi, Giambattista Basile, Giovanni Verga, Edmondo de Amicis, Giovanni Pascoli, Italo Svevo, Gabriele d'Annunzio, Luigi Pirandello, Giuseppe Tomasi di Lampedusa, Mario Soldati, Alberto Moravia, Cesare Pavese, Italo Calvino. Herausgegeben von William Matheson. detebe 21202

Jüdische Liebesgeschichten
von Heinrich Heine, Karl Emil Franzos, Jizchak Lejb Perez, Scholem Alejchem, Alfred Polgar, Isaak Babel, Joseph Roth, Gertrud Kolmar, Anna Seghers, Isaac Bashevis Singer, Jehoschua Bar-Josef, Bernard Malamud, Zwi Eisenmann, Anne Frank, Philip Roth. Herausgegeben von Manfred und Julia Papst. detebe 21240

Liebesgeschichten aus Lateinamerika
von Machado de Assis, Carlos Reyles, Enrique López Albújar, Alcides Arguedas, Jorge Luis Borges, Miguel Angel Asturias, Oscar Cerruto, Juan Carlos Onetti, José María Arguedas, Yolanda Oreamuno, Murilo Rubião, Juan Rulfo, Marta Jara, Ramón H. Jurado, Sebastián Salazar Bondy, Dalton Trevisan, Angel Rama, Gabriel García Márquez. Herausgegeben von William Matheson detebe 21252

Liebesgeschichten aus Österreich
von Adalbert Stifter, Marie von Ebner-Eschenbach, Arthur Schnitzler, Hugo von Hofmannsthal, Stefan Zweig, Hermann Broch, Albert Paris Gütersloh, Franz Werfel, Joseph Roth, Heimito von Doderer u.v.a. Herausgegeben von Maria und Herbert Eisenreich. detebe 21123

Liebesgeschichten aus Rußland
von Alexander Puschkin, Nikolai Gogol, Michail Lermontow, Iwan Turgenjew, Fjodor Dostojewskij, Nikolai Lesskow, Anton Tschechow, Iwan Bunin, Konstantin Paustowskij u.v.a. Herausgegeben und übersetzt von Johannes von Guenther. detebe 21013

Liebesgeschichten aus der Schweiz
von Jeremias Gotthelf, Rodolphe Töpffer, Gottfried Keller, C. F. Meyer, Heinrich Zschokke, C. F. Ramuz, Maurice Sandoz, Robert Walser, Friedrich Dürrenmatt, Max Frisch, Rainer Brambach, Urs Widmer u.v.a. Herausgegeben von Christian Strich und Tobias Inderbitzin. detebe 21124

Liebesgeschichten aus Spanien
von Miguel de Cervantes Saavedra, Pedro A. de Alarcón, Clarín, Miguel de Unamuno, Ramón Pérez de Ayala, Juan Antonio de Zunzunegui, Francisco Ayala, Medardo Fraile, Ana Maria Matute. Herausgegeben von Christine Haffmans. detebe 21203

Lobet den Herrn!
Gebete großer Dichter und Denker von Augustinus, Hartmann von Aue, Walther von der Vogelweide, Franz von Assisi, Thomas von Aquino, Francesco Petrarca, Thomas a Kempis, Erasmus von Rotterdam, Michelangelo, Thomas Morus, Martin Luther, Huldreich Zwingli, Johannes vom Kreuz, Friedrich von Spee, Blaise Pascal, Friedrich Hölderlin, Novalis, Heinrich von Kleist, Joseph von Eichendorff, Jeremias Gotthelf u.a. Herausgegeben von Christian Strich. detebe 21498

Ein Panorama europäischen Geistes
Texte aus drei Jahrtausenden, ausgewählt und vorgestellt von Ludwig Marcuse. Mit einem Vorwort von Gerhard Szczesny
I. Von Diogenes bis Plotin
II. Von Augustinus bis Hegel
III. Von Karl Marx bis Thomas Mann
detebe 21168

Science-Fiction-Geschichten des Golden Age
von Poul Anderson, Isaac Asimov, James Blish, Ray Bradbury, John Christopher, Arthur C. Clarke, Robert A. Heinlein, J. T. McIntosh, Walter M. Miller, Alan E. Nourse, Clifford D. Simak. Herausgegeben von Peter Naujack. detebe 21048

Klassische Science-Fiction-Geschichten
von Ambrose Bierce, Arthur Conan Doyle, Francis Scott Fitzgerald, E. M. Forster, Egon Friedell, Nathaniel Hawthorne, E. T. A. Hoffmann, Washington Irving, Kurd Laßwitz, Lukian, André Maurois, Edgar Allan Poe, Maurice Renard, J. H. Rosny Aîné, Paul Scheerbart, Hermann Harry Schmitz, Jules Verne, Voltaire, H. G. Wells. Herausgegeben von William Matheson. detebe 21049

Spionagegeschichten
-fälle und -affären von und mit Johann Wolfgang von Goethe, Honoré de Balzac, William Le Queux, Heinrich von Kleist, Joseph Fouché, Joseph Conrad, Mata Hari, Oberst Redl, Lord Baden-Powell, Stefan Zweig, Karl Kraus, L.C. Myzisch, Peter Fleming, Egon Erwin Kisch, Thomas Mann, T.E. Lawrence, W. Somerset Maugham, Graham Greene, Walter Schellenberg, Admiral Canaris, Margret Boveri, Peter Cheyney u.v.a. Herausgegeben von Graham Greene, Hugh Greene und Martin Beheim-Schwarzbach. Deutsch von Martin Beheim-Schwarzbach. Mit fünfzig Zeichnungen von Paul Flora. detebe 20699

Mehr Spionagegeschichten
von John Buchan, W. Somerset Maugham, Compton Mackenzie, Eric Ambler, Ian Fleming, Michael Gilbert. Herausgegeben von Eric Ambler. Deutsch von Peter de Mendelssohn. detebe 21420

Weltuntergangsgeschichten
von Alfred Andersch, Ray Bradbury, Fredric Brown, Friedrich Dürrenmatt, David Ely, Edgar A. Poe, Jules Verne, Robert Walser, H. G. Wells. Mit Zeichnungen von Gustave Doré, Albrecht Dürer, Férat/Barbant, Paul Flora, Edward Gorey, Horst Hussel, Alfred Kubin, Roland Topor. Kompiliert vom Diogenes-Katastrophen-Kollektiv. detebe 20806

Amerikanische Literatur im Diogenes Verlag

● Woody Allen

Manhattan. Vollständiges Drehbuch mit 20 Szenenfotos. Deutsch von Hellmuth Karasek und Armgard Seegers. detebe 20821
Der Stadtneurotiker. Vollständiges Drehbuch mit 19 Szenenfotos. Deutsch von Eckhard Henscheid und Sieglinde Rahm detebe 20822
Interiors. Vollständiges Drehbuch mit 16 Szenenfotos. Deutsch von Hellmuth Karasek und Armgard Seegers. detebe 20823
Stardust Memories. Vollständiges Drehbuch mit 32 Szenenfotos. Deutsch von Hellmuth Karasek und Armgard Seegers. detebe 20824
Zelig. Vollständiges Drehbuch mit 16 Szenenfotos. Deutsch von Armgard Seegers detebe 21154
Was Sie schon immer über Sex wissen wollten, aber nie zu fragen wagten. Vollständiges Drehbuch mit 10 Szenenfotos. Deutsch von Walle Bengs. detebe 21346
Hannah und ihre Schwestern. Vollständiges Drehbuch mit 22 Fotos. Deutsch von Walle Bengs. detebe 21470
Weitere Werke in Vorbereitung

● Louis Armstrong

Mein Leben in New Orleans. Autobiographie. Deutsch von Hans Georg Brenner detebe 20359

● John Bellairs

Das Haus, das tickte. Roman. Deutsch von Alexander Schmitz. Mit Zeichnungen von Edward Gorey. detebe 20368

● Ambrose Bierce

Die Spottdrossel. Erzählungen und Fabeln. Auswahl und Vorwort von Mary Hottinger. Deutsch von Joachim Uhlmann, Günter Eichel und Maria von Schweinitz. Zeichnungen von Tomi Ungerer. detebe 20234

● Robert Bloch

Nacht im Kopf. Roman. Deutsch von Monika Elwenspoek. detebe 21414

● Ray Bradbury

Der Tod ist ein einsames Geschäft. Roman Deutsch von Jürgen Bauer. Leinen
Die Mars-Chroniken. Roman in Erzählungen. Deutsch von Thomas Schlück detebe 20863
Der illustrierte Mann. Erzählungen. Deutsch von Peter Naujack. detebe 20365
Fahrenheit 451. Roman. Deutsch von Fritz Güttinger. detebe 20862
Die goldenen Äpfel der Sonne. Erzählungen. Deutsch von Margarete Bormann detebe 20864
Medizin für Melancholie. Erzählungen Deutsch von Margarete Bormann detebe 20865
Das Böse kommt auf leisen Sohlen. Roman. Deutsch von Norbert Wölfl. detebe 20866
Löwenzahnwein. Roman. Deutsch von Alexander Schmitz. detebe 21045
Das Kind von morgen. Erzählungen. Deutsch von Hans-Joachim Hartstein. detebe 21205
Die Mechanismen der Freude. Erzählungen Deutsch von Peter Naujack. detebe 21242
Familientreffen. Erzählungen. Deutsch von Jürgen Bauer. detebe 21415

● Harold Brodkey

Erste Liebe und andere Sorgen. Erzählungen. Deutsch von Elizabeth Gilbert. detebe 20774

● Fredric Brown

Flitterwochen in der Hölle. Science-Fiction-Geschichten. Deutsch von B. A. Egger. Mit Illustrationen von Peter Neugebauer detebe 20600

● W. R. Burnett

Little Caesar. Roman. Deutsch von Georg Kahn-Ackermann. detebe 21061
High Sierra. Roman. Deutsch von Armgard Seegers und Hellmuth Karasek. detebe 21208
Asphalt-Dschungel. Roman. Deutsch von Walle Bengs. detebe 21417

● Erskine Caldwell

Wo die Mädchen anders waren. Ausgewählte Geschichten. Deutsch von Inge M. Artl, Elisabeth Schnack und Joachim Marten detebe 21186

● Truman Capote

»Ich bin schwul. Ich bin süchtig. Ich bin ein Genie.« Ein intimes Gespräch mit Lawrence Grobel. Deutsch von Thomas Lindquist. Mit einem Vorwort von James A. Michener. Mit 15 Fotos. Broschur

● David Carkeet

Minus mal Minus. Roman. Deutsch von Dorothee Asendorf. detebe 21478

● Raymond Chandler

Der große Schlaf. Roman. Deutsch von Gunar Ortlepp. detebe 20132
Die kleine Schwester. Roman. Deutsch von Walter E. Richartz. detebe 20206
Das hohe Fenster. Roman. Deutsch von Urs Widmer. detebe 20208
Der lange Abschied. Roman. Deutsch von Hans Wollschläger. detebe 20207
Die simple Kunst des Mordes. Essays, Briefe, eine Geschichte und ein Romanfragment. Herausgegeben von Dorothy Gardiner und Kathrine Sorley Walker. Deutsch von Hans Wollschläger. detebe 20209
Die Tote im See. Roman. Deutsch von Hellmuth Karasek. detebe 20311
Lebwohl, mein Liebling. Roman. Deutsch von Wulf Teichmann. detebe 20312
Playback. Roman. Deutsch von Wulf Teichmann. detebe 20313
Mord im Regen. Frühe Stories. Vorwort von Prof. Philip Durham. Deutsch von Hans Wollschläger. detebe 20314
Erpresser schießen nicht. Gesammelte Detektivstories I. Mit einem Vorwort des Autors. Deutsch von Hans Wollschläger
detebe 20751
Der König in Gelb. Gesammelte Detektivstories II. Deutsch von Hans Wollschläger
detebe 20752
Gefahr ist mein Geschäft. Gesammelte Detektivstories III. Deutsch von Hans Wollschläger. detebe 20753
Englischer Sommer. Geschichten, Parodien, Essays. Mit einem Vorwort von Patricia Highsmith, Zeichnungen von Edward Gorey und einer Erinnerung an den Drehbuchautor Chandler von John Houseman. Deutsch von Wulf Teichmann, Hans Wollschläger u.a. Mit einer kompletten Chandler-Bibliographie und -Filmographie. detebe 20754

Als Ergänzungsband liegt vor:
Frank MacShane
Raymond Chandler. Eine Biographie
Deutsch von Christa Hotz, Alfred Probst und Wulf Teichmann. detebe 20960

● Stephen Crane

Das blaue Hotel. Erzählungen. Herausgegeben, übersetzt und mit einem Nachwort von Walter E. Richartz. detebe 20789
Die rote Tapferkeitsmedaille. Roman
Deutsch von Eduard Klein und Klaus Marschke. Mit einem Nachwort von Stanley J. Kunitz und Howard Haycraft
detebe 21299

● Henry F. Ellenberger

Die Entdeckung des Unbewußten. Geschichte und Entwicklung der dynamischen Psychiatrie von den Anfängen bis zu Janet, Freud, Adler und Jung. Mit 45 Abbildungen. Deutsch von Gudrun Theuser-Stampa
detebe 21343

● Ralph Waldo Emerson

Natur. Essay. Deutsch von Harald Kiczka
Diogenes Evergreens
Essays. Herausgegeben und übersetzt von Harald Kiczka. Mit zahlreichen Anmerkungen und einem ausführlichen Index
detebe 21071

● William Faulkner

Brandstifter. Gesammelte Erzählungen I
Deutsch von Elisabeth Schnack
detebe 20040
Eine Rose für Emily. Gesammelte Erzählungen II. Deutsch von Elisabeth Schnack
detebe 20041
Rotes Laub. Gesammelte Erzählungen III.
Deutsch von Elisabeth Schnack
detebe 20042
Sieg im Gebirge. Gesammelte Erzählungen IV.
Deutsch von Elisabeth Schnack
detebe 20043
Schwarze Musik. Gesammelte Erzählungen V.
Deutsch von Elisabeth Schnack
detebe 20044
Die Unbesiegten. Roman. Deutsch von Erich Franzen. detebe 20075
Sartoris. Roman. Deutsch von Hermann Stresau. detebe 20076
Als ich im Sterben lag. Roman. Deutsch von Albert Hess und Peter Schünemann
detebe 20077
Schall und Wahn. Roman. Revidierte Übersetzung von Elisabeth Kaiser und Helmut M. Braem. detebe 20096
Absalom, Absalom! Roman. Deutsch von Hermann Stresau. detebe 20148
Go down, Moses. Chronik einer Familie. Roman. Deutsch von Hermann Stresau und Elisabeth Schnack. detebe 20149
Der große Wald. Vier Jagdgeschichten
Deutsch von Elisabeth Schnack
detebe 20150
Griff in den Staub. Roman. Deutsch von Harry Kahn. detebe 20151

Der Springer greift an. Kriminalgeschichten. Deutsch von Elisabeth Schnack detebe 20152
Soldatenlohn. Roman. Revidierte Übersetzung von Susanna Rademacher. detebe 20511
Moskitos. Roman. Revidierte Übersetzung von Richard K. Flesch. detebe 20512
Wendemarke. Roman. Revidierte Übersetzung von Georg Goyert. detebe 20513
Die Freistatt. Roman. Deutsch von Hans Wollschläger. Vorwort von André Malraux detebe 20802
Licht im August. Roman. Deutsch von Franz Fein. detebe 20803
Wilde Palmen und Der Strom. Doppelroman. Deutsch von Helmut M. Braem und Elisabeth Kaiser. detebe 20988
Die Spitzbuben. Roman. Deutsch von Elisabeth Schnack. detebe 20989
Eine Legende. Roman. Deutsch von Kurt Heinrich Hansen. detebe 20990
Requiem für eine Nonne. Roman in Szenen. Deutsch von Robert Schnorr. detebe 20991
Das Dorf. Roman. Erster Teil der *Snopes-Trilogie.* Deutsch von Helmut M. Braem und Elisabeth Kaiser. detebe 20992
Die Stadt. Roman. Zweiter Teil der *Snopes-Trilogie.* Deutsch von Elisabeth Schnack detebe 20993
Das Haus. Roman. Dritter Teil der *Snopes-Trilogie.* Deutsch von Elisabeth Schnack detebe 20994
New Orleans. Skizzen und Erzählungen. Deutsch von Arno Schmidt. detebe 20995
Briefe. Nach der von Joseph Blotner edierten amerikanischen Erstausgabe von 1977, herausgegeben und übersetzt von Elisabeth Schnack und Fritz Senn. detebe 20958

Als Ergänzungsband liegt vor:
Über William Faulkner. Essays, Rezensionen, ein Interview, Zeichnungen, Chronik und Bibliographie. Herausgegeben von Gerd Haffmans. detebe 20098

● F. Scott Fitzgerald

Der große Gatsby. Roman. Revidierte Übersetzung von Walter Schürenberg detebe 20183
Der letzte Taikun. Roman. Deutsch von Walter Schürenberg. detebe 20395
Pat Hobby's Hollywood-Stories. Übersetzt und mit Anmerkungen versehen von Harry Rowohlt. detebe 20510
Der Rest von Glück. Erzählungen 1920 detebe 20744
Ein Diamant – so groß wie das Ritz. Erzählungen 1922–1926. detebe 20745
Der gefangene Schatten. Erzählungen 1926 bis 1928. detebe 20746
Die letzte Schöne des Südens. Erzählungen 1928–1930. detebe 20747
Wiedersehen mit Babylon. Erzählungen 1930 bis 1940. detebe 20748
Alle Erzählungen in der Übersetzung von Walter Schürenberg, Walter E. Richartz u.a.
Zärtlich ist die Nacht. Roman. Neu übersetzt von Walter E. Richartz und Hanna Neves. Vorwort von Malcolm Cowley. detebe 21119
Das Liebesschiff. Erzählungen. Deutsch von Alexander Schmitz. detebe 21187
Der ungedeckte Scheck. Erzählungen Deutsch von Alexander Schmitz detebe 21305

● Dashiell Hammett

Der Malteser Falke. Roman. Deutsch von Peter Naujack. detebe 20131
Rote Ernte. Roman. Deutsch von Gunar Ortlepp. detebe 20292
Der Fluch des Hauses Dain. Roman. Deutsch von Wulf Teichmann. detebe 20293
Der gläserne Schlüssel. Roman. Deutsch von Hans Wollschläger. detebe 20294
Der dünne Mann. Roman. Deutsch von Tom Knoth. detebe 20295
Fliegenpapier. Detektivstories I. Deutsch von Harry Rowohlt, Helmut Kossodo, Helmut Degner, Peter Naujack und Elizabeth Gilbert. Vorwort von Lillian Hellman detebe 20911
Fracht für China. Detektivstories II. Deutsch von Elizabeth Gilbert, Antje Friedrichs und Walter E. Richartz. detebe 20912
Das große Umlegen. Detektivstories III. Deutsch von Walter E. Richartz, Hellmuth Karasek und Wulf Teichmann. detebe 20913
Das Haus in der Turk Street. Detektivstories IV. Deutsch von Wulf Teichmann detebe 20914
Das Dingsbums Küken. Detektivstories V. Deutsch von Wulf Teichmann. Nachwort von Steven Marcus. detebe 20915

Als Ergänzungsband liegt vor:

Diane Johnson
Dashiell Hammett. Eine Biographie. Aus dem Amerikanischen von Nikolaus Stingl. Mit zahlreichen Abbildungen. Leinen

● O. Henry

Die klügere Jungfrau. Erzählungen. Mit einem Essay von Cesare Pavese. detebe 20871
Das Herz des Westens. Erzählungen detebe 20872
Der edle Gauner. Erzählungen detebe 20873

Wege des Schicksals. Erzählungen
detebe 20874
Streng geschäftlich. Erzählungen
detebe 20875
Rollende Steine. Erzählungen. detebe 20876
Alle Erzählungen deutsch von Annemarie und Heinrich Böll, Hans Wollschläger u.a.

● Patricia Highsmith

Suspense oder Wie man einen Thriller schreibt
Deutsch von Anne Uhde. Broschur
Elsie's Lebenslust. Roman. Deutsch von Otto Bayer. Leinen
Der Stümper. Roman. Deutsch von Barbara Bortfeldt. detebe 20136
Zwei Fremde im Zug. Roman. Deutsch von Anne Uhde. detebe 20173
Der Geschichtenerzähler. Roman. Deutsch von Anne Uhde. detebe 20174
Der süße Wahn. Roman. Deutsch von Christian Spiel. detebe 20175
Die zwei Gesichter des Januars. Roman. Deutsch von Anne Uhde. detebe 20176
Der Schrei der Eule. Roman. Deutsch von Gisela Stege. detebe 20341
Tiefe Wasser. Roman. Deutsch von Eva Gärtner und Anne Uhde. detebe 20342
Die gläserne Zelle. Roman. Deutsch von Gisela Stege und Anne Uhde. detebe 20343
Das Zittern des Fälschers. Roman. Deutsch von Anne Uhde. detebe 20344
Lösegeld für einen Hund. Roman. Deutsch von Anne Uhde. detebe 20345
Der talentierte Mr. Ripley. Deutsch von Barbara Bortfeldt. detebe 20481
Ripley Under Ground. Deutsch von Anne Uhde. detebe 20482
Ripley's Game. Roman. Deutsch von Anne Uhde. detebe 20346
Der Schneckenforscher. Gesammelte Geschichten. Vorwort von Graham Greene. Deutsch von Anne Uhde. detebe 20347
Ein Spiel für die Lebenden. Deutsch von Anne Uhde. detebe 20348
Kleine Geschichten für Weiberfeinde
Deutsch von Walter E. Richartz. Zeichnungen von Roland Topor. detebe 20349
Kleine Mordgeschichten für Tierfreunde
Deutsch von Anne Uhde. detebe 20483
Venedig kann sehr kalt sein. Roman. Deutsch von Anne Uhde. detebe 20484
Ediths Tagebuch. Roman. Deutsch von Anne Uhde. detebe 20485
Der Junge, der Ripley folgte. Roman
Deutsch von Anne Uhde. detebe 20649
Leise, leise im Wind. Zwölf Geschichten. Deutsch von Anne Uhde. detebe 21012
Keiner von uns. Erzählungen. Deutsch von Anne Uhde. detebe 21179
Leute, die an die Tür klopfen. Roman
Deutsch von Anne Uhde. detebe 21349
Nixen auf dem Golfplatz. Erzählungen
Deutsch von Anne Uhde. detebe 21517

Als Ergänzungsband liegt vor:
Über Patricia Highsmith. Essays und Zeugnisse von Graham Greene bis Peter Handke. Mit Bibliographie, Filmographie und zahlreichen Fotos. Herausgegeben von Fritz Senn und Franz Cavigelli. detebe 20818

● John Irving

Eine Mittelgewichts-Ehe. Roman. Deutsch von Nikolaus Stingl. Leinen
Das Hotel New Hampshire. Roman. Deutsch von Hans Hermann. detebe 21194
Laßt die Bären los! Roman. Deutsch von Michael Walter. detebe 21323

● Ring Lardner

Geschichten aus dem Jazz-Zeitalter. Auswahl, Nachwort und Übersetzung von Fritz Güttinger. detebe 20153

● Jack London

Südsee-Abenteuer. Erzählungen. Deutsch von Christine Hoeppener. detebe 21508
Der Seewolf. Roman. Deutsch von Christine Hoeppener. detebe 21509
John Barleycorn oder Der Alkohol. Deutsch von Günter Löffler. detebe 21510
Der Ruf der Wildnis. Deutsch von Günter Löffler. detebe 21511
Weißzahn, der Wolfshund. Deutsch von Günter Löffler. detebe 21512

● Anita Loos

Blondinen bevorzugt. Roman. Deutsch von Lisette Mullère. detebe 21471
Gentlement heiraten Brünette. Deutsch von Marie-Therese Morel. Mit einem Nachwort von Ursula von Kardorff. detebe 21472

● Alison Lurie

Affären. Eine transatlantische Liebesgeschichte. Deutsch von Otto Bayer. Leinen
Liebe und Freundschaft. Roman. Deutsch von Otto Bayer. Leinen

● Carson McCullers

Wunderkind. Erzählungen I. Deutsch von Elisabeth Schnack. detebe 20140
Madame Zilensky und der König von Finnland. Erzählungen II. Deutsch von Elisabeth Schnack. detebe 20141

Die Ballade vom traurigen Café. Novelle. Deutsch von Elisabeth Schnack. Diogenes Evergreens. Auch als detebe 20142
Das Herz ist ein einsamer Jäger. Roman. Deutsch von Susanna Rademacher detebe 20143
Spiegelbild im goldnen Auge. Roman. Deutsch von Richard Moering. detebe 20144
Frankie. Roman. Deutsch von Richard Moering. detebe 20145
Uhr ohne Zeiger. Roman. Deutsch von Elisabeth Schnack. detebe 20146

Als Ergänzungsband liegt vor:
Über Carson McCullers. Essays von und über Carson McCullers; Chronik und Bibliographie. Deutsch von Elisabeth Schnack und Elizabeth Gilbert. Herausgegeben von Gerd Haffmans. detebe 20147

● Ross Macdonald

Dornröschen war ein schönes Kind. Roman. Deutsch von Wulf Teichmann. detebe 20227
Unter Wasser stirbt man nicht. Roman Deutsch von Hubert Deymann detebe 20322
Ein Grinsen aus Elfenbein. Roman. Deutsch von Charlotte Hamberger. detebe 20323
Die Küste der Barbaren. Roman. Deutsch von Marianne Lipcowitz. detebe 20324
Der Fall Galton. Roman. Deutsch von Egon Lothar Wensk. detebe 20325
Gänsehaut. Roman. Deutsch von Gretel Friedmann. detebe 20326
Der blaue Hammer. Roman. Deutsch von Peter Naujack. detebe 20541
Durchgebrannt. Roman. Deutsch von Helmut Degner. detebe 20868
Geld kostet zuviel. Roman. Deutsch von Günter Eichel. detebe 20869
Die Kehrseite des Dollars. Roman. Deutsch von Günter Eichel. detebe 20877
Der Untergrundmann. Roman. Deutsch von Hubert Deymann. detebe 20878
Der Drahtzieher. Sämtliche Detektivstories um Lew Archer I. Mit einem Vorwort des Autors. Deutsch von Hubert Deymann und Peter Naujack. detebe 21018
Einer lügt immer. Sämtliche Detektivstories um Lew Archer II. Deutsch von Hubert Deymann und Peter Naujack. detebe 21019
Sanftes Unheil. Roman. detebe 21178
Blue City. Roman. Deutsch von Christina Sieg-Welti und Christa Hotz. detebe 21317
Der Mörder im Spiegel. Roman. Deutsch von Dietlind Bindheim. detebe 21303

● A.E.W. Mason

Die vier Federn. Roman. Deutsch von Thomas Schlück. detebe 21176

● Herman Melville

Moby-Dick. Roman. Deutsch von Thesi Mutzenbecher und Ernst Schnabel detebe 20835
Billy Budd. Erzählung. Deutsch von Richard Moering. detebe 20787

● Margaret Millar

Liebe Mutter, es geht mir gut... Roman Deutsch von Elizabeth Gilbert detebe 20226
Die Feindin. Roman. Deutsch von Elizabeth Gilbert. detebe 20276
Fragt morgen nach mir. Roman. Deutsch von Anne Uhde. detebe 20542
Ein Fremder liegt in meinem Grab. Roman. Deutsch von Elizabeth Gilbert. detebe 20646
Die Süßholzraspler. Roman. Deutsch von Georg Kahn-Ackermann und Susanne Feigl detebe 20926
Von hier an wird's gefährlich. Roman Deutsch von Fritz Güttinger. detebe 20927
Der Mord von Miranda. Roman. Deutsch von Hans Hermann. detebe 21028
Das eiserne Tor. Roman. Deutsch von Karin Reese und Michel Bodmer. detebe 21063
Fast wie ein Engel. Roman. Deutsch von Luise Däbritz. detebe 21190
Die lauschenden Wände. Roman. Deutsch von Karin Polz. detebe 21421
Nymphen gehören ins Meer! Roman Deutsch von Otto Bayer. detebe 21516

● Flannery O'Connor

Die Lahmen werden die ersten sein. Erzählungen. Deutsch von Rolf und Hedda Soellner detebe 21331
Ein guter Mensch ist schwer zu finden. Erzählungen. Deutsch von Elisabeth Schnack und Cornelia C. Walter. detebe 21332

● Edgar Allan Poe

Die schwarze Katze und andere Verbrechergeschichten. detebe 21183
Die Maske des roten Todes und andere phantastische Fahrten. detebe 21184
Der Teufel im Glockenstuhl und andere Scherz- und Spottgeschichten. detebe 21185
Der Untergang des Hauses Usher und andere Geschichten von Schönheit, Liebe und Wiederkunft. detebe 21184
Alle vier Bände herausgegeben von Theodor Etzel. Deutsch von Gisela Etzel, Wolf Durian u.a.

Die denkwürdigen Erlebnisse des Arthur Gordon Pym. Roman. Deutsch von Gisela Etzel. Mit einem Nachwort von Jörg Drews detebe 21267

● Patrick Quentin

Bächleins Rauschen tönt so bang ... Geschichten. Deutsch von Günter Eichel detebe 20195
Familienschande. Roman. Deutsch von Helmut Degner. detebe 20917

● Jack Ritchie

Der Mitternachtswürger. Geschichten Deutsch von Alfred Probst. detebe 21293
Für alle ungezogenen Leute. Detektiv-Geschichten. Deutsch von Dorothee Asendorf detebe 21384

● Everett M. Rogers & Judith K. Larsen

Silicon Valley Fieber. An der Schwelle zur High-Tech-Zivilisation. Deutsch von H. Boysen. detebe 21463

● Henry Slesar

Das graue distinguierte Leichentuch. Roman. Deutsch von Paul Baudisch und Thomas Bodmer. detebe 20139
Vorhang auf, wir spielen Mord! Roman. Deutsch von Thomas Schlück detebe 20216
Erlesene Verbrechen und makellose Morde. Geschichten. Deutsch von Günter Eichel und Peter Naujack. Vorwort von Alfred Hitchcock. Zeichnungen von Tomi Ungerer detebe 20225
Ein Bündel Geschichten für lüsterne Leser. Deutsch von Günter Eichel. Einleitung von Alfred Hitchcock. Zeichnungen von Tomi Ungerer. detebe 20275
Hinter der Tür. Roman. Deutsch von Thomas Schlück. detebe 20540
Aktion Löwenbrücke. Roman. Deutsch von Günter Eichel. detebe 20656
Ruby Martinson. Geschichten vom größten erfolglosen Verbrecher der Welt. Deutsch von Helmut Degner. detebe 20657
Schlimme Geschichten für schlaue Leser Deutsch von Thomas Schlück. detebe 21036
Coole Geschichten für clevere Leser. Deutsch von Thomas Schlück. detebe 21046
Fiese Geschichten für fixe Leser. Deutsch von Thomas Schlück. detebe 21125
Böse Geschichten für brave Leser. Deutsch von Christa Hotz und Thomas Schlück detebe 21248
Die siebte Maske. Roman. Deutsch von Gerhard und Alexandra Baumrucker. detebe 21518

● Elinor Goulding Smith

Die perfekte Hausfrau. Deutsch von Elisabeth Schnack. Mit Zeichnungen von Loriot. detebe 21082

● Henry David Thoreau

Walden oder Leben in den Wäldern. Deutsch von Emma Emmerich und Tatjana Fischer. Mit Anmerkungen, Chronik und Register und mit einem Vorwort von W. E. Richartz detebe 20019
Über die Pflicht zum Ungehorsam gegen den Staat und andere Essays. Auswahl, Übersetzung und Nachwort von W.E. Richartz detebe 20063

● Mark Twain

Gesammelte Werke in 5 Bänden. Herausgegeben, mit Anmerkungen und einem Nachwort von Klaus-Jürgen Popp. detebe 21338
Tom Sawyers Abenteuer. Roman. Deutsch von Lore Krüger. Mit einem Nachwort von Jack D. Zipes. detebe 21369
Huckleberry Finns Abenteuer. Roman Deutsch von Lore Krüger. Mit einem Essay von T.S. Eliot. detebe 21370
Kannibalismus auf der Eisenbahn und andere Erzählungen. Deutsch von Günther Klotz detebe 21488
Der gestohlene weiße Elefant und andere Erzählungen. Deutsch von Günther Klotz detebe 21489
Die Eine-Million-Pfund-Note und andere Erzählungen. Deutsch von Ana Maria Brock und Otto Wilck. detebe 21490
Der Prinz und der Bettelknabe. Eine Erzählung für junge Menschen jeden Alters. Herausgegeben und mit Anmerkungen von Klaus-Jürgen Popp. Deutsch von Lore Krüger. detebe 21507

● Lewis Wallace

Ben Hur. Eine Erzählung aus der Zeit Christi Deutsch und mit einem Nachwort von Hugo Reichenbach. detebe 21291

● Nathanael West

Schreiben Sie Miss Lonelyhearts. Roman. Mit einer Einführung von Alan Ross. Deutsch von Fritz Güttinger. detebe 20058
Tag der Heuschrecke. Ein Hollywood-Roman. Deutsch von Fritz Güttinger detebe 20059
Eine glatte Million oder Die Demontage des Mister Lemuel Pitkin. Roman. Übersetzung, Anmerkung und Nachwort von Dieter E. Zimmer. detebe 20249

● **Walt Whitman**

Grashalme. Nachdichtung von Hans Reisiger. Mit einem Essay von Gustav Landauer detebe 21351

● **Das Diogenes Lesebuch amerikanischer Erzähler**

Geschichten von Washington Irving bis Harold Brodkey. Mit einleitenden Essays von Edgar A. Poe und Ring Lardner, Zeittafel, bio-bibliographischen Notizen und Literaturhinweisen. Herausgegeben von Gerd Haffmans. detebe 20271